Olaf Kutzmutz, Stephan Porombka (Hrsg.)

Erst lesen. Dann schreiben

Kann man Schreiben lernen? In diesem Band erläutern u. a. Autoren wie Daniel Kehlmann, Robert Gernhardt, Marcel Beyer oder Ulrike Draesner und Hanns-Josef Ortheil, wie und welche Vorbilder sie sich in der Literatur gesucht haben und wie sie im Detail an den Texten dieser Autoren die Gesetze des Schreibens beobachtet und das Schreiben sich Stück für Stück beigebracht haben. Damit gibt eine große Anzahl namhafter Schriftsteller Einblick in den intimen Vorgang, wie ihre eigenen Werke entstehen. Daraus können nicht nur diejenigen etwas lernen, die mit dem Schreiben selbst ernst machen wollen. Diese Selbstauskünfte geben auch den Lesern überraschende und äußerst informative Einblicke in die Werke namhafter Schriftsteller unserer Zeit.

OLAF KUTZMUTZ wurde 1965 in Gelsenkirchen-Schalke geboren. Seit 1999 ist er Programmleiter Literatur der Bundesakademie für kulturelle Bildung Wolfenbüttel. Er veröffentlichte u. a. »Grabbe. Klassiker ex negativo« (1995) und gab Bücher über Harry Potter und Max Frisch und zum Thema »Warum wir lesen, was wir lesen» heraus.

STEPHAN POROMBKA, geboren 1967 in Salzgitter, ist Professor für Kulturjournalismus an der Universität Hildesheim. Von ihm erschien u. a. »Hypertext« (2001) und zuletzt »Kritiken schreiben. Ein Trainingshandbuch«. (2006)

Erst lesen. Dann schreiben

22 Autoren und ihre Lehrmeister

Herausgegeben von
Olaf Kutzmutz und Stephan Porombka

Sammlung Luchterhand

Ästhetik des Schreibens, Band 1
herausgegeben von Hanns-Josef Ortheil

Inhalt

Vorwort 9

Robert Gernhardt
Zweimal zwei nicht vier
Georg Christoph Lichtenberg: Sudelbücher [1765 ff.] 14

Stephan Porombka
Für wahre Leser und erweiterte Autoren
Novalis: Blütenstaub-Fragmente [1798] 23

Matthias Göritz
Wie man eine Münze wirft und wieder fängt
Charles Dickens: Bleak House [1852] 36

Ulrike Draesner
Sinne
Gustave Flaubert: Madame Bovary [1857] 51

Ulrich Greiner
Standbilder eines Chronisten
Adalbert Stifter: Witiko [1865/67] 64

Michael Rutschky
Besuche in der Unterwelt
Sigmund Freud: Krankengeschichten [1895 ff.] 76

John von Düffel
Der magische Realist
Joseph Conrad: Herz der Finsternis [1902] 87

Franz Mon
Auf der Hallelujawiese
Arno Holz: Phantasus [1925] 99

Jürgen Kehrer
Das dunkle Reich des Wahnsinns
Friedrich Glauser: Matto regiert [1936] 108

Andreas Eschbach
Planlos zum Ziel
Georges Simenon: Die grünen Fensterläden [1950] 119

Annett Gröschner
Schreiben. Spielen. Springen
Julio Cortázar: Rayuela. Himmel und Hölle [1963] 130

Hanns-Josef Ortheil
Die Prosa meines Vaters
Ernest Hemingway:
Paris – ein Fest fürs Leben [1964] 141

Paul Brodowsky
Das Zittern der Bilder
Peter Handke: Die Angst des Tormanns
beim Elfmeter [1970] 154

Georg M. Oswald
Der andere Process
Albert Drach: Untersuchung an Mädeln [1971] 166

Daniel Kehlmann
Autoren sind Ablehner
Vladimir Nabokov: Deutliche Worte [1973] 178

Hans-Ulrich Treichel
Unendlicher Abschied
Peter Weiss: Die Ästhetik des Widerstands [1975/1981] 183

Antje Rávic Strubel
Sätze bilden
Joan Didion: Demokratie [1984] 195

Peter Glaser
Einzelheiten
Nicholson Baker: Rolltreppe oder Die Herkunft der Dinge [1988] 205

Marcel Beyer
Mein Bienenjahr lesen
Lieselotte Gettert: Mein Bienenjahr [1991] 214

Franziska Wolffheim
Ich sehe, also bin ich
Wilhelm Genazino: Ein Regenschirm für diesen Tag [2001] 233

Olaf Kutzmutz
Ein Gang durchs Schreibcamp
Ole Könnecke: Doktor Dodo schreibt ein Buch [2001] 244

Burkhard Spinnen
Von XY lernen, heißt …? 257

Leseliste 264

Autorinnen und Autoren 266

Vorwort

Einem alten Witz zufolge lautet eine der wichtigsten Regeln in Creative-Writing-Kursen: »Das bisschen, was wir lesen, schreiben wir selbst!« Der Witz teilt viel von der Unbedarftheit mit, auf die man zuweilen bei Leuten trifft, die auf Formularen als Berufswunsch »Autor bzw. Autorin von literarischen Texten« ankreuzen. Was interessiert einen schon Prousts zehnbändige *Suche nach der verlorenen Zeit*, wenn man doch einen eigenen verborgenen Energiekern hat, den man nur aktivieren muss, um selbst elf tolle Bände zu schreiben?

Wie weit man mit so einem Verständnis vom Schreiben kommt, merkt man, wenn man vor dem eigenen Text sitzt und den eigenen Energiekern nicht findet. Erst recht, wenn man ihn mit Mühe und zwei Gläsern Rotwein so weit aktiviert hat, dass man tatsächlich einen Text aufs Papier oder auf den Bildschirm bringt, der nur ein Problem hat: dass er nicht toll ist.

Vielleicht hilft in solchen trüben Momenten ein Blick in die *Suche nach der verlorenen Zeit*. Man nimmt eins der Bücher, schlägt es irgendwo auf und beginnt so zu lesen, als würde man dicht an ein Gemälde herantreten – um zu erkennen, wie der Text gemacht ist: wie die Buchstaben gesetzt sind, die Worte, die Sätze; wie eine Figur durch die Tür kommt, nachdem sie angeklopft hat und man sie tatsächlich durch die Tür kommen sieht und das Klopfen noch im Ohr hat. Je genauer man hinschaut, umso dringender möchte man dem Autor die Frage stellen, die einst der Regisseur François Truffaut einem hochverehrten Kollegen gestellt hat: »Wie haben Sie das gemacht, Mr. Hitchcock?« – »Monsieur Proust, wie haben Sie das mit dem Klopfen hinbekommen? Und wie kann es sein, dass die Figur so durch die Tür kommt, dass ich beim Lesen denke, ich kann sie tatsächlich sehen?«

Hätten jene Recht, die bei Literatur vor allem an den eigenen Energiekern denken, hätte man Truffaut das Kino verbieten und ihm abraten müssen, Alfred Hitchcock zu besuchen. Und man hätte ihn davor gewarnt, sich bei anderen die Lösungen abzuschauen: François, konzentrier Dich bitte auf Dein eigenes Heft!

Hätte Truffaut darauf gehört, hätte man seine Filme wahrscheinlich nicht sehen wollen. Genauso wenig, wie man die Texte von Autoren lesen mag, die sich nicht für Literatur interessieren und die niemals Kollegen in der Werkstatt besucht haben, um zu fragen, mit was für Tricks, Techniken und Strategien da gearbeitet wird.

Solche Literaturfeindschaft von Leuten, die selbst Bücher schreiben wollen, beruft sich wohl immer noch auf die Idee vom reinen Genie, das es allerdings – entgegen der weit verbreiteten Überzeugung – nie und nirgends gegeben hat. Oder sollte man sich den jungen Goethe, der für solche Vorstellungen gern herbeizitiert wird, als Menschen vorstellen, der nichts gelesen hat? Soll man glauben, er habe nicht bei anderen Autoren geschaut, wie die ihre literarischen Probleme technisch lösen? Nein, man muss sich ihn als Novizen vorstellen, der einen großen Kollegen in der Werkstatt besucht: »Wie haben Sie das gemacht, Mr. Shakespeare?« Und man muss sich ihn als einen energiegeladenen Leser vorstellen, der auch die Texte der weniger geschätzten Autoren genau liest, um zu wissen, wie er es gerade *nicht* machen will.

Selbst wer sich mit dem Entstehen von Literatur nur beiläufig beschäftigt, weiß genau, dass große Autoren immer auch große Leser sind. »Lehrmeister des Schriftstellers« ist mit den Worten Hans-Ulrich Treichels »die Literatur in ihrer Gesamtheit, auch wenn man diese Gesamtheit nur in Bruchstücken kennt«. Wer dieser Idee folgt, ist kein Konsument, der sich an Büchern bewusstlos liest. Er ist aber auch kein literaturwissenschaftlicher Leser, der sich bei der Lektüre immer schon alles in Fußnoten für den nächsten Aufsatz in der renommierten Fachzeitschrift denkt. Wer liest, um zu schreiben, ist ein produktiver Leser. Er liebt die Lust des Lesens. Zugleich ist er hellwach, um zu sehen, was da eigentlich mit den Worten passiert. »Erst lesen, dann schreiben«, heißt die Parole – schlicht und wegweisend.

Wer produktiv liest, liest alles, was gerade in Griffweite ist. Das *Nibelungenlied* genauso wie den Roman der jungen Autorin, die gerade in den Feuilletons gefeiert wird. Walther von der Vogelweide und Thomas Mann sind diesem Leser genauso nah wie Conan Doyle und Sigmund Freud, Günter Grass und Felicitas Hoppe. Es sind alles Kollegen, die auch über ihren Texten sitzen und deshalb mit denselben Lüsten und Frustrationen zu kämpfen haben, mit denen man selbst kämpft, wenn man unbedingt schreiben will. Und sie bieten lauter Lösungen, mit denen man im besten Fall selbst etwas lösen kann. Vor allem bieten sie, was man altmodisch die Quellen der Inspiration nennt: Sie können das Hirn des produktiven Lesers so sehr anregen, dass sich die Schreibhand wie von selbst bewegt.

Aber wer so liest, entdeckt noch viel mehr. Wie viel versteht man bei Goethe, Mann, Conan Doyle, Freud, Grass und Hoppe, wenn man sie sich als produktive Leser vorstellt und ihren Leselinien durch die Bücherwelt folgt, um zu sehen, welch unterschiedliche Wege sie eingeschlagen haben. So ergeben sich faszinierende Bewegungsbilder, wenn man Autoren folgt, die Autoren lesen, die wiederum andere Autoren gelesen haben – um eigene Texte zu schreiben.

Von solchen Wegen und Bewegungen erzählen die Essays im vorliegenden Band. Wir haben zweiundzwanzig Autoren eingeladen, darüber zu berichten, wie sie andere Autoren so lesen, dass sie von ihnen etwas über das Schreiben lernen. Die Idee war, dass damit der nächste produktive Leser etwas über das Schreiben, vor allem aber auch über das produktive Lesen lernen kann – um selber neue Texte zu schreiben oder um einfach nur weiterzulesen.

Dabei darf man sich überraschen lassen. Zum Beispiel von Marcel Beyer, der *Mein Bienenjahr* von Lieselotte Gettert zur Lektüre empfiehlt: »Wer meint, Sprache sei etwas Gegebenes, sei einfach da, und Schreiben heiße, auf Papier zu plaudern, den schicken wir ins Bienenhaus. Es gibt keine natürlichen Sätze.« Überraschen lassen darf man sich aber auch von Klassikern wie Flaubert, Hemingway oder Novalis. Denn sie lassen sich ebenso als unkonventionelle Schreibratgeber nutzen wie jene Autoren, die für die eigene literarische Arbeit entdeckt oder wiederentdeckt werden müssen: Arno Holz, Ole Könnecke, Julio Cortázar ...

Damit grenzen sich diese Essays von Büchern zum Kreativen Schreiben ab, die eine für alle Texte passende Regelpoetik propagieren und jene Werke für literarisch ›gelungen‹ halten, die den Marktvorgaben möglichst exakt folgen. Wir verzichten auf solche DIN-Normen fürs Schreiben und gehen davon aus, dass die Regeln fürs literarische Schreiben nicht allgemein formuliert werden können. Sie lassen sich nur aus der individuellen Lektüre individueller Texte ableiten – und dann experimentell im eigenen Schreiben umsetzen. So setzt das simple Prinzip »Erst lesen. Dann schreiben« auf Autoren, die immer auch die anarchische Vielfalt der literarischen Welt kennen lernen möchten, wenn sie sich an ihre eigenen Texte setzen. Einen verlässlichen Lektürekanon hat man am Ende zwar nicht zur Hand, aber vielleicht eine Beziehung zur Literatur entwickelt, die auf das produktive Lesen setzt. Um die Schwelle zwischen Lesen und Schreiben abzusenken, ist jedem Essay eine Schreibaufgabe zugeordnet.

Gewidmet haben wir den Band Robert Gernhardt, dessen Beitrag zu Lichtenberg uns an seinem Todestag erreicht hat.

Olaf Kutzmutz und Stephan Porombka, Frühjahr 2007

Robert Gernhardt

Zweimal zwei nicht vier

Georg Christoph Lichtenberg: Sudelbücher [1765 ff.]

Georg Christoph Lichtenberg war von Beruf akademischer Lehrer, ein Physiker von Weltrang, Mitglied eines Dutzends bedeutendster deutscher und ausländischer Akademien, als Lehrmeister wird er sich nie empfunden haben. Dennoch war er und – vor allem – ist er dies. Nicht durch sein Leben, das anfangs einigermaßen ungeregelt, dann angestrengt bürgerlich verlief, sondern durch sein Denken. Ein auf den ersten Blick ebenfalls ungeregeltes Denken, da Lichtenberg es nicht in den zu seiner Zeit beliebten Denkgebäuden aufgeschichtet, sondern in Heften verstreut notiert hat. Die Rede ist von seinen von ihm so genannten *Sudelblättern* und von den ungefähr achttausendeinhundertfünfzig darin niedergelegten Notaten, nicht für die Mitwelt bestimmt, so dass die wahre Größe Lichtenbergs erst der Nachwelt, und auch der erst sehr langsam, bewusst wurde, wobei Goethe mal wieder die Nase vorn hatte: »Lichtenbergs Schriften können wir uns als der wunderbarsten Wünschelrute bedienen. Wo er einen Spaß macht, liegt ein Problem verborgen.«

Und wir können von ihm lernen. Zumindest ich habe das getan, da ich Lichtenberg dank des belesenen Onkels Meinhardt bereits als Schüler kennenlernen konnte. Was alles ich von Lichtenberg gelernt habe, das sei in sieben Danksagungen niedergelegt.

I.

Während der Lehrmeister gemeinhin Sicherheiten anbietet, streut Lichtenberg Zweifel: »Immer sich zu fragen, sollte hier nicht ein Betrug stattfinden«, mahnt er, und er geht noch weiter: »Zweifel an allem wenigstens EINMAL, und wäre es der Satz: zweimal 2 ist 4.«

II.

Lichtenberg weiß, dass der Verstand allein die notwendigen Zweifel zu leisten nicht imstande ist. Größere Stücke hält er auf die Phantasie, also auf seine Einbildungskraft. »Seine Einbildungskraft« – Lichtenberg spricht von sich in der dritten Person –, »seine treueste Gefährtin, verlässt ihn alsdann nie; er steht hinter dem Fenster, den Kopf in die zwo Hände gestützt, und wenn der Vorbeigehende nichts als den melancholischen Kopfhenker sieht, so tut er sich oft das stille Bekenntnis, das er im Vergnügen wieder ausgeschweift hat.«

Die Ausschweifungen von Lichtenbergs Einbildungskraft haben es in sich. Wenn die, Seite an Seite mit Lichtenbergs Verstand, erst einmal zu zweifeln beginnt, dann wehe Gott und allen anderen Übereinkünften, in welchen sich der Durchschnittsmensch sicher glaubte. Nichts da! Stattdessen werden sie allesamt unter Totalverdacht gestellt.

Lichtenberg bezweifelt die Geschlechtsrolle Gottes in der Kurzeintragung: »Mutter unser die du bist im Himmel«, womit man in ihm einen der Begründer der feministischen Theologie sehen könnte.

Er bezweifelt die Existenz Gottes: »Gott schuf den Mensch nach seinem Bilde, das heißt, vermutlich der Mensch schuf Gott nach dem seinigen.« Er belegt diese Vermutung mit einem Beispiel aus der Völkerkunde: »Die Indianer nennen das höchste Wesen Pananad oder den Unbeweglichen, weil sie selber gerne faulenzen.«

Er fühlt dem Heldentum auf den Zahn: »Die Könige glauben oft, das was ihre Generale und Admirale tun, sei Patriotismus oder Eifer für ihre eigene Ehre. Öfters ist die ganze Triebfeder großer Taten ein Mädchen, welches die Morgenzeitung liest.«

Er misstraut Deutschtümelei und Deutschtun. »Es gibt heuer eine gewisse Art Leute, meistens junge Dichter, die das Wort *deutsch* fast immer mit offenen Naslöchern aussprechen. Ein sicheres Zeichen, dass der Patriotismus bei diesen Leuten sogar auch Nachahmung ist. Wer wird immer mit dem Deutschen so dicke tun? Ich bin ein deutsches Mädchen, ist das etwa mehr, als ein englisches, russisches oder othaheitisches?«

Mehr noch: Lichtenberg verzichtet auf den bis in unsere Tage gängigen Trost, in exotischen Gefilden hätten edle Wilde die Lösung der Menschheits- und Gesellschaftsprobleme gefunden. Was hätte er wohl zu Maos China gesagt? Zu den Exoten seiner Zeit jedenfalls findet er klare Worte: »Die Kunst, Menschen mit ihrem Schicksale missvergnügt zu machen, die heute so sehr getrieben wird. O wenn wir doch die Zeit der Patriarchen wieder hätten, wo die Ziege neben dem hungrigen Löwen graste, und Kain in den zärtlichen Umarmungen seines Bruders Abel seine Saecula durchlebte (hier müssten noch mehr solche feinen Geschichten ausgesucht werden, von Sodomie, Betrug und Erstgeburt), oder in dem glücklichen Othaheite, wo man für einen eisernen Nagel haben kann, was in Hannover und Berlin goldene Tabatieren und Uhren gilt, und wo man bei völliger Gleichheit der Menschen das Recht hat, seine Feinde aufzufressen und von ihnen gefressen zu werden.«

Was für Lichtenberg allerdings nicht bedeutet, seine Landsleute wären einen Deut besser: »Wir fressen einander nicht, wir schlachten uns bloß.«

Ein Schlachten, das die Großdichter seinerzeit als heldisch zu rühmen pflegen, wenn einer nicht, wie Klopstock, an Großdichtungen wie dem *Messias* arbeitete, die von der Mitwelt mit hochherzigem Jubel empfangen und – aber das gestand sich damals niemand ein – mit abgrundtiefer Langeweile gelesen wurden. Auch da tanzt Lichtenberg aus der Reihe: »Ich lese die TAUSEND und eine Nacht und den Robinson Crusoe, den Gilblas, den Findling, TAUSEND mal lieber die Messiade, ich wollte 2 Messiaden für einen kleinen Teil des Robinson Crusoe hingeben. Unsere meisten Dichter haben, ich will nicht sagen, nicht Genie genug, sondern nicht Verstand genug, einen Robinson Crusoe zu schreiben.«

III.

Lichtenberg lehrt, dass es Fragen gibt, deren Antwort man besser der Mitwelt überlässt. Fragen wird man ja schon mal dürfen, doch damit das nicht sogleich auffällt und dem Adressaten Arbeit signalisiert, kleidet Lichtenberg seine Fragen gerne in Aussagesätze: »Da werden die Engel einmal recht gelacht haben.« So viel zu der Oberwelt, doch auch in der Unterwelt gibt es Fragwürdiges: »Nun wüsste ich doch auch fürwahr außer dem Teufel niemanden, der etwas hiergegen aufbringen könnte.« Verkehrte Welt: Was um Himmels willen vermag den Fürsten der Finsternis aus der Fassung zu bringen, ihn, dessen Daseinszweck doch darin besteht, die Geschöpfe, die Geschöpfe Gottes in heillose Fassungslosigkeit zu stürzen? Und was in Dreiteufels Namen mag das Lachen der Engel verursacht haben, deren Reaktion – anders als die Jubelrufe der Freude – nie ganz frei ist von der satanischen Beimischung der Häme, der Überheblichkeit, der Albernheit? In beiden Fällen ist die Antwort ebenso wenig vorgegeben, wie ihrem Inhalt Grenzen gesetzt sind – in Frage kommt so gut wie alles zwischen Himmel und Erde. Eben diese Unendlichkeit aber stellt natürlich das Problem dar für den, der in diesem Heuhaufen der Möglichkeiten nach der Stecknadel des Witzes sucht, in strikter Umkehrung des berühmten Goethe-Satzes, den wir bereits gehört haben: »Lichtenbergs Schriften können wir uns als der wunderbarsten Wünschelrute bedienen. Wo er einen Spaß macht, liegt ein Problem verborgen.«

Andersrum wird ein Schuh daraus – jedenfalls bei den erwähnten Sätzen: Wo Lichtenberg ein Problem aufwirft, liegt ein Witz verborgen, doch um auf den zu stoßen, muss der Sucher im Besitz einer Fremdwitz sympathetisch reagierenden Wünschelrute sein, also über eigenen Witz verfügen.

IV.

Große Themen, große Fragen – doch Lichtenberg war zugleich jemand, der das Schlichteste für notierenswert hielt, sobald es ihn, seine Gewohnheiten und seinen Körper betraf: »Er hatte seinen beiden Pantoffeln Namen gegeben.« Oder, körperbezogener: »Es hat mich öfters geschmerzt, das ich seit zwanzig Jahren nicht mehr als drei Mal in einem Atem genieset, noch mich ans Kümmeleckchen gestoßen habe.«

Auch darin ist Lichtenberg vorbildlich, nur wer geerdet ist, kann sich ungebremst in jene geistigen Höhen emporschwingen, in welchen die letzten Dinge verhandelt werden: »Ich glaube kaum, dass es möglich sein wird zu erweisen, dass wir das Werk eines höchsten Wesens, und nicht vielmehr zum Zeitvertreib von einem sehr unvollkommenen sind zusammengesetzt worden.«

V.

Lichtenberg lehrt eine so fruchtbare, wie selten angewandte Technik: den Blickwechsel. Bilderbuchhaft verwendet er ihn in dem folgenden Sudelspruch: »Der Amerikaner, der den Kolumbus zuerst entdeckte, machte eine böse Entdeckung.« Auch mit diesem Urteil stand Lichtenberg allein, in seiner Zeit, die geistig und materiell von dem und für den Kolonialismus lebte – da hieß es, folgen wir Rudyard Kipling, *The White Man's Burden* zu besingen und nicht dessen Schuld. Die dürfte sich erst in unserer Zeit herumgesprochen haben: Weiße Staatsmänner entschuldigen sich vermehrt bei andersfarbigen Menschen. Sie tun das im Bewusstsein, dass die Raubzüge getätigt sind, die Schuld nicht einklagbar ist und die meisten Opfer keiner Entschuldigung bedürfen, da sie schon früh ausgerottet wurden. Unter ihnen der Amerikaner, der laut Kolumbus eine »böse Entdeckung« machte, als Kolumbus 1492 erstmals seine Insel betrat. Wie recht sie beide hatten, Lichtenberg und der Indianer.

VI.

Lichtenberg erfand nicht nur, er fand auch. Ihm verdanken wir den Fund des Lichtenbergschen Verlesers: »Er las immer Agamemnon, statt angenommen, so sehr hatte er den Homer gelesen.« Und er hat mir die Augen dafür geöffnet, wie oft mir ein solcher Verleser bereits passiert ist: Da las ich, etwas beleibt, ›Bauchausstellung‹ statt ›Buchausstellung‹, da las ich, in den italienischen Malern bewandert, ›Cimabue‹ statt ›Klimabau‹, und da las ich in München ›Museum der Reichskristallnacht‹ statt ›Museum Reich der Kristalle‹.

VII.

Und Lichtenberg lehrt nicht zuletzt Präzision. Ihn zu zitieren heißt, ihn wortwörtlich zu zitieren, und das ist nicht allen gegeben. Als Beispiel möchte ich einen Brief anführen, den ich am 11. August 1999 an die FAZ-Redaktion formuliert habe, ihn jedoch der besseren Verbreitung wegen der *Titanic* überließ, wo er dann auch in der Kolumne *Briefe an die Leser* zu lesen war:

»An die FAZ-Redaktion, betr.: Georg Christoph Lichtenberg. Am 24. Juli feierte euer Kunstkritiker Eduard Beaucamp den Maler Werner Tübke und nahm ihn folgendermaßen gegen den Vorwurf der Staatsmalerei in Schutz: ›Man könnte diesem Einwand einen Aphorismus Lichtenbergs entgegenhalten, der von einem jungen Homerbesessenen des 18. Jahrhunderts erzählt, der zu seinem Leidwesen in einem Kontor arbeiten muss: Er habe da, so Lichtenberg, statt angenommen stets Agamemnon gelesen.‹

Sieht so ein Aphorismus aus? Der junge Homerbesessene, das Kontor, das Leidwesen – deuten solch breit ausgeführte Details nicht eher auf eine etwas mühselig pointierte Kurzgeschichte hin? Aber hat Lichtenberg dergleichen überhaupt je geschrieben?

Am 7. August jedenfalls erzählte euer Theaterkritiker Gerhard Stadelmeier eine deutlich andere Version. Er erinnert sich in seiner Glosse ›Homerwandel‹ seiner humanistisch gebildeten Lehrer und folgert: ›Auf sie kann man noch immer oder schon wieder Lichtenbergs epigrammatischen Witz machen, dass es Leute gäbe, die seien so gebildet, dass sie statt ›angenommen‹ immer ›Agamemnon‹ sagten.‹

Kein einzelner junger Homerbesessener im Kontor mehr, stattdessen gebildete Leute, und die lesen auch nicht mehr Agamemnon statt angenommen, sondern sie sagen es – zeugen solche etwas krausen Artikulationsschwierigkeiten wirklich vom epigrammatischen Witz? Oder sollte Lichtenberg den Sachverhalt ganz anders artikuliert haben?«

Diese Frage wurde bereits beantwortet. Ich zitiere nur noch den Schluss. »Wir lernen: Wenn ein Aphorismus und ein Blatt zusammenstoßen und es hohl klingt, muss das nicht unbedingt am Aphorismus liegen. Wir empfehlen: Wer in der FAZ-Redaktion zwei Paar Hosen hat, mache eines zu Geld und schaffe sich eine verlässliche Lichtenberg-Ausgabe an, bevor er sich aufs Raten verlegt.«

Nun aber rasch noch einmal zurück zum Lehrmeister Lichtenberg. Verschwiegen wurde bis jetzt, dass Lichtenberg uns vor allem lehrt, dass Vergnügen, Belustigung, ja Lachen durchaus mit Wahrheitsfindung und Erkenntnisgewinn zusammengehen können. »Es hat mir wollen behagen, lachend die Wahrheit zu sagen«, dichtete bereits Grimmelshausen während des 30jährigen Krieges. Ein Behagen, das Lichtenberg jahrzehntelang geteilt und mitgeteilt hat, und das heute noch dafür sorgt, dass der normale Lichtenberg-Leser nach jedem Blick in die *Sudelbücher* die Welt weniger vernagelt, dafür klarer und hin und wieder auch erfreulicher wahrnimmt. Ein guter Grund, zu staunen und dem Lehrmeister Lichtenberg zu danken.

Aufgabe

Man nehme ein Notizbuch, dem man einen Titel gibt, der Lichtenberg gefallen hätte (aber Achtung: *Sudel-*, *Schmier-* und *Gedankenbuch* sind bereits von Lichtenberg belegt). Dann empfiehlt sich die Lektüre der *Sudelbücher*, und zwar unter folgender Prämisse Lichtenbergs:

»Wenn man einen guten Gedanken liest, so kann man probieren, ob sich etwas Ähnliches bei einer anderen Materie denken und sagen lasse. Man nimmt hier gleichsam an, dass in der andern Materie etwas enthalten sei, das diesem ähnlich sei. Dieses ist eine Art von Analysis der Gedanken, die vielleicht mancher Gelehrter braucht, ohne es zu sagen.«

Und warum sollen es nicht auch Schriftsteller brauchen können? Aufgabe wäre also, Lichtenbergs Satz ins Notizbuch einzutragen und auf das eigene Lesen und Schreiben zu übersetzen. Dann wäre immer weiter zu notieren, wie man das, was man liest, in anderen Texten ausprobieren kann.

Stephan Porombka

Für wahre Leser und erweiterte Autoren

Novalis: Blütenstaub-Fragmente [1798]

Lesen / Schreiben

125. Der wahre Leser muß der erweiterte Autor sein. Er ist die höhere Instanz, die die Sache von der niedern schon vorgearbeitet erhält. Das Gefühl vermittelst dessen der Autor die Materialien seiner Schrift geschieden hat, scheidet beim Lesen wieder das Rohe und das Gebildete des Buchs – und wenn der Leser das Buch nach seiner Idee bearbeiten würde, so würde ein zweiter Leser noch mehr läutern, und so wird dadurch, daß die bearbeitete Masse immer wieder in frischtätige Gefäße kommt, die Masse endlich wesentlicher Bestandteil – Glied wirksamen Geistes.

Eigentlich müsste man nur diesen kurzen Text empfehlen, wenn es um die Frage geht, was man lesen soll, wenn man schreiben will. Nur diesen einen kurzen Text, in dem alles steckt, was man braucht, um anzufangen, um weiterzumachen und nicht mehr aufzuhören. Man könnte ihn auf einen Zettel schreiben und über den Arbeitstisch hängen, an den Spiegel oder übers Bett. Man könnte ihn in die Bücher legen, die man gelesen hat und noch lesen wird. Und man könnte ihn an die eigenen Texte heften, wenn man sie weitergibt und vielleicht gedruckt zurückbekommt und lesen kann, als wären sie von eigener und doch von fremder Hand geschrieben.

Es ist ein Stück, das Novalis als Nr. 125 ans Ende seiner *Blütenstaub-Fragmente* gesetzt hat, die in Auswahl 1798 erschienen sind und im Kern die ganze romantische Theorie der Literatur enthalten. Es übermittelt dem Leser die Aufforderung, selbst zum Autor zu werden und sich dafür zu den eigenen Texten und den Texten anderer so zu stellen, dass man sich lesend und schreibend durch ein Netzwerk bewegt. Wer das tut, folgt dem Blütenstaub-Programm. »Fragmente wie diese«, heißt es im 104. Textstück, »sind literärische Sämereien.« Wer sie liest, dem sind sie in den Kopf gepflanzt. Und wenn sie in größeren Werken aufgehen, die der Leser selber schreibt, dann haben sie ihre Aufgabe erfüllt.

Das ist ein revolutionäres Programm. Hatte man doch eigentlich gedacht, dass sich der Leser dem Autor unterordnen muss und deshalb stumm zu entschlüsseln hat, was in den Text hineingelegt wurde. Novalis dreht die Hierarchie um. Der wahre Leser ist nicht die niedere, er ist die höhere Instanz. Er ist kein passiver Rezipient. Im Gegenteil. Er setzt auf eigene Faust fort, was der Autor begonnen hat. Der ist (wenn er ein *wahrer* Autor ist oder war) nämlich selbst nichts anderes als ein Leser gewesen. Er hat sich aus seinen Lektüren Material zusammengesucht und hat es zusammengebaut, um einen neuen Text daraus zu machen. Er war selbst einmal die höhere Instanz und gibt nun das, was er geschrieben hat, an den nächsten Leser als nächst höhere Instanz weiter. Und so weiter. Und immer so weiter. Jede produktive Lektüre setzt den einmal begonnenen Prozess des Umschreibens und Weiterschreibens fort.

Die Verfahren, die dieser Forderung des Umschreibens und Weiterschreibens entsprechen, sind heute gut bekannt.

Sie kommen nicht nur in den avancierten Künsten der Moderne und Postmoderne zum Einsatz. Sie gehören zu den Grundtechniken in der elektrifizierten und digitalisierten Medienkultur überhaupt. *Kopieren* (als Vervielfachen, durch das sich das Original verändert). *Montieren* (als Zusammenbauen von Stücken und Stellen zu einem neuen Werk, bei dem die ›Nähte‹ und ›Klebestellen‹ gut sichtbar bleiben). *Zitieren* (als Integrieren von Stücken und Stellen in ein neues Werk, bei dem die ›Nähte‹ und ›Klebestellen‹ fast unsichtbar werden). *Sampeln* (als Hineinmischen von Teilstücken in ein neues Werk, in dem die Einzelteile so aufeinander abgestimmt sind und ineinander übergehen, dass sie sich direkt miteinander verbinden). *Covern* (als dynamische Interpretation eines Werkes, durch die es so aktualisiert wird, dass es neu gesehen, gehört, gelesen werden kann). *Intertextualisieren* (als Aufladen eines Werks mit heimlichen und offensichtlichen Verweisen auf andere Werke) ... Ob Musik, Bildende Kunst, Film oder Literatur – überall trifft man auf die wahren Leser als erweiterte Autoren, die in den Medien und zwischen den Medien unterwegs sind. Sie alle suchen Material, mit dem sie weiterarbeiten können, um es sich anzuverwandeln und um dabei zu zeigen, wie die Anverwandlung vor sich geht.

Für Novalis geht es dabei aber nicht um die Entwicklung eines besonders modischen Verfahrens. Der wahre Leser als erweiterter Autor leistet für ihn viel mehr. Er führt ein Prinzip vor, durch das Kultur überhaupt erst zur Kultur wird: indem sie sich auf sich bezieht und sich selbst als Material verwendet, um sich zu erneuern. Kein Zufall, dass Novalis vorschlägt, dasselbe Prinzip nicht nur beim Lesen fremder Texte, sondern immer auch auf die eigenen anzuwenden. Je öfter und je genauer man das macht, umso besser versteht man – und umso verständiger bessert man! – den eigenen Text (»Durch *unparteiisches* Wiederlesen seines Buches kann der Autor sein Buch selbst läutern«, heißt es im 125. Fragment direkt im Anschluss an den oben zitierten Abschnitt.) Und noch etwas: Der Idee nach lässt sich durch die produktive Lektüre das Funktionieren der Kultur besser verstehen. Besser jedenfalls, als wenn man alles immer nur von außen beobachtet und so tut, als sei alles immer schon ein für alle Mal fertig und nicht mehr zu ändern.

Wer sich das Fragment vom wahren Leser als erweitertem Autor über den Tisch, das Bett oder an den Spiegel hängt und in die Bücher legt, wird deshalb vor allem an eins erinnert: dass Lesen immer bedeutet, Material zu sammeln, sich anzueignen und so zu bearbeiten, dass ein neuer Text entsteht. Und man wird auch daran erinnert, dass man diese Transformation genau beobachten muss, um im eigenen Schreiben zu erkennen, wie die Kultur, in der man schreibt, ihre Bedeutungen produziert.

Notieren

120. Wer Fragmente dieser Art beim Wort halten will, der mag ein ehrenfester Mann sein – nur soll er sich nicht für einen Dichter ausgeben. Muß man denn immer bedächtig sein? Wer zu alt zum Schwärmen ist, vermeide doch jugendliche Zusammenkünfte. Jetzt sind literarische Saturnälien – je bunteres Leben, desto besser.

Wenn es um die Frage geht, was man lesen soll, wenn man schreiben will, sollte man vielleicht gleich die ganze Sammlung der *Blütenstaub-Fragmente* empfehlen. Das 125. Fragment erinnert daran, dass der wahre Leser ein erweiterter Autor sein muss. Aber erst alle Fragmente zusammen zeigen, was konkret damit gemeint ist.

Novalis ist ein notorischer Notierer. Seine Fragmente und Studien sind das romantische Labor, in dem er mit Gedanken experimentiert. Dieses Labor bildet das eigentliche Zentrum seines Werkes. Von hier aus wird alles andere auf magnetische Weise zusammengehalten und elektrisiert.

Da gibt es die so genannten *Fichte-Studien*. Sie umfassen knapp 500 handschriftlich beschriebene Seiten. Mit ihnen hat Novalis bis 1797 seine intensive Lektüre der Fichte-Texte begleitet. Auf diese Studien folgen bis 1798 die *Vermischten Bemerkungen*, aus denen Novalis die *Blütenstaub-Fragmente* destilliert. Sie überschneiden sich mit den *Politischen Aphorismen* und weiteren *Fragmenten und Studien*, den *Naturwissenschaftlichen Studien* und dem *Allgemeinen Brouillon*, von denen allein das letztere 356 Seiten mit 1151 Aufzeichnungen umfasst. Schließlich gibt es, aus Novalis' letztem Lebensjahr, noch einmal umfangreiche *Fragmente und Studien*, die von der Forschung als »das Vermächtnis des romantischen Dichters und Denkers« gelesen werden.

Zählt man das zusammen, muss man sich den Leser Novalis ganz praktisch als einen fortwährend Schreibenden vorstellen, als einen daueraktiven Protokollanten, der parallel zu jeder Lektüre die eigenen Gedanken fixiert: vom Exzerpt und der flüchtigen Notiz über den Merksatz, den funkelnden Aphorismus, die Aufzählung bis zum längeren Gedankenspiel. Dazwischen finden sich immer wieder kryptische Notizen, die spürbar machen, mit welcher Dynamik und welchem Spaß am Hochdrehen Novalis die Einfälle notiert: »Die äußere Sozialisation ist nur Ermangelung innerer Selbstheterogeneisierung – und Berührung.!!!!!«

Jede einzelne Notiz bewegt sich in der Schnittmenge von Abgeschriebenem, Nachgesprochenem, Weitergedachtem und Gesponnenem. Das Blatt Papier wird zum Ort, an dem die klarsten logischen Schlussfolgerungen mit ganz persönlichen Erfahrungen (und umgekehrt die ganz persönlichen Erfahrungen mit logischen Schlussfolgerungen) aufgeladen werden. Der Stift wird zum seismographischen Medium, das in Linien fixiert, welche größeren und kleineren Beben sich im Kopf des Lesenden und Denkenden ereignen.

Das Blütenstaub-Programm (»Fragmente wie diese sind literärische Sämereien«) gilt für alle Mitschriften, die Novalis angefertigt hat. Für sie gilt auch, was Novalis hinzugefügt hat: »Es mag freilich manches taube Körnchen darunter sein – indes wenn nur einiges aufgeht.« Damit gibt Novalis nicht nur einen Hinweis, wie die Fragmente zu lesen sind. Er gibt auch einen Hinweis, wie und warum er sie schreibt.

Er schreibt sie *en masse*. Mitschriften, Gedankenprotokolle anfertigen heißt: konzentriert unkontrolliert schreiben. Novalis bringt nur das aufs Blatt, was ihm beim Lesen, Beobachten und Nachdenken *jetzt* in den Sinn kommt. Das aber heißt auch: Die Notizen werden nicht überarbeitet. Sie erscheinen auf dem Papier als unmittelbare, seismographische Reaktionen auf das, was im Kopf passiert. Sie werden deshalb auch nicht systematisch aufeinander bezogen. Es gibt keinen Erzählbogen. Die einzelnen Stücke müssen in ihrer ganzen Unterschiedlichkeit nebeneinander stehen, um von selbst Spannungen zu erzeugen. Nicht Homogenität, sondern Heterogenität ist das Prinzip, nach dem sie sich organisieren.

Weil das so ist, darf beim Notieren keine Kontrollinstanz sagen: ›Das widerspricht sich‹. ›Spinn nicht rum‹. ›Das ist Kitsch‹. Oder: ›Stimmt nicht, denk doch mal nach‹. Wichtig ist (erst einmal) nicht, *was* geschrieben wird. Wichtig ist, *dass* geschrieben wird. *Der Schreibakt selbst ist das Wichtigste.*

Der notorische Notierer Novalis notiert so viel, weil es

um die Geste des Schreibens als Umschreiben und Weiterschreiben geht. Notiert wird um des Notierens willen. Geschrieben wird um des Schreibens willen. Denn es ist eben das Schreiben als Umschreiben und Weiterschreiben, an dem man, wenn man nur genau hinschaut und den eigenen Schreibbewegungen folgt, etwas über sich selbst, über die eigenen Texte und über die kulturelle Produktion von Bedeutung lernen kann.

Es wäre deshalb völlig falsch, das Schreiben von Fragmenten als sinnlose Ausschussproduktion zu verstehen, die man sich eigentlich auch sparen könnte, wenn man sich nur gleich darauf konzentrieren würde, etwas Brauchbares aufs Blatt zu bringen. Wer schreibend nach ›Brauchbarem‹ sucht, um gleich das ›Unbrauchbare‹ auszusortieren, schaltet Kontrollinstanzen ein, die beim Schreiben von Fragmenten ausgeschaltet bleiben sollen. Was man am Ende brauchen kann, weiß man ja nicht. Besser ist, man kontrolliert sich vorher nicht, lässt sich dafür aber hinterher von sich selbst überraschen. Am besten ist: Man verhält sich gegenüber den eigenen Aufzeichnungen als wahrer Leser und erweiterter Autor. Also: als wäre es ein fremder Text.

Genau das wäre das Ziel des dauernden Schreibens. Dass von all den »literärischen Sämereien« einige am Ende aufgehen mögen, damit man sie aufs Neue umschreiben kann, um zu sehen, ob sich etwas Neues daraus machen lässt.

Erst so erklärt sich die Anweisung an den Leser, die Fragmente nicht als letzte Wahrheiten zu verstehen. »Wer Fragmente dieser Art beim Wort halten will, der mag ein ehrenfester Mann sein – nur soll er sich nicht für einen Dichter ausgeben.« Fragmente sind Experimente. Jedes Fragment ist ein Anfangsverdacht, eine erste Ermittlung, eine erste Frage, eine erste Antwort. Sie sind Ergebnis eines leicht rauschhaften Zustands, in den sich der Schreibende durchs Schreiben bringt, um zu schwärmen, zu übertreiben, zu spinnen, zu riskieren, zu testen – »jugendliche Zusammenkünfte«, »literarische Saturnälien«, »je bunter das Leben, umso besser«: Das Schreiben als Fest, bei dem mit voller Absicht alles durcheinander gehen darf. Denn nur durchs Durcheinander zeigt sich, wie es wirklich geht. Man muss nur lang genug hinschauen. Dann kann man die Ordnung erkennen, die sich durch das Schreiben selbst ergibt.

Man kann viel über die romantische Theorie des Fragments lesen. Man sollte aber parallel zur Lektüre unbedingt Fragmente schreiben, um zu verstehen, was mit fragmentarischem Schreiben gemeint ist. Befolgt man die Anweisungen von Novalis, erzeugt man über das Notieren einen Schreibsog, der nicht wieder zum Stillstand kommt, sondern immer gleich noch den nächsten Gedanken mit in die Schrift zieht.

Wichtig ist nur, dass man auch im stärksten Sog darauf schaut, was der Schreibsog für die Produktion von Erkenntnis bedeutet – dass er es möglich macht, durch die Praxis die Grundregel literarischer Kreativität zu ermitteln: aus dem chaotischen Fließen der Gedanken, temporäre Ordnungen zu stiften, *einen* Gedanken *jetzt* festzuhalten, ihm *probeweise eine* Ordnung zu geben, um ihn im nächsten Moment *wieder neu* zu fassen und in neue Ordnungen zu übersetzen.

Novalis hat diesen Erkenntnisprozess operationalisiert, um die Arbeit nicht nur an Fragmenten, sondern auch an größeren Texten in Gang zu setzen. Liest man seine Aufzeichnungen, sieht man: Sie funktionieren wie Relais zwischen dem Gelesenen, dem Beobachteten und den Erfahrungen einerseits und der kontinuierlichen Arbeit am literarischen Werk andererseits. Vom literarischen Schreiben aus werden in den Fragmenten die neuen Lektüren, Beobachtungen und Erfahrungen fokussiert. Umgekehrt werden die Lektüren, Beobachtungen und Erfahrungen auf ihren Zusammenhang mit dem literarischen Schreiben experimentalisiert.

Wenn man diese Erkenntnis- und Verknüpfungsfunktion der Fragmente nutzt, dann ist dafür gesorgt, dass man sich nicht mehr in isolierten Bereichen bewegt (hier die Lektüre, dort das Leben und da hinten dann auch noch das Schreiben). Über das Schreiben von Fragmenten lässt sich ein Zusammenhang herstellen, in dem alles so miteinander zusammenhängt, dass sich eins aus dem anderen heraus erneuern und mit Energie aufladen kann. Das Lesen, das Schreiben, das Leben – alles wird, probeweise, zu einem einzigen Projekt.

Projektmanagement

42. Die Gegenstände der gesellschaftlichen Unterhaltung sind nichts als Mittel der Belebung. *Dies bestimmt ihre Wahl – ihren Wechsel – ihre Behandlung. Die Gesellschaft ist nichts als* gemeinschaftliches *Leben – Eine unteilbare denkende und fühlende Person. Jeder Mensch ist eine kleine Gesellschaft.*

Wenn es um die Frage geht, was man lesen soll, wenn man schreiben will, sollte nicht nur die Lektüre der Fragmente von Novalis empfohlen sein. Man sollte dann gleich das ganze Netzwerk von Projekten betrachten, das Novalis zu einem großen Projekt zusammenspannt.

Die *Blütenstaub-Fragmente* sind in der ersten Ausgabe des Zentralorgans der frühromantischen Bewegung erschienen: im *Athenäum*, das Friedrich Schlegel und sein Bruder August Wilhelm 1798 gegründet haben und in jeweils zwei Nummern pro Jahr bis Ende 1800 erschienen ist. Für die Schlegels galt die Zeitschrift als ein »Project« unter einer ganzen Reihe von Projekten, die sie mit unermüdlichem Aktivismus aus dem Boden stampften. Vor allem war es Friedrich Schlegel, der in der Projektemacherei an und für sich einen ganz und gar modernen Sinn entdeckt hatte. Projekte sollten Unternehmungen sein, die nicht systematisch durchgeplant und auch nicht systematisch durchgeführt werden sollten. Für Schlegel galten sie – wie er es in einem in der zweiten *Athenäum*-Ausgabe erschienenen Fragment pointiert hat – als »Fragmente aus der Zukunft«. Wie das Schreiben sollte man auch Projekte einfach beginnen. Man sollte sie vorantreiben, aber auch wieder abbrechen können, um dann wieder etwas Neues zu organisieren. Projekte sind temporär, dynamisch, ergebnisoffen, experimentell. Es sind letztlich selbst wieder »Sämereien«, unter denen (viele Projektemacher kennen das aus eigener schmerzvoller und lustvoller Erfahrung) eine Menge taube Körner sein können, von denen aber einige auch so aufgehen können, dass aus ihnen etwas Größeres entsteht.

So liegt dem Schlegelschen Aktivismus eine Produktionsidee zugrunde, die auch Novalis für die eigenen Fragmente genutzt hat: Projekte sind probeweise realisierte Ideen, Verkörperungen von Einfällen, ambulante Anordnungen für Experimente, von denen man noch nicht weiß, was aus ihnen wird. Fortwährend Projekte zu machen bedeutet, bewusst fragmentarisch zu leben – mit genau den Implikationen, die Novalis in der *Blütenstaub*-Sammlung entfaltet hat: Wie man Fragmente um des Schreibens willen schreibt, so werden Projekte um der Projekte willen unternommen. Auch durch romantische Projektemacherei erzeugt man einen Sog, durch den sich erkennen lässt, wie das Prinzip Kreativität funktioniert, das Innovationen zugrunde liegt.

Und auch die Arbeit an romantischen Projekten lässt sich wie ein Relais nutzen, um die verschiedenen Sachen, an denen man arbeitet, so miteinander zu verknüpfen, dass sie sich gegenseitig mit Energie aufladen.

Das *Athenäum* war als solch ein energetisches, fragmentarisches Projekt gedacht. Hier sollten die verschiedensten Arbeiten und Autoren gebündelt werden, damit sie Funken schlagen. Dass in der ersten Ausgabe (neben anderen Textformaten) die *Blütenstaub-Fragmente* von Novalis und in der zweiten Ausgabe (wieder neben anderen Textformaten) Fragmente von Friedrich Schlegel erscheinen, folgt deshalb genau der Logik des romantischen Programms. Die heterogenen Textstücke, aus denen die *Blütenstaub*-Sammlung besteht, verhalten sich zueinander, wie sich die heterogenen Beiträge in der Zeitschrift aufeinander beziehen. Und die wiederum setzen die unterschiedlichen Autoren miteinander ins Gespräch. Inszeniert wird auf allen Ebenen eine Form literarischer Geselligkeit, in der, wie Schlegel sagt, »einer den anderen anregt« und »eine Ansicht viele andere gebiert« und alle »der drohenden Gefahr« entgehen, »die unendliche Natur in einen engen Begriff drücken zu wollen«.

Das ist der Sinn der Projektemacherei, auf den die Frühromantiker eine Zeitschrift genau so ausrichten wie die Organisation eines Gesprächs, das Schreiben eines Romans, eines Gedichts, eines Fragments oder eines Briefes: nichts abzuschließen und in einen »engen Begriff« zu drücken, sondern alles in Richtung Unendlichkeit zu öffnen. Jede einzelne Unternehmung soll dafür auf jeder Ebene als ein Projekt verstanden sein, in dem die widersprüchlichsten Sachen über Relais miteinander verbunden und aneinander aufgeladen werden. Und alle einzelnen Projekte sind wiederum zu einem noch größeren Projekt zu verbinden, in dem auf nächster Stufe das Widersprüchlichste verknüpft und verschaltet wird, damit eins das andere anregt und eine Ansicht viele neue gebiert.

Wo das gelingt, hat man es mit einer selbstlaufenden Maschinerie zu tun, die darauf angelegt ist, aus Projekten immer neue Projekte hervorgehen zu lassen, aus denen wiederum neue Projekte hervorgehen und so weiter und so fort.

Man sieht: Es wäre falsch, sich am immer noch kursierenden Vorurteil über die Romantik zu orientieren, mit dem der Autor (und immer wieder Novalis) als einsamer, esoterischer Träumer verstanden wird, der in sich gekehrt seine Texte schreibt und mit der schnöden Außenwelt abgeschlossen hat. Das Gegenteil ist der Fall, und man kann sich davon durch die Lektüre der Fragmente überzeugen: Hier wird die Welt nicht ausgeschlossen. Sie wird in das Verknüpfen und Verschalten emphatisch einbezogen.

So hat man es bei den Frühromantikern gerade nicht mit einsamen Träumern zu tun. Man muss sie sich als avancierte Projektmanager denken, die ihre einzelnen Arbeiten, Wahrnehmungen, Lektüren, sozialen Kontakte so organisieren, dass produktive Spannungen entstehen. Mehr noch: Sie verstehen sich selbst als individuelle Projektformationen, in denen selbst wiederum nur Heterogenes so miteinander verbunden ist, dass es produktiv werden kann. »Jeder Mensch«, heißt es folgerichtig in den *Blütenstaub-Fragmenten*, »ist eine kleine Gesellschaft«. Als solche führt er kleine Selbstgespräche, die in größere Gespräche eingespeist werden und sich auch umgekehrt aus größeren Gesprächen speisen.

Wer das ästhetische Netzwerkprogramm von Novalis studiert, wer seine Fragmente liest und wer sich das Fragment vom wahren Leser als erweitertem Autor über den Tisch, das Bett oder an den Spiegel hängt und in die Bücher legt, wird deshalb vor allem an eins erinnert: dass das Schreiben nichts anderes als eine Verknüpfungsarbeit ist, durch die ganz Unterschiedliches so miteinander verbunden wird, dass sich etwas spannungsreiches Neues ergibt, aus dem sich wieder etwas Neues ergeben kann. Und erinnert wird man daran, dass sich diese Verknüpfungsarbeit am besten als Projekt verstehen lässt, das Teil eines umfassenderen Projekts ist, das wiederum in ein noch umfassenderes Projekt eingebettet ist.

Wer das umsetzt, kann sich im Handumdrehen in eine romantische Schreibmaschine verwandeln, die sich wie von selbst bewegt. Man kann es versuchen. Immerhin wäre das ein echtes Projekt (das man ja probeweise mit anderen Projekten verbinden könnte ...).

Aber nicht vergessen: Auch in diesem Fall muss man ein wahrer Leser und ein erweiterter Autor sein. Wer bei allem, was er liest, sich als niedere Instanz versteht und deshalb jedes Wort beim Wort nimmt, mag ein ehrenfester Mensch sein. Ein echter romantischer Projektemacher ist er nicht.

Aufgabe

65. Alle Zufälle unseres Lebens sind Materialien, aus denen wir machen können, was wir wollen. Wer viel Geist hat, macht viel aus seinem Leben – jede Bekanntschaft, jeder Vorfall wäre für den durchaus Geistigen – erstes Glied einer unendlichen Reihe – Anfang eines unendlichen Romans.

Fangen Sie an.

Matthias Göritz

Wie man eine Münze wirft und wieder fängt

Charles Dickens: Bleak House [1852]

I. Ein Anfang im Nebel

1851 ist die Weltausstellung gerade zu Ende gegangen, das Empire glaubt sich auf dem Höhepunkt seiner Entfaltung und Macht. In der famosen Architektur des Crystal Palace zeigt sich kein Riss, alles glitzert und glänzt in England, London – oder?

Es ist dies die Epoche, in der ein Schriftsteller, der zu den besten und populärsten dieses Zeitalters gehört, in einem Zustand abartiger Erschöpfung einen neuen Roman beginnt. Abartig erschöpft, weil Dickens wie gewohnt als Schauspieler, Dramaturg, Regieassistent, Bühnenhelfer in einer Person an der triumphalen Laienaufführung der Komödie *Nicht so schlecht, wie wir scheinen* seines Freundes Bulwer-Lytton mitwirkte.

Dickens machte sich daran, die Grundfesten des Zeitalters zu attackieren. Das Ergebnis ist *Bleak House*, ein Gesellschaftsroman über Justiz, geheime Papiere, Fernsten- und Nächsten-Liebe, bürgerliche, feudale und andere Apokalypsen vom Rand der Gesellschaft, ein Pulverfass gegen das selbstgewisse Gutmenschentum, wie es paradoxerweise gerade dem Romancier Charles Dickens immer wieder angedichtet wird.

Es ist die Romaneröffnung von *Bleak House*, ein erzählerischer Parforceritt, der panoramaartig in den Schauplatz des Geschehens einführt und den ich in den Mittelpunkt der Betrachtung stellen möchte. Und diese Betrachtung führt zunächst in den Nebel:

»London. Der Michaelitermin ist vorüber, und der Lordkanzler sitzt in der Lincoln's-Inn-Hall. Abscheuliches Novemberwetter. Soviel Schmutz in den Straßen, als ob die Wasser des Himmels sich eben erst von der neugeschaffenen Erde verlaufen hätten und es gar nichts Wunderbares wäre, wenn man einem vierzig Fuß langen Megalosaurus begegnete, wie er gerade – ein Elefant unter den Eidechsen – Holborn-Hill hinaufwatschelt.

Der Rauch senkt sich von den Schornsteinen nieder, ein dichter schwarzer Regen von Rußbatzen, so groß wie ausgewachsene Schneeflocken, die in schwarzen Kleidern den Tod der Sonne betrauern wollen.

Nebel überall. Nebel stromauf, wo der Fluss zwischen Buschwerk und Wissen dahinfließt; Nebel stromab, wo er sich schmutzig zwischen Reihen von Schiffen und dem Uferunrat der großen, unsauberen Stadt durchwälzt. Nebel über den Sümpfen von Essex und Nebel auf den Höhen von Kent. Nebel kriecht in die Kabusen der Kohlenschiffe; Nebel liegt draußen auf den Rahen und klimmt durch das Tauwerk; Nebel senkt sich durch die Deckverkleidung der Barken und Boote. Nebel dringt in die Augen und Kehlen der alten Greenwichinvaliden, die am Kamin in ihren Kämmerchen husten und keuchen, dringt in das Rohr und den Kopf der Shagpfeife des grimmigen Schiffseigners unten in seiner engen Kajüte und beißt grausam in Zehen und Finger des fröstelnden kleinen Schiffsjungen auf Deck. Passanten schauen von den Brücken herab über die Geländer in einen Nebelhimmel und sind rings von Nebel umgeben, als ob sie in einem Luftballon mitten in grauen Wolken hingen.

Gaslampen stieren in den Straßen trübäugig durch den Nebel wie draußen die Sonne wohl auf den durchweichten Feldern. Die meisten Läden haben zwei Stunden vor der Zeit angezündet, und das Gaslicht scheint es zu wissen, denn es sieht schmal und mürrisch aus.«

II. Dickens' Kunst der Anfänge und Räume

Anfänge sind die Tore, durch die wir als Leser die Welt eines Autors betreten. Allein deshalb haftet ihnen etwas Magisches an. Dickens' Anfänge sind oftmals bereits ganze Expositionen dessen, was wir in seinen Büchern zu erwarten haben. Sie enthüllen den Stil, sind Einstimmungen auf die Tonlagen, die folgen.

Vielleicht gefällt es mir gerade deshalb, über Anfänge zu schreiben, weil sie für mich als Schriftsteller bei meiner Arbeit an einem Buch etwas Besonderes haben. Natürlich muss der Anfang, mit dem man seinen Roman beginnt, nicht das erste sein, was man tatsächlich geschrieben hat. Man kann genauso gut nachträglich einen Anfang (er)finden, ihn gewissermaßen als Schlussstein nach dem Verfertigen neu einsetzen. Aber mir ist es bisher anders ergangen. Für mich wohnt dem Anfang nicht nur ein besonderer Zauber inne, sondern aus einem Anfangsbild entwickelte sich mein erster Roman, und ich glaube, dass mein zweiter gerade einen ähnlichen Weg nimmt. Schreiben heißt auswählen, sich beschränken. Mit jeder Entscheidung, die getroffen wird, mit der Perspektivwahl, den Hauptfiguren, den Sujets, den Zeiten und Räumen, fokussiert man die Welt, nimmt ein Stück von ihr genauer in den Blick. Nur dadurch entsteht etwas, nur durch das Sich-Einlassen auf ein bestimmtes Szenario gewinnt das Chaos des Unbestimmten und Allgemeinen die Ordnung des Bestimmten.

Ort, Zeit und Wetter, diese klassische Eröffnung der Szenerie wird von Dickens zur Verwandlung Londons in eine halb biblische, halb erdfrühgeschichtliche Landschaft benutzt. Hier zaubert einer im vierten Satz einen Megalosaurier auf die Straße. Doch diese ironische Transformation der Gegenwart durch andere Zeiten ist noch nicht alles.

In der süffig-düsteren Beschreibung sieht man London. Dies Dickenslondon mit seinen Schloten, dem Schmutz, der zinsgierigen Fratze des imperialen Kapitalismus und der bei aller Dreckigkeit faszinierenden Welt der Straße. Nebel dringt überall ein. Er durchzieht die Stadt wie ein Band, verbindet alle Orte miteinander, entwirft eine urtümliche, biblische, thermodynamisch sich in Rußbatzen auflösende, frühindustrielle Landschaft der Apokalypse. Der allwissende Erzähler folgt dem Nebel, dieser drohenden Metapher für alles Undurchsichtige, das der Roman im Folgenden verhandeln wird. Er führt uns in ein Zentrum, an jenen Ort, wo sich die Schicksalsfäden der Romanfiguren treffen werden, wo, teilweise schon vor ihrer Geburt, ihre Geschichte mit jener Geschichte eines unseligen, scheinbar schon ewig währenden Gerichtsprozesses verknüpft worden ist: Jarndyce gegen Jarndyce. Es geht nach Chancery Court, ins hohe Kanzleigericht:

»Am rauhesten ist der Nachmittag; da ist der Nebel am dicksten, die Straße am schmutzigsten in der Nähe jenes dickschädligen steinernen Hindernisses, das so recht eine passende Zier für die Schwelle der dickschädligen alten Korporation – des ›Tempels‹ – ist. Und dicht beim Tempel in der Lincoln's-Inn-Hall, mitten im Herzen des Nebels sitzt der Lord-Oberkanzler in seinem hohen Kanzleigerichtshof.«

Bleak House ist auch deshalb einer von Dickens' beeindruckendsten Romanen, weil er in seiner Eröffnung die gesamte Architektur des Romans gleichsam enthält, um auf faszinierende Weise und mit größter Detaillust eine gesellschaftliche Allegorie anzudeuten, die sich dann im weiteren Verlauf der Handlung weiter enthüllt. *Bleak House* ist ein allegorischer Roman. Ein Roman, in dem es die ganze Zeit um das Lesen von Zeichen, das Deuten und das Interpretieren geht. Nicht zuletzt führt Dickens einen der ersten modernen Detektive, Inspektor Bucket, in seinen Roman ein.

Der Detektiv ist ganz wie der Leser ein Zeichendeuter, ein Spurenleser. Auch in vielen anderen Protagonisten des Buchs, im Rechtsanwalt Tulkinghorn und im Gehilfen Guppy, in der zweiten Erzählstimme des Romans, der Ich-Erzählerin Esther, die nach ihrer Herkunft forscht, wird diese Suche thematisiert. Geheimnisse sind die treibende Kraft des Romans. Ironisch ausgestellt klingt das so:

»Was für eine Verbindung kann es zwischen dem Schloß in Lincolnshire, dem Haus in der Stadt, dem gepuderten Merkur und dem Treiben Jos, des Ausgestoßenen mit dem Besen, auf den der Lichtstrahl der Ewigkeit fiel, als er die Kirchhoftreppe fegte, geben? Was kann die vielen Menschen in den unzähligen Histörchen dieser Welt, die trotz tiefer unüberbrückbarer Kluft seltsamerweise doch zusammenkommen, miteinander verbinden?«

Das ist genau die Aufgabe, die man als Schreibender bewältigen muss, Verbindungen des bisher Unverbundenen herstellen. Dickens ironische Poetik stellt hier die bis heute entscheidende Frage für das Gelingen eines Romans. Dickens musste seine Romane, die ja nicht zu den dünneren gehören, sehr genau planen. *Bleak House* etwa umfasst in der modernen Penguin-Ausgabe 935 eng bedruckte Seiten. Das Buch war, wie alle Dickensromane, zunächst eine Fortsetzungsgeschichte. Sich Dickens' Baupläne anzusehen, seine Strukturskizzen, ist für jeden Schreibenden, der vor einem Romanprojekt steht, äußerst hilfreich. Die Skizzen verzeichnen Orte, Personen und Handlungskomplexe, wie eben den »Großen Fall Jarndyce und Jarndyce« zu Beginn, die in dem jeweils monatlich erscheinenden Kapitel ausgeführt werden sollen. Bereits an den Notizen wird deutlich, wie viel kompositorisches Gewicht Dickens auf den Beginn gelegt hat: »/Bleak House (and the East Wind) – No. 1/« heißt es da, dann: »chapter I. In chancery. The great cause of Jarndyce and Jarndyce«.

Es existieren unter anderem auch mehrere Blätter, auf denen sich Dickens über den Titel des Romans Gedanken gemacht hat. Ursprünglich hatte er *Tom-All-Alone's / The Ruined House* als Titel vorgesehen. *Tom-All-Alone's* ist der sprechende Name eines Slums in London. Deutlich wird, wie Dickens bereits in der ersten gedanklichen Komposition den Roman über seine Schauplätze metaphorisch auflädt. Die dann gewählte Exposition mit dem Großschauplatz London, dem sich durch alle Räume, bis in das britische Justizsystem durchziehenden Nebel, mit seinem geheimen Zentrum, dem hohen Kanzleigericht, ermöglicht es Dickens, den Roman als soziales Panorama voller ineinander laufender Handlungsstränge anzulegen. Die verwickelte Erbschaftsgeschichte im Fall Jarndyce und Jarndyce, das Geheimnis um Esther Summersons Abstammung und immer wiederkehrende Dopplungen in der stark typisierenden Figuration unterstützen dies noch. Gezeigt wird, wie eine Gesellschaft zusammenhängt, wie das Nebulöse dieser Verbindungen allmählich freigelegt wird, wie sehr sich alles unwillkürlich als Zeichensystem aufeinander bezieht. Das geht bis hin zur Ansteckung Esthers mit den Blattern, die der elternlose Straßenfeger Jo von Tom-All-Alone's einschleppt. Die Gesellschaft, an dieser Stelle scheint der Roman auf alte organologische Metaphern zurückzugreifen, ist ein Körper – oder eine Familie. Wenn ein Teil krank ist oder fehlt, dann breitet sich die Infektion epidemisch auch in die höchsten gesellschaftlichen Schichten aus.

Das Thema der Elternlosigkeit, der Waisenkinder, die ihrer Umgebung ausgeliefert sind, durchzieht Dickens' Romane. Das hängt zusammen mit der traumatischen Erfahrung des Ruins und der Schuldhaft seines Vaters und der ganzen Familie in Marshalsea, während Charles mit zwölf Jahren in einer Schuhwichsfabrik Dosen mit Schildern beklebte und anschließend beschriftete. Allein auf sich gestellt, von der Familie getrennt und seinem Schicksal früh überlassen, verfolgte Dickens seitdem die Angst vor gesellschaftlichem Abstieg, sicherlich eine der Triebfedern für den manischen Schreiber, Schauspieler und Entrepreneur der späteren Lebensjahre. Dickens war ein Selfmademan. Einer, der es fertig gebracht hat, sich praktisches Wissen anzueignen, sich aus dem gefühlten Elend herauszukämpfen, erst als Lehrling in einem Anwaltsbüro, anschließend als Gerichtsreporter. Und der dann seine Chance ergriff als Autor – zunächst der *Londoner Skizzen,* dann des ihm angebotenen Fortsetzungsromans *The Pickwick Papers*, der ursprünglich als reine literarische Illustration zu Sportkarikaturen des damals berühmten Zeichners Robert Seymours geplant war. Aus den erwarteten humoristischen Begleittexten machte Dickens ein monatlich erscheinendes Kultuniversum der skurrilen Begebenheiten um die Mitglieder der Pickwick Clubs, das ein publizistisches Massenphänomen wurde. Dieser seriellen Form – das heißt der Veröffentlichung in Fortsetzungen, wie wir sie heute eigentlich nur aus Fernsehserien kennen – blieb er sein Leben lang treu.

Es mag biographische Gründe haben, dass mich genau

diese Problemfelder und der daraus erwachsende Kampfgeist faszinieren, seit ich die Bücher als Kind zum ersten Mal las.

In *Bleak House* tauchen viele für Dickens typische Konfliktsituationen auf, aber bereits der Anfang erweitert die in früheren Romanen erprobten Muster des Bildungsromans (*David Copperfield*), des Märchens (*Oliver Twist*), des Familien- (*Dombey and Son*) und des historischen Romans (*Barnaby Rudge*) zu einer außergewöhnlichen Fassung der Erzählung über eine Gesellschaft – kein Wunder, daß Dickens für so unterschiedliche Schriftsteller wie Dostojewski, Kafka und Nabokov wichtig wurde. Dickens' Frage ist nicht, ob der Held durch eine Reihe gefährlicher Situationen unbeschadet am Ende nach Hause kommt, es ist nicht das Odysseusthema, das ihn interessiert. Sein Problem ist nicht die Rettung der Protagonisten (außer vielleicht in *Oliver Twist*), sondern ob und wie sie sich ändern. Das Statische der Nebenfiguren konterkariert dabei die Probleme des Romans, führt die Beschränktheit eines selbstsüchtigen Standpunkts in *Bleak House* vor, etwa auf das Drohnenleben à la Skimpole oder das Durch-große-Gesten-Unglück-in-die-eigene-Familie-Bringen bei Mrs. Jellyby.

Es sind jedoch nicht die Themen und deren intelligente Handlungsverknüpfungen in *Bleak House* oder die beeindruckende Gesellschaftsallegorie des Romans, auf die ich aufmerksam machen will, sondern auf die Keimzelle all dieser Großartigkeit – die sprachliche Gestaltung:

»›Jarndyce kontra Jarndyce‹ geht seinen schleppenden Gang. Dieses Ungeheuer von Prozeß ist im Verlauf der Zeit so verwickelt geworden, daß sich kein Mensch auf Erden mehr darin zurechtfinden kann. Die Parteien verstehen ihn am wenigsten, und nicht einmal zwei Kanzleigerichtsadvokaten können fünf Minuten davon sprechen, ohne nicht schon über die Vorfragen gänzlich uneinig zu werden. Zahllose Kinder sind in den Prozeß hineingeboren worden, zahllose junge Paare haben hineingeheiratet, zahllose alte Leute sind herausgestorben.«

Ein guter Anfang hat Rhythmus, jene sprachliche Wellenbewegung, die das Schiff der Geschichte von nun an vorantreiben wird. Nicht nur das Ungeheuer, die Urzeitechse, die die Holborn Street im Konjunktiv hinaufwatschelte, taucht als bedeutungsverschobene Bezeichnung für den Prozess wieder auf. Das Metonymische, die Figur der Verschiebung, wird später selbst zum Thema des Romans.

Es sind diese Feinheiten im Gewebe, das logische und zugleich sinnliche Geflecht, in das die verwickelten Einzelheiten einer komplizierten Handlung mit größter Umsicht zu einem Ganzen vereint werden, die *Bleak House* auszeichnen und deren elegante Fäden ich im Nebulösen des Anfangs immer wieder symbolisch ausgelegt sehe. Sie locken, sie ziehen in den Roman.

III. Dickens' Gestalten

Vladimir Nabokov ist ein Autor, dessen Vorlesungen ich immer wieder zu Rate ziehe, wenn ich mir unsicher bin, ob das, was man mit Literatur anstellt, denn ausreicht, um dem Leben ein paar Tropfen Sinn abzupressen. Über *Bleak House* heißt es bei Nabokov hinsichtlich Dickens' unnachahmlicher Kunst, Nebenfiguren zu erzeugen: »Die Welt eines großen Autors ist recht besehen eine magische Demokratie, in der auch Randgestalten, und seien sie noch so unbedeutend, wie der Mann, der sein Zwei-Pence-Stück in die Luft wirft, ein Recht auf Leben und Fortpflanzung haben.«

Dickens' Figuren haben die Tendenz, sich dem Leser ins Gedächtnis einzubrennen: Es sind die Skimpoles, Gadgrinds, die Familie der Micawbers aus dem Entwicklungsroman *David Copperfield*, mit ihren ewigen Pleiten und ewigen neuen Hoffnungen, die ein Dickensuniversum beleben wie quasi magische Signaturen. Skimpole, das Kind, wie er von sich selbst sagt, ein nie praktizierender Ex-Arzt und Geigen-Laie, der jegliche Verantwortung für sich und seine Umgebung scheut wie der Teufel das Weihwasser und doch gerade dadurch im Laufe des Romans von der ätherisch leichten Figur eines menschlichen Schmetterlings, die das Leben zu genießen weiß, sich durch sein Verhalten für den Leser und die Erzählerin Esther als verantwortungsloser, egoistischer Raubwurm entpuppt. Die Madenhaftigkeit des Skimpolschen Typs ist nur einer der denkwürdigen in Sprache und Szene lebendig gemachten Ausarbeitungen der Figuration des Bösen als Selbstsüchtigem. Der Roman entlarvt dies Verhalten in immer neuen Parallelen, am spitzesten vielleicht in der Beschreibung teleskopischer Philanthropie der Mrs. Jellby, die permanent damit beschäftigt ist, Denkschriften zu schreiben und sich um soziale Projekte zu kümmern wie etwa um die Kolonisierung und Christianisierung des linken Nigerufers in Borrioboola-Gha. Während Mrs. Jellby ihrer ältesten Tochter diktiert, herrschen Chaos und Tohuwabohu rings um sie her, verwahrlost ihre eigene Familie immer mehr. Ein weiteres allegorisches Puzzlestück im Muster des Romans, das Licht wirft auf eine im Kern selbstsüchtige Gesellschaft.

Der Kreis um Esther Summerson, John Jarndyce und *Bleak House* ist der Gegenentwurf einer Gemeinschaft, die Nächstenliebe, Barmherzigkeit und Engagement im Nahbereich praktiziert, die also in der Lage ist, von Egoismen abzusehen. Dieser Gegenentwurf zur alles verschlingenden Prozesswelt der Anwälte, Richter, Kustoden und Urteilsgläubigen ums Hohe Kanzleigericht zeigt ein kleines Licht praktischer Hoffnung in einer Welt, in der ansonsten fast alles, vor allem die menschlichen Beziehungen pervertiert scheinen.

Wie sehr biblische Anspielungen den Roman durchziehen, zeigen exemplarisch etwa das Warten auf das Urteil im Fall Jarndyce und Jarndyce am Tag des Jüngsten Gerichts der verrückten, aber liebenswerten Prozessteilnehmerin Miß Flite, deren Haustiere – Vögel mit Namen Hoffnung, Liebe etc. – im Lauf des Verfahrens alle im Käfig weggestorben waren, und die spontane Selbstverbrennung von innen des selbsternannten Lordkanzlers der unteren Welt, des Lumpen- und Altpapiersammlers Krook.

Bleak House ist das Anwesen, das der wohltätige John Jarndyce mit seinen Mündeln Ada und Richard bewohnt. Beide sind mögliche Erben des endlosen Rechtsstreits, beide könnten ohne Jarndyces Hilfe zu einem ebensolchen Schicksal verdammt sein, wie der Straßenfeger Jo, elternlos und im vom Kanzleigericht ›verwalteten‹ Slum *Tom-All-Alone's*, nicht nur alleingelassen, sondern der Verwahrlosung anheimgegeben. *Bleak House* ist entgegen seinem Namen der einzige Ort, der nicht öde, düster und hoffnungslos erscheint. Ein Zeichen dafür, dass Namen allein nicht zählen und man sich und sein Schicksal auch ändern kann. Das Aufsplitten des Romans in zwei Erzähler, den ironisch desillusionierten Standpunkt des allwissenden Erzählers, der uns als Draufsicht das Anfangszenario einer Welt im Urchaos des Nebels liefert, und die Geschichte von Esther, deren einfache, persönliche Erzählung sich gegen diesen Furor behaupten kann, erweist sich in diesem Sinn als Streitfall. Es bleibt unentschieden, was sich am Ende als stärker erweist: das humane Engagement oder die Machtspiele der antiquierten gesellschaftlichen Maschine.

Der Prozess Jarndyce gegen Jarndyce endet – aber nicht,

weil er entschieden worden ist, sondern weil sich die Geier nicht länger an einem Kadaver weiden können: der Streitwert ist aufgebraucht, die Prozesskosten verschlangen alles.

Es sind die rhetorischen Gesten, die wie Leitmotive die Figuren bestimmen, die aus Dickens' Romanen große tragikomische Opern machen, dabei jedoch so zauberhaft genau, so brutal zersetzend und doch auch anrührend sind, dass Nabokov gerade an dieser Stelle, beim Reden über Dickens die Formulierung von großer Literatur als »Sache des Rückenmarks« gebraucht. Dies Schaudern zu erzeugen ist die große Kunst. Ob man das lernen kann, mag bezweifelt werden, aber Schreiben ist eigentlich ein permanentes Lernen am Beispiel.

Ich lese Dickens immer wieder. Die Ironie, die Präzision der Beschreibung, die Magie stecken mich an, helfen mir über hölzerne, angstvolle Phasen des Schreibens hinweg, das Lesen von Dickensstellen ist eine Lockerungsübung. Ihr Studium ein köstlicher Schauer. Auch einmal eine eigene Figur zur Sache des Rückenmarks zu machen, ist nicht die schlechteste Vorgabe.

Diese Nebenfigur, von der Nabokov spricht, ein Kofferträger, ein Mann aus der Menge, der wie ein Pilz aus dem Boden geschossen kommt. Von ihm heißt es, dass er »seine zwei Pence durchaus nicht mit Entzücken in Empfang« nahm. Er wirft das Geld in die Luft und fängt es von oben her mit der Hand wieder auf und entfernt sich. Das ist scheinbar nicht aufregend, macht aber eben den Unterschied aus: ob durch ein, zwei Bilder etwas in der Vorstellung eines Lesers lebendig wird oder nicht.

Aufgabe 1

Wählen Sie ein Wetter aus, beschreiben Sie einen Ort in diesem Wetter und führen Sie die Szenerie analog zu Dickens in einen Raum, wo eine oder mehrere Figuren auftauchen.

Sie werden sehen, dass Ihnen sofort eine Exposition für weitere Szenen zur Verfügung steht. Wie kommen die Personen in diesen Raum, was hat das mit der vorherigen Beschreibung, der großen Umgebung zu tun, warum fokussiert sich alles in einem kameraartigen Zoom von der Totale, dem Großen in das Kleine, Konkrete?

Einen solchen Anfang zu schreiben setzt auf dem großen Blatt, dem Skizzenpapier für die Konstruktionspläne eines ganzen Romans, dem ersten Bogen an. Die Personen, die Räume, die Zeit und natürlich die Geschichte, die im Folgenden erzählt werden soll – entfalten sich idealerweise aus einem solchen Anfang heraus.

Dickens löst das in *Bleak House* durch rhetorisch sich an den Anfang immer wieder rückkoppelnde Szenenanfänge: In Kapitel II: Das Schloß der Deadlocks; das spiegelbildliche Kanzleigericht in der Unterwelt, ein Doppel im Trödelladen von Krook (was als sprechender Name das englische Wort für Gauner aufruft), wo das verbrauchte, das alte Papier aus vergangenen Prozessen angeschwemmt wird wie Strandgut. Es ist eine Art Thrift Shop des neunzehnten Jahrhunderts, in dem sich, zufällig, gerade das entscheidende Schriftstück zur Auflösung des Falles befinden könnte.

Man lernt durch das genaue Studieren von Anfängen und der genauen Ausführung eines eigenen Anfangs also Möglichkeiten für den geschickten Aufbau eines Romans kennen. Man lernt die Möglichkeit von Anschlüssen. Von Thesen – und Antithesen, die sich, wenn es gelingt, zu einer Geschichte fügen. Wem das zu traditionell erscheint, der sei daran erinnert, dass auch der Verstoß und das experimentelle Ausbrechen aus dem Schema einer Geschichte mit Anfang, Mitte, Höhepunkt und Ende die Kenntnis dessen, was wir eine Geschichte nennen, voraussetzt, sie also nur anders an- oder ausspielt.

Bücher schreiben (und lesen) ist wie Sex: Sie können sowieso alles machen, wenn Sie schreiben – es muss nur funktionieren (und funken). Das Studium der Vorbilder wird für das Schreiben zum Impulsgeber, und zum Korrektiv.

Dickens gelingt es mit den Anfängen vor allem seiner späten Romane *Bleak House*, *Little Dorrit* und *Unser gemeinsamer Freund*, aus dem Wetter und dem größeren Ort, zweimal London, einmal Marseille, in einen Raum überzuleiten, das Kanzleigericht, ein Wirtshaus, ein Gefängnis, das für die folgende Erzählung von zentraler Bedeutung ist. In *Bleak House* wird das Kanzleigericht zur Metapher für eine beziehungslose, in ihrer Sprache ausgehöhlte Gesellschaft, die sich nur durch einen unendlichen Prozess des Deutens, Argumentierens, Hoffens und Verhandelns Bedeutung verleiht. Der Gegenstand des Rechtstreits Jarndyce Contra Jarndyce, ein Bruderstreit, eine schon durch diese Namensgebung zeichenhafte Tautologie, ist längst in den Weiten der Zeit, den Unmengen von Rechtsgelehrten, die sich damit befassten, und unter den Prozessakten, den Unmengen beschriebenen Papiers begraben. Franz Kafka hat viel von Dickens gelernt – man könnte alle seine Romane, den *Prozeß*, *Das Schloß* und *Der Verschollene* als Variationen von Mustern lesen, die er bei Dickens gefunden hat – und was für Kafka gut war, kann für andere Autoren nicht schlecht sein.

Aufgabe 2

Beschreiben Sie analog zu Dickens einen Raum, in dem das große Stimmungs- und Wetterszenario Ihres Anfangs seine Entsprechung findet, wo Sie aus der Panoramalage in die Kammermusik einsteigen und ein, zwei Figuren miteinander agieren lassen, als Fortsetzung des Wetters.

Ulrike Draesner

Sinne

Gustave Flaubert: Madame Bovary [1857]

»Wir waren beim Lernen« – so beginnt Flauberts *Madame Bovary*, jener Roman, bei dem man am Ende weder weiß, von wem er handelte noch von wem er erzählt wurde. Da ist Lernen wohl angesagt, und so geht es weiter: wir, die Leser, erwarten eine hübsche Protagonistin. Stattdessen werden uns ein Haufen pubertierender Knaben und zwei vertrocknete Männlein vorgesetzt. Auch zum Ende des Romans steht es kaum besser: das Apothekermännchen Homais ist mit dem Kreuz der Ehrenlegion bedacht, während alle drei Madames Bovary verschwunden sind, was uns derart mitgenommen hat, dass die Frage nach dem Erzähler – leichtsinnigerweise oder sicherheitshalber – ganz vergessen ist.

Vergessen, ja, denn Flauberts Roman steckt voller Sprach- und Bezauberungstricks. Da wundert es wenig, dass bereits der erste Satz in die Irre führt. Er spielt doppelt: für die Handlung versetzt er uns in jenen Schulraum, den Charles Bovary, neu, tollpatschig, brav, soeben betritt. Für uns aber, die Leser, sagt er: »Ihr seid jetzt am Lernen« und müsste im Präsens stehen, was er auch tut, schließlich ist das verwendete Imperfekt die klassische Erzählform der Gegenwart. Französisch lautet der Satz noch viel schöner, nämlich »Nous étions à l'Etude«. Also, wir waren, was die Schulstunde angeht, in jenem Teil, der *Übung* heißt, ja, wir übten uns, als der »Direktor eintrat, hinter ihm ein Neuer«. Und eben wir, als Leser, üben uns in dieser Schulstunde, als Charles eintritt, der uns zu Emma führen wird, und sind mit dem ersten Satz »à l'Etude« gesetzt: in eine Übung im Lesen.

Lesen kann man an jedem guten Stück Literatur üben. Dass man es tut, ist eine Voraussetzung für das eigene Schreiben. Bei Flaubert aber lässt Lesen sich aus zwei Gründen besonders gut üben: zum einen, weil der Roman *Madame Bovary* immer wieder selbst davon handelt, wie er (sie) gelesen sein möchte – er ist anders als die Romane vor ihm und weiß, dass er Lesekonventionen auf die Probe stellt. So kann man hier wunderbar etwas lernen über unangestrengt mehrschichtigen Bildaufbau, über Schnitte und Übergänge. Zum anderen, weil wir ihn zumeist aus einer Übersetzung kennen. Und, welch Privileg: davon gibt es auf Deutsch gleich mehrere. Sie zu vergleichen schult den eigenen muttersprachlichen Sinn- und Rhythmusgang.

Die drei folgenden Kapitel ergeben sich somit auf flaubertsche Weise mehrstufig, wie von selbst: nous sommes à l'étude.

I. Bilder

Charles steht im Klassenraum. Er ist 15 Jahre alt, verlegen, Haare kurz wie ein Dorfkantor, derbe Schuhe, die Mütze hält er, Stunden später noch, hilflos auf den Knien.

»Es war eine Mischung aus den verschiedenartigsten Kopfbedeckungen, in der man wesentliche Bestandteile der Pelzmütze, der Tschapka, des Filzhutes, der Fischotterkappe und der Zipfelmütze wiederfand, kurz, eins jener armseligen Dinger, deren stumme Scheußlichkeit Ausdruckstiefen hat wie das Gesicht eines Blödsinnigen. Sie war eiförmig und durch Fischbeinstäbe aufgebauscht: Erst kamen drei ringförmige Wülste, dann, durch eine rote Borte voneinander getrennt, abwechselnd rautenförmige Flicken aus Samt und Kaninchenfell, darauf eine Art Beutel, der in einem mit verzwickter Litzenstickerei bedeckten Vieleck aus Pappe endete, und daran hing an einer zu dünnen Kordel eine eichelförmige Quaste aus Goldfäden herab.«

Wer hätte jemals solch einen Hut gesehen oder erdacht? Flaubert, bewandert in den Ausstattungsmustern mittelalterlicher Rüstungshelden, macht sich einen Spaß, indem er im Rückgriff auf die prachtvollen Beschreibungen, die französische Artus- und Antikenepen von ihren Rittern zu geben wissen, heldischen Glanz auf den Kappenkopf stellt.

Der Spaß aber wäre nur halb so schön, funktionierte er nicht auf verschiedenen Stufen zugleich. Zunächst sehen wir die Mütze konkret als Gegenstand vor uns. Natürlich erzählt sie von Charles, ihrem Träger. Er hat nicht das Gesicht eines Blödsinnigen, allein, die Kappenbeschreibung insinniert es. Und blödsinnig benimmt sich Charles hier in der Klasse – und auch später noch? Und immer wieder? Doch dann: »blöde« in welchem Sinn? Oder wird er nur von den anderen so angesehen? Eine der Zentralfragen des gesamten Romans scheint auf, unvermutet; unlesbar bei der ersten Lektüre, unübersehbar bei der zweiten.

Zunächst, ist es leicht, sich lustig zu machen über Charles, den Narrenkappenträger. Wie der klassische Held überragt er alle an Körperlänge, doch hat man ihn in die falsche Kleidung gesteckt, er versteht den Verhaltenskodex nicht. »Nous«, die Klassenkameraden, lachen. Doch schon auf den ersten Seiten löst dieses starke »nous« gegen ihn, den Neuen, sich auf. Flaubert, der Autor, schiebt kurzerhand eine Charles-Bovary-Kurzbiographie ein: Familie (der Großvater mütterlicherseits war Mützenmacher), Ausbildung, Einlieferung in die Schule in Rouen. Und schon löst das »nous« des Anfanges sich auf mit dem Satz »Keinem von uns wäre es möglich, sich heute noch irgendwie an ihn zu erinnern«.

Das sitzt. Das eben erst hergestellte, die Erzählsituation begründende »nous« ist mit einem Strich desavouiert – als Zitat einer Erzählsituation entlarvt. Es ist Fiktion, eben dies wird aufgedeckt. Von nun an wird munter ohne »nous« erzählt. Und wir, die Leser, nehmen das nicht nur hin, sondern freuen uns, dass es noch im selben Atemzug weitergeht mit dem unerinnerbaren Charles: »Keinem von uns wäre es möglich, sich heute noch irgendwie an ihn zu erinnern. Er war ein nicht sehr temperamentvoller Junge ...«

Was für eine contradictio in den Sätzen, was für eine Chuzpe, welch Übergang.

Schon sind wir bei Charles' Studium, der Ehe seiner Eltern, seinem Examen, und noch bevor Kapitel Zwei beginnt, ist die 45jährige pickelige Madame Dubus, Witwe eines Gerichtsvollziehers, mit Charles verheiratet und somit seine zweite Madame Bovary – denn die erste war und bleibt seine Mutter.

Hier kann man bestaunen, wie ein Autor mit einer Erzählstimme anfängt, sie nach drei Seiten kaltstellt und ganz ohne Erzählreflexion weiterkommt, weil dem Leser schon nach ein paar Absätzen egal ist, wer ihm was wie erlogen vorsetzt. Der alte Leseköder – Spannung, Schule, lächerlich machen – hat gezogen. Doch bei Flaubert zeigt sich vieles auf einmal, und deswegen möchte ich noch einmal auf die Kappe kommen, die ein Lehrer sogleich als Helm bezeichnet hat, was der Erzähler »geistreich« findet.

Tatsächlich: die Kappe erzählt von einem spezifischen Kampf. Ihre Eiform verdankt sich Fischbeinstäben. Fischbein hält auch die Korsette der Frauen. Eine eichelförmige Kordel hängt vom Kappeneck. Sexualaufbauschung und auch ein Moment jener Nach-Außen-Stülpung von Intimem, die im Roman folgen, werden ins Bild gesetzt. Im fünften Absatz des Romans überliest man das. Und doch ist es da, wirkt sich aus in der (späteren) Phantasie des Lesers. Die Mütze ist real und wird zugleich Symbol; ihre Sinnschichtung aber geht sogar noch einen Schritt weiter, denn sie verweist nicht nur auf Charles' Zukunft, sondern ist auch poetologische Metapher – Bild für den Roman selbst. Auch er besteht aus allem und nichts, aus aberwitzigen Fischbeinstülpungs-Konstruktionen, aus Phantasie und Übergängen, ganz wie die Mütze ein »Vieleck aus Pappe«, das sich schreibt. Drei ringförmige Wülste, drei Teile, durch die man sich hindurchlesen muss, drei Madames Bovary, drei Romankapitel aus Samt, Kaninchenfell und verzwickter Stickerei, doch auch voller Scheußlichkeiten wie Betrug, Verirrung, Geldgier, Ruhmsucht, Narretei, bunt gemischt, gekonnt aneinandergenäht.

II. Übergänge

Die Kappe, dieser scheinbar willkürlich gefügte, doch eine Einheit bildende Schichtkuchen, diese Metapher für den gesamten Roman, ist mit der zitierten Passage noch nicht zu Ende beschrieben. Ich unterschlug den letzten Satz, der kurz und bündig den Absatz beendet: »Elle était neuve; la visière brillait.«

Das französische »visière« (Schirm) betont bereits im Wort, dass es ums Sehen geht. Besonders jener Teil erscheint glänzend neu, der die Augen des Kappenträgers schützt und ihm ermöglicht zu sehen, ohne direkt selbst gesehen zu werden. Im Blitz eines Satzes wird hier der Ort des Beobachters ausgestellt. Damit zeigt die Kappe, was wir, im Lesen, werden: Betrachter, unversehens in etwas Neues geraten. Sie bereitet uns darauf vor, wie wir es lesen sollen: im Rückgriff auf alte Lektüren, eingetaucht in neue Bilder, bei denen es sich lohnt, jedem Detail zu folgen, bis hinein in die Orthographie. Denn es ist kein Zufall, dass eben nun jenes Zeichen erscheint, das Flaubert besonders raffiniert einzusetzen weiß: der Strichpunkt. Angesichts der Kürze des Satzes ist offenkundig, dass er nicht gesetzt wurde, um Komplexität zu reduzieren. Im Gegenteil, er soll die nach der Beschreibungskaskade plötzlich eingeleitete sprachliche Entschleunigung betonen. Sätze hinter Strichpunkten weisen bei Flaubert gern auf thematische Knäuel (dieses hier heißt ›Glanz‹. Was, wie, wo, warum und für wen in diesem Buch glänzt, füllte mühelos eine eigene Studie) – kein Wunder, dass ein Autor, der seinen Roman mit soviel Nähwerk eingeführt hat, Fäden denkt, Schlingen knüpft, damit spielt und darüber stolpern lässt.

Aus dem bereits Gesagten ergibt sich mit erschreckender, fast mechanischer Konsequenz: die Madame Bovary der Zukunft wird mit einer Dreiheit und Nähwerk verbunden vor unseren Augen erscheinen. Und für uns alle, à l'étude, ergibt sich die Frage, wie sehr das, was wir als schön und folgerichtig empfinden, mit Wiederholung und Gesetzmäßigkeit verbunden ist. Wenn man sich hier ansieht, wie Sätze, Absätze, Handlungen intern verknüpft werden, wie ein Stück Text beginnt, sich aus sich selbst zu schreiben, begreift man, meine ich, etwas vom Kern von Literatur. Jenem Kern, der sich so gern entzieht und den meisten ein Leben lang verborgen bleibt.

Kapitel Zwei: Mitten in der Nacht wird Charles aus dem Bett geholt. Ein Bauer, dessen Hof sechs Wegstunden entfernt liegt, hat sich das Bein gebrochen. Charles packt, seine Frau fürchtet um ihn, sie ist hässlich, aber liebt ihn, ihm ist das egal, er träumt auf seinem Pferd, es scheut, als er den Hof endlich erreicht und Charles, Held der Kappe, des Sehens und Nichtsehens, reitet ein: »Eine junge Frau in einem blauen, mit drei Volants besetzten Merinobaumwollkleid kam auf die Schwelle des Hauses, um Monsieur Bovary zu empfangen, den sie in die Küche eintreten ließ, wo ein großes Feuer loderte.«

Charles hat Glück, einen leichteren Fall als Bauer Rouaults glatten Bruch hätte er sich nicht wünschen können. Der Arzt verbindet, die Magd zerreißt Tücher, während Mademoiselle Emma »kleine Polster zu nähen versuchte. Da sie lange brauchte, ehe sie ihr Nähkästchen fand, wurde ihr Vater ungeduldig; sie antwortete nicht darauf; aber beim Nähen stach sie sich dauernd in die Finger, die sie dann zum Munde führte, um an ihnen zu saugen«.

Geschickt gemacht. Emma näht, wie erwartet, tut dies aber in einem besonderen Kontext, denn sie fertigt Polster. Eines hatten wir übrigens schon auf der Mütze zu sehen bekommen. Emma aber ist ungeschickt, sticht sich, saugt an den Fingern, sexuelles Begehren schiebt sich in Sprache und Szene. Eben damit geht es weiter, denn nun wechselt, zum ersten Mal im Buch, der Blick. Wir sehen direkt mit Charles, als bekomme er Augen nur, weil Emma erschienen ist: »Charles war von dem Weiß ihrer Fingernägel überrascht. Sie waren glänzend ...«

Schauen wir uns das noch einmal von vorn an, um festzuhalten, was parallel geschieht. »Nous«, eine Gruppe halbpubertierender Jungen in der französischen Provinz, ist »beim Lernen«: Vokabeln, Grammatik, Wörter also und deren Verknüpfung. Da kommt ein Neuer, er trägt eine unerhörte Kappe, bleibt stumm, nur seinen Namen schreit er heraus. Grob, rötlich, steht er da. Wir waren beim Lernen. Der Erzähler führt sich ein, großes »Uns« am Anfang, schaltet sich kurz darauf selbst aus. Denn da ist Charles, mit einem mittelalterlichen Programmmeisterwerk auf dem Kopf – Spiegel des Stückwerks Leben, das ihn erwartet. Das die Stimme, die spricht, die »nous« sagt »et l'autre« – und »l'autre« ist die Romanfigur –, aus einem Guss gießt. Mit Hilfe der Kunst der kleinen Wörter, der Adjektive, Konjunktionen, der Motivabfolgen – blau ist das Siegel des Bauern Rouault, blau ist Emmas erstes Kleid – und des Strichpunktes. Mit Rhythmus und Bild. Die Kappe bereits ist Kunstwerk des Übergangs: Kordeln, Schnüre, Borten, Beutel, Stickerei. Artefakt aus Verschiedenem, das nicht eines ist, aber zusammengehören kann. Flaubert stellt mit Madame Bovary ein Artefakt her, lässt uns eben dies wissen, und verführt uns dann, die Artifizialität sogleich wieder zu vergessen. Auch Virginia Woolf, etwa in *Mrs. Dalloway*, wechselt in der Erzählperson das Geschlecht, wenn die Erzählstimme von *Mrs. Dalloways* inneren Monologen hinüberzappt in Septimus Warren Smiths kriegsverschobene Innenwelt, doch Woolf stellt diese Übergänge stets hart aus. Flaubert hingegen schneidet nicht: er zeigt, dass Zerschnittenes, Einzelteiliges vorgefunden wird, und zeigt dann, wie es aneinander gerät. Dabei werden Handlungsübergänge gleitend und auf »natürlich« scheinende Weise aus vorgefertigten Bestandteilen des Romans, unter Einspielung der ein oder anderen Überraschung, gebaut. Felle und Borten folgen einander: bis Zufall und Neigung, Kalkül und Irrationalität zu Ergebnissen führen.

Charles also hat Emma gesehen, sie ihn. Nun schaltet Flaubert auf Stufe zwei, was die Kunst der Überleitung angeht. Sie wird eine Kunst der Beschreibung, eine Sprachkunst der Dinge. Charles besucht den Hof, obwohl der Bauer längst genesen ist, tritt in die Küche. Emma näht, »sie hatte kein Halstuch umgelegt, auf ihren bloßen Schultern sah man kleine Schweißperlen«. Sie bietet Charles etwas zu trinken an, trinkt selbst:

»Da es fast leer war, beugte sie sich hintenüber, um zu trinken. Mit zurückgelegtem Kopf, gespitzten Lippen und gestrafftem Hals lachte sie, weil sie nichts spürte, während ihre Zungenspitze, die sich zwischen den feinen Zähnen hindurchschob, in raschen kleinen Stößen den Boden des Glases ableckte.

Sie setzte sich wieder und nahm von neuem ihre Handarbeit auf, einen weißen Baumwollstrumpf, den sie stopfte. Sie arbeitete mit gesenkter Stirn; sie sprach nicht. Charles auch nicht. Der Luftzug, der unter der Tür hindurchstrich, trieb ein wenig Staub über die Steinfliesen; Charles schaute zu, wie er dahinkroch, und er hörte nur das Hämmern in seinen Schläfen ...«

So werden Dinge auf eine Weise in Szene gesetzt, dass Figuren darin aufgehoben scheinen, sich aufladen, wieder entspannen, so wird in dichten Schüben gearbeitet, die auf Lagunen zusteuern, in denen scheinbar nichts geschieht, ein Handlungsstrang, eine Figur abzustürzen drohen. In stetem Wechsel von Impuls und Stockung wird erzählt. Emma schleckt am Boden des Glases, ein Auskosten, Ausprobieren (das vorausspiegelt auf Emmas Ende, als sie das Pulver des Apothekers aus der flachen Hand isst), doch so passiert – nichts. Ausprobierend, kostend lernt Emma Léon kennen, schwärmt für ihn, er für sie, doch dann reist er ab:

»Der nächste Tag war für Emma ein Trauertag. Alles schien ihr in einen schwarzen Dunstschleier gehüllt, der undeutlich über dem Äußeren der Dinge schwamm, und der Kummer verfing sich mit einem leisen Heulen in ihrer Seele, wie es der Winterwind in verlassenen Schlössern tut. Es war jene Träumerei, in die man über das versinkt, was nicht wiederkehrt, die Müdigkeit, die uns nach jeder vollendeten Tatsache überkommt, jener Schmerz schließlich, den die Unterbrechung jeder gewohnten Bewegung, das plötzliche Aufhören eines lang anhaltenden Vibrierens mit sich bringt.«

In derartigen Halte-Stellen der Handlung und der Heldin entwickeln Dinge, seien sie künstlich oder natürlich, seien es Pflanzen, Wege, Wolken, Schirme, Kleider, Schuhe, Strümpfe u. a. ihr Eigenleben. Wir sehen, wie ein Arm sinkt, wie Licht, wie Staub; alles »Inventar« fängt zu leben an. Auch dies sind Künste des Übergangs: Wechsel der emotionalen Räume des Romans, erzählt in der Sprache der Dinge. In ihr vollendet sich das Fließen des Textes, sprich: in ihr wird er erfunden und neu an uns geschmiegt.

Denn Übergang bedeutet auch: Aufladung jedes Teilchens mit allem. Metaphern, mützenwenderisch ausgedacht – gedreht, in Ecken geleuchtet, durchgespielt. Bis das Roman(uhr)werk in seinen eigenen Gelenken, aus eigenem Antrieb, auf Spur läuft; bis das Gefühl beim Schreiben ist, »jetzt geliert der Pudding«, jetzt muss es so sein.

III. Bild und Übergang: Übersetzung

Vor kurzem schaute mich ein dänischer Autor mit großen Augen an: ob mir klar sei, welchen Vorteil es biete, zum Weltmeistervolk des Übersetzens zu gehören? Nicht nur, dass uns viele Werke lesbar gemacht würden, seufzte er, sondern dass von zahlreichen Werken gleich mehrere Übertragungen existierten!

Bislang habe ich *Madame Bovary* in Wolfgang Techtmeiers Sprach- und Interpretationsgestalt zitiert; natürlich, weil mir seine Arbeit gefällt, wenn es auch hie und da Ungenauigkeiten in syntaktischen Bezügen gibt (wie etwa in dem gleich folgenden Beispiel). Zum Vergleich seien ihm Caroline Vollmanns ebenfalls überzeugende Übertragung an die Seite gestellt sowie die insgesamt ärgerliche Übersetzung durch René Schickele und Irene Riesen, die zu unnötigen Ausschmückungen und Veränderungen neigt.

Doch urteilen Sie selbst, lesen Sie mehrfach – verbessern Sie. Wir befinden uns an einer jener Handlungslagunen des flaubertschen Textes, in denen Sprache und Dinge ihren Zauber entfalten müssen; wir sind noch einmal in der Zeit, als der Arzt Bovary so häufig zum Gut Rouaults reitet; offiziell, um nach dem Bein des Bauern zu sehen, tatsächlich aber, um Emma zu begegnen.

»Elle était sur le seuil; elle alla chercher son ombrelle, elle l'ouvrit. L'ombrelle, de soie gorge-de-pigeon, que traversait le soleil, éclairait de reflets mobiles la peau blanche de sa figure. Elle sourirait là-dessous à la chaleur tiède; et on entendait les gouttes d'eau, une à une, tomber sur la moire tendue.«

Wörtlich, das heißt roh und halbdeutsch, sagt dies: »Sie war auf der Schwelle; sie suchte ihr Schirmchen, sie öffnete es.«

Das Französische wechselt vom Imperfekt des »était«, das eine anhaltende Handlungssituation beschreibt, mit »alla chercher« und »ouvrit« ins passé simple, wodurch eine deutlich sicht- und fühlbare Staffelung der Handlung in »Rahmen« und »neues Ereignis« ausgedrückt wird. Der Strichpunkt unterstreicht dies noch.

»Das Schirmchen, aus Seide taubenkehlenfarben, das die Sonne durchdrang, erleuchtete/beschien mit beweglichen Lichtreflexen/Widerspiegelungen die weiße Haut ihres Gesichtes. Sie lächelte darunter in der/bei der milden/lauen Hitze; und man hörte die Wassertropfen, einen um den anderen, fallen auf die gespannte Seide.«

Flaubert verwendet für den Stoff des Schirms zwei Wörter: zunächst »soie«, ›Seide‹, am Ende des Absatzes aber »moire«, das eigentlich ›Mohair‹ bedeutet, zu Flauberts Zeit aber auch Stoffe mit changierender Oberfläche bezeichnen konnte. Hier also wird erneut der Glanz betont.

Zudem wiederholt sich im letzten zitierten Satz die Strichpunktstruktur: wieder werden andauernder Rahmen – Emmas Lächeln – und neue Ereignisse – das Fallen jedes einzelnen Wassertropfens – herausgestellt. So gelingt es, sprachlich ein Bild mit Bewegung zu malen.

Die Übersetzungen, wiedergegeben in alphabetischer Autorenfolge, gewinnen und verlieren, treten auf je eigene Weise in das Mosaikspiel Sinn und Sprachmusik:

René Schickele / Irene Riesen, 3. verb. Aufl. Zürich 1987:

»Sie stand schon in der Tür; sie kehrte aber um, holte ihren Sonnenschirm und spannte ihn auf. Durch die taubenhalsfarbene Seide des Schirms drang die Sonne und warf unruhige Reflexe auf die weiße Haut ihres Gesichts. Sie lächelte in der lauen Wärme unter dem Schirm; und man hörte die Wassertropfen, einen nach dem anderen, auf die gespannte Seide fallen.«

Wolfgang Techtmeier, 2. Aufl. Berlin 1970:

»Sie war auf der Schwelle; sie holte ihren Schirm, sie spannte ihn auf. Den Schirm aus taubengrauer Seide, durch den die Sonne schien, erhellte die weiße Haut ihres Gesichtes mit hin und her huschenden Lichtreflexen. Sie lächelte in der milden Wärme; und man hörte die Tropfen einzeln auf die gespannte Seide fallen.«

Caroline Vollmann, München, Zürich 2003:

»Sie stand auf der Türschwelle; sie holte ihren Sonnenschirm und öffnete ihn. Der Schirm aus taubenblauer Seide, durch den die Sonne schien, warf flüchtige Reflexe auf die weiße Haut ihres Gesichts. Sie lächelte darunter in der lauen Wärme; und man hörte die Wassertropfen, einen nach dem andern, auf die aufgespannte Seide fallen.«

Aufgabe 1

Erfinden Sie einer Ihrer Figuren ein Kleidungsstück, das ähnliche Funktionen wie Charles Bovarys Kappe übernimmt.

Aufgabe 2

Analysieren Sie an einem Ihrer eigenen, bereits geschriebenen Texte, wie Sie Verknüpfungen erzeugen. Wo etwa gebrauchen Sie Worte wie »und« oder »oder«, wie »jedoch« und »weil«? Was geschieht, wenn Sie diese Worte probehalber streichen?

Ulrich Greiner

Standbilder eines Chronisten

Adalbert Stifter: Witiko [1865/67]

Eigentlich war ich immer der Ansicht, dass Dichterschulen ein Missverständnis sind. Was man dort lernen könne, so dachte ich, ist die Einübung in jene mittlere Prosa, die vielleicht in Klagenfurt und dann bei talentsucherischen Lektoren eine Chance hat. Diese Prosa zeichnet sich vor allem dadurch aus, dass sie keine Fehler macht. Man merkt ihr an, dass der Autor die wesentlichen Voraussetzungen des schreiberischen Handwerks begriffen hat. Er beherrscht die Syntax, er meidet Stilblüten, allzu komplexe Perioden und achtet auf das Wohlbefinden des Lesers. Das Missverständnis allerdings, so war ich überzeugt, besteht darin, dass aus dem Vermeiden von Fehlern noch keine große Literatur entsteht. Große Literatur ist nicht selten gerade deshalb groß, weil sie in ihrem Drang, das Unsägliche sagbar zu machen, willentlich oder unwillentlich das Risiko des Scheiterns eingeht. Ihr Thema ist, um einen Ausdruck von Hans Henny Jahnn zu verwenden, »das Unbekömmliche«, und daraus folgt, dass es ohne Regelverletzungen selten abgeht. Hätte Herman Melville jemals eine Dichterschule besucht, er hätte *Moby-Dick* oder *Mardi* oder *Pierre* niemals geschrieben. Ähnliches gilt für Lawrence Sterne, John Cowper Powys, Robert Musil, Jahnn, Hamsun, Perec und all die anderen oftmals monströsen Heroen der Romankunst.

So also dachte ich, bis ich jüngst mit Juli Zeh ins Gespräch kam. Anlass war das Erscheinen ihres Essaybandes *Alles auf dem Rasen*, worin sich (unter anderem) freundliche Betrachtungen über das Leipziger Literaturinstitut finden. Wir redeten über mein oben erwähntes Vorurteil, und sie machte mich mit einem äußerst simplen Einwand sprachlos. Warum, so fragte sie, gibt es Kunstakademien und Musikhochschulen? Doch offenbar deshalb, weil man die Technik des Malens und Zeichnens, des Dirigierens und Komponierens lernen kann und, sofern man reüssieren will, auch lernen muss. Weshalb, so fragte sie weiter, soll das fürs literarische Handwerk nicht gelten?

In der Tat. Und wahr ist auch, dass man sein Können am besten an der Meisterschaft der Könner schult. Aber auch an ihren Fehlern. Denn gerade diese Fehler (oder das, was der schulgerechte Kunstverstand für Fehler hält) sind es oft, die aus dem bloß Perfekten das Unerwartete, das Ungeheure hervorgehen lassen. Und da bin ich nun doch wieder bei meinem alten Misstrauen. Ich traue der Vermutung nicht ganz, man könne derlei lernen. Denn zweifellos ist es unmöglich, das Fehlermachen zu lernen. Ziel des Lernens besteht ja eben darin, Fehler zu vermeiden. Nun lässt sich leicht einwenden, dass Fehler sowieso und immerfort entstehen. Das ist leider wahr. Und die häufigsten Fehler sind jene, die bloß ärgerlich sind, bloßes Nichtkönnen verraten, während die grandiosen Fehler naturgemäß selten sind.

Worauf ich hinauswill: Dass es sich wahrscheinlich lohnen würde, sein Augenmerk auf das Scheitern oder zumindest Straucheln der Großen ebenso zu lenken wie auf ihr Gelingen. Was übrigens einen willkommenen psychologischen Effekt haben könnte, denn das Gelingen des Meisters ist oftmals so ernüchternd, dass der Schüler jede Hoffnung aufzugeben geneigt ist, es jenem jemals gleich zu tun. Während er aus dem Straucheln erstens Ermutigung schöpfen könnte und zweitens genauere Erkenntnis über die innere Logik ästhetischer Gebilde. Es ist mir zum Beispiel nie gelungen herauszufinden, ob der Plot von Dostojewskis *Dämonen* wirklich schlüssig ist, was an meiner unaufmerksamen Lektüre liegen mag. Ohne Zweifel jedoch ist es völlig unklar, wer da eigentlich erzählt. Aus dieser Ungenauigkeit, die man als fehlerhaft betrachten könnte, folgt die alle Sicherheiten auflösende polyfokale, polyvalente Erzählweise. Sie öffnet Zwischenwelten, unheimliche, bedrohliche Räume, wo das Eingebildete, Befürchtete nicht mehr von der schlichten Realität unterschieden werden kann.

Was nun das ästhetische Konzept betrifft, so gibt es Schriftsteller, die einem vorgesetzten Plan mehr oder weniger strikt Genüge tun, und eines der eindrucksvollsten Beispiele ist George Perecs Roman *Das Leben. Gebrauchsanweisung*, der dem Grundriss und Aufriss eines Pariser Wohnhauses folgt und, von Raum zu Raum springend, das Leben der einzelnen Hausbewohner erzählt. Andere Schriftsteller wiederum mögen eine Idee haben, der sie zunächst folgen, die sich aber im Verlauf des Schreibens nach und nach ändert. Melvilles *Pierre* scheint mir dafür ein Beispiel zu sein. Man kann vielleicht sogar sagen, dass Melville den Roman geschrieben hat, um diese Idee herauszufinden. Und schließlich gibt es Schriftsteller, die mit einem klaren Vorsatz beginnen, in Wahrheit und am Ende aber etwas schreiben, was diesem Vorsatz zuwiderläuft. Adalbert Stifter und sein *Witiko* ist ein solcher Fall.

Als Witiko zum ersten Mal auftaucht, erfahren wir von ihm lediglich, dass er ein junger Mann ist, der auf seinem Pferd durch den Wald reitet. Wie er heißt, woher er kommt, wohin er geht, das erfahren wir nicht. Der Erzähler gibt uns sparsame Hinweise auf das Äußere des Mannes und seines Pferdes:

»Das Haupthaar konnte nicht angegeben werden; denn es war ganz und gar von einer ledernen Kappe bedeckt, welche wie ein Becken von sehr festem und dickem Stoffe gebildet, so daß ein ziemlich starker Schwerthieb kaum durchzudringen vermochte, dergestalt auf dem Kopfe saß, daß sie alles Haar in ihrem Innern faßte, und an beiden Ohren so gegen den Rücken mit einer Verlängerung hinabging, daß sie auch einen Hieb auf den Nacken unwirksam zu machen geeignet schien.«

Der Erzähler gibt vor, die Haarfarbe seines Helden nicht zu kennen. Er beschreibt nur das, was in diesem konkreten Augenblick zu sehen ist. Wenig später macht Witiko Rast in einem Wirtshaus. Es wird ausführlich beschrieben, wie er sich der Pflege seines Pferdes widmet. Er breitet zum Beispiel seinen Mantel über das Pferd aus: »Als er diesen auseinander gefaltet hatte, sah man, daß er ein sehr einfaches kunstloses Stück Stoff von grober Wolle und grauer Farbe sei.« Die Beschaffenheit des Mantels kann also erst dann geschildert werden, wenn Witiko ihn auseinander faltet. Nun werden die übrigen Gäste beschrieben:

»Seitwärts des Reiters, etwa zehn Schritte von ihm entfernt, saßen an einem Brettertische zwei andere Männer. Sie hatten sehr beschmutzte Lederkoller an. Die untere Bekleidung konnte man der sehr breiten Tischplatte willen nicht sehen.«

Was ist das für ein Erzähler? Ein Chronist offenbar, der sine ira et studio das Evidente, Unbezweifelbare in den Mittelpunkt stellt. Wichtig ist die Perspektive. Wir kennen Stifter auch als Landschaftsmaler. Ein Maler muss die Sichtachsen beachten. Wenn er zwei Männer hinter einem Wirtshaustisch malen will, kann er nicht zugleich das zeigen, was durch den Tisch verborgen ist. In der Szene mit dem Mantel jedoch wird die Sichtachse mit einer Zeitachse verbunden. Witiko faltet den Mantel auseinander und breitet ihn über das Pferd, und indem er das tut, wird die Webart des Mantels sichtbar. Im Allgemeinen will uns der Maler ebenso wie der Schriftsteller ein farbenfrohes, detailgesättigtes Bild vor Augen führen. Das will Stifter offensichtlich nicht:

»Das Pferd ging durch die Schlucht in langsamem Schritte. Als es über sie hinausgekommen war, ging es wohl schneller, aber immer nur im Tritte. Es ging einen langen Berg hinan, dann eben, dann einen Berg hinab, eine Lehne empor, eine Lehne hinunter, ein Wäldchen hinein, ein Wäldchen hinaus, bis es beinahe Mittag geworden war.«

Wir erleben hier die Gleichförmigkeit einer Bewegung, den langsamen Ritt eines Mannes durch die Landschaft, wahrgenommen von einem fernen, unbeteiligten Beobachter. Man kann das langweilig finden, und das ist ja immer das vorherrschende Urteil über den *Witiko* gewesen. Aber für den geduldigen Leser entsteht durch die Reduktion der erzählerischen Mittel ein Leerraum, der sich mit Spannung füllt. Und diese Spannung entlädt sich in den dramatischen und emotionalen Szenen, an denen dieser ungewöhnliche Roman so reich ist. Sie wirken so stark, weil sie sich in äußerster Langsamkeit aufbauen, weil sie ihre Leuchtkraft auf einem fast monochromen Hintergrund entfalten.

Nehmen wir die erste Begegnung Witikos mit Bertha, wobei wir erst am Ende der Szene die Namen der beiden erfahren und auch ihr Alter: Bertha ist sechzehn Jahre alt, Witiko zwanzig. Bis dahin heißen sie im Text immer nur »der Reiter« und »das Mädchen«. Der Reiter also kommt auf diese Waldlichtung und begegnet dem Mädchen, das auf seinem Kopf einen Kranz mit wilden roten Rosen trägt. Die

Rose ist das Wappenzeichen jenes alten, fast erloschenen Geschlechts, dessen letzter Nachkomme Witiko ist. Dass Bertha die rote Waldrose im Haar trägt, ist Symbol für den Neuanfang, den Witiko mit seiner politischen Karriere setzen wird. Zugleich aber ist sie ein sublimes erotisches Zeichen. Denn die Begegnung der beiden ist das, was man gemeinhin Liebe auf den ersten Blick nennt. Der Höhepunkt der Szene geht so:

»Nach einer Weile sagte sie: ›Trägst du immer diese häßliche Haube auf deinem Haupte?‹

›Nein, nur wenn ich sie brauche‹, sagte er, ›sie ist sehr leicht herab zu nehmen.‹ Bei diesen Worten nahm er die Lederhaube samt ihrem Anhange von seinem Haupte, und eine Fülle schöner blonder Haare rollte auf seinen Nacken herab. Die Haube legte er in das Gras.

›Ach, was Ihr für schöne Haare habt!‹ sagte das Mädchen.

›Und was du für rote Wangen hast‹, erwiderte er.

›Und wie blau Eure Augen sind‹, sagte sie.

›Und wie braun und groß die deinen‹, antwortete er.

›Und wie Ihr freundlich sprecht‹, sagte sie.

›Und wie du lieblich bist‹, antwortete er.«

Die ans Herz gehende Wirkung dieser Szene kommt eben aus der archaisch schlichten Sprache, die sich hier ins Liedhafte steigert. Sie erinnert an die Psalmen des *Alten Testaments*. Leicht könnte man sich die Szene gesungen vorstellen. Sie wiederholt sich übrigens noch zweimal, vier Jahre und dann wieder zwei Jahre später.

Die karge Sprache hat noch eine besondere Seite. Betrachten wir das zweite Kapitel aus dem ersten Band. Witiko begegnet auf seinem Ritt einer Schar von Edelleuten, angeführt von Wladislaw, der im folgenden Kapitel zum Herzog Böhmens und Mährens gewählt werden wird, eine

Wahl, die zu jenem Erbfolgekrieg führt, in dem Witiko eine ruhmreiche Rolle spielt. Das allerdings wissen wir bei diesem ersten Zusammentreffen noch nicht, wir wissen auch den Namen des Anführers nicht, der immer nur »der Scharlachreiter« genannt wird. Man reitet eine Weile nebeneinander her. Dabei erzählt ihm Wladislaw, wer die Ritter sind und stellt sie ihm vor. Ich lasse die kaum variierten kurzen Dialoge und die Namen der Reiter weg und zitiere nur jeweils den Augenblick, da Witiko seinen Blick auf den angesprochenen Mann wirft.

Der erste Reiter:
»Witiko sah auf den Mann zu seiner Rechten. Er ritt auf einem schwarzen Pferde. Er war schönen braunen Angesichtes und schwarz von Haar und Augen. Er hatte ein grünes Gewand, auf der schwarzen Haube eine Reigerfeder, und trug Schwert und Hüfthorn.«

Der zweite Reiter:
»Witiko blickte gegen ihn zurück. Er ritt auf einem Goldfuchs, war braun von Haar und Augen, hatte ein braunes Gewand, auf der schwarzen Haube eine Geierfeder, und trug Schwert und Hüfthorn.«

Der dritte Reiter:
»Witiko wendete sich ein wenig auf seinem Pferde, und sah nach dem Manne, der gerufen hatte. Er ritt auf einem braunen Pferde, und war ein sehr schöner Jüngling mit blonden Haaren und blauen Augen und rosenrotem Angesichte. Er trug ein scharlachbraunes Gewand und auf der schwarzen Haube eine weiße Feder. Er hatte Schwert und Hüfthorn.«

Der vierte Reiter:
»Witiko blickte um. Der Mann ritt auf einem Rappen, hatte lichte Haare, grüne Kleider, eine schwarze Feder auf der schwarzen Haube, und trug Hüfthorn und Schwert.«

Diese Beschreibung erinnert an die Bildnisse der romanischen Kunst, die das Typische zeigen und nicht das Besondere, die äußere Haltung, nicht die innere Befindlichkeit. Die Personen in Stifters Roman sind keine Individuen im modernen Sinn, ihre Empfindungen und Gefühle werden nicht näher bezeichnet, ihre Psychologie spielt keine Rolle. Es sind Vertreter ihres Standes, es sind Menschen, die im Auftrag handeln: im Auftrag eines göttlichen Heilsplanes, der sich als historischer Prozess realisiert. Obwohl der Roman die Entwicklung seines Helden schildert, ist er doch kein Entwicklungsroman. Denn Witiko folgt dem Gesetz, unter dem er angetreten ist, und verwirklicht es. Er bleibt sich treu, und das heißt, er verändert sich nicht. »Werde, der du bist«, hat Nietzsche gesagt, der Stifter für einen großen Schriftsteller hielt.

Um einen Begriff aus der Kunstgeschichte zu übernehmen: Bei der zitierten Reiterszene handelt es sich um ein Mehrfeldbild. Stifter zeigt uns mehrere Tableaus, die nebeneinander stehen, aber einen Sinnzusammenhang bilden. In ihnen herrscht ein Ruhezustand, der dem eines Standbildes gleicht: Jede Bewegung ist für den Augenblick festgehalten. Erst die Gesamtheit der Aggregate ergibt eine Bewegung.

In gewisser Hinsicht war Stifter ein moderner Autor. Zu den Merkmalen der Moderne gehört der Zweifel am Erzählen. Die Vorstellung, ein allwissender Autor verfüge über die Macht, aus eigener Vollkommenheit eine ganze Welt neu zu entwerfen und sie gleichrangig neben jene Welt zu stellen, in der wir leben, dieser hoheitliche Anspruch des realistischen Romans ist im 20. Jahrhundert verloren gegangen. Ein programmatisches Dokument dafür ist der berühmte *Lord-Chandos-Brief* des jungen Hugo von Hofmannsthal. Er formuliert den Zweifel an der Tragfähigkeit der Sprache, den Zweifel an der Konsistenz des Subjekts.

Stifter nun ist kein Mann des theoretischen Interesses, auch hat er vermutlich die genannten Zweifel nicht bewusst erfahren oder sie nicht zugelassen. Aber die Erzählstrategien des *Witiko* wirken gerade so, als hätte Stifter diese Zweifel überspielt, indem er scheinbar den Rückzug ins Archaische antrat, in Wahrheit aber eine Literatur des fiktiv Dokumentarischen schreibt. Der Erzähler des *Witiko* tritt auf als umständlicher, um Genauigkeit bemühter Chronist, der Einfluss auf den Fortgang der Ereignisse weder nehmen kann noch will. Er tut so, als referiere er etwas, was an und für sich dokumentiert ist, unabhängig von seinem Erzählen. Und deswegen enthält er sich jeglicher Ausschmückung. Man wird auf diesen annähernd tausend Seiten keine einzige Metapher, keinen Wie-Vergleich finden. Es gibt auch keine kostbaren Formulierungen, gesuchten Wendungen. Der treffende Ausdruck, den uns Deutschlehrer und Wörterbücher empfehlen, wird nicht gesucht, im Gegenteil: Der Chronist entscheidet sich im Zweifel für die einfache, naheliegende Wendung. Und dadurch bekommt die Sprache des Romans eine ungeheure Intensität, eine selbstevidente Kraft. Die abgenützten Wörter wirken plötzlich frisch und wie neu. Die sprachliche Askese wirkt wohltuend und befreiend. Sie befreit von der maulfertigen Opulenz, von der ausgefuchsten Kunstfertigkeit, mit der uns heute viele Texte auf lästige Weise beglücken; und sie tut wohl, weil sie die Eskalation der Reize aufhebt, das Sensorium beruhigt wie ein langer Gang durch den Wald. Man kann bei Stifter die einfache und kräftige Bedeutung der Wörter wiederfinden.

Das wahrhaft Irritierende am *Witiko* aber ist die Tatsache, dass es sich um einen historischen Roman handelt, der das Wesen des Historischen leugnet. Denn der historische Roman ist ja an die Zentralperspektive gebunden. Er muss an die Kompetenz des Subjekts glauben, sowohl an die des Erzählers wie an die der erzählten Figuren. Der historische Roman ist zweitens auf einen bestimmten Begriff von Zeit angewiesen. Er kann sich die Figur des Zeitpfeiles zu eigen machen, wonach Ursachen Wirkungen erzeugen, die dann unweigerlich auf ein vorläufig letztes Ergebnis zulaufen. Seltener ist der kreisförmige oder zyklische Zeitbegriff, der einem angeblich erkannten Gesetz zufolge die Ereignisse zum Anfang zurückbiegt. *Witiko* folgt dieser zweiten Figur, vor allem im dritten Band, wo sich die historische Sendung Witikos erfüllt – und damit eine alte Weissagung.

Der dritte Band ist der schwächste Teil des *Witiko*, weil er den immanenten Widerspruch des Romans enthüllt. In dem Augenblick nämlich, in dem die Ereignisse an Tempo gewinnen und ins realhistorische Fahrwasser eintreten, müssen auch die handelnden Personen an Kontur und Individualität gewinnen. Dafür aber ist Stifters Sprache nicht gemacht. Sie widersetzt sich einer vorwärtseilenden Bewegung, sie liebt das Statuarische, das Verweilende.

Im *Witiko* herrscht das Prinzip der Wiederholung. Es hat das Ziel, die herkömmliche Zeit, die gesellschaftliche Zeit, die historische Zeit stillzustellen. Stattdessen gilt ein Zeitbegriff, der sich aus der Natur ableitet. Stifter kann ihn dort am wirkungsvollsten entfalten, wo der äußere Gang der Ereignisse zur Ruhe kommt und die Entfaltung dessen beschrieben werden kann, was von allem Anfang an in einem höheren Sinn vorgesehen war – so etwa, wie sich die Autoren des *Neuen Testaments* an den zentralen Stellen immer wieder auf die Propheten berufen. Oder so, wie die aufblühende Rose enthüllt, was in ihrem Keim angelegt war. Stifter versucht, in der Natur eine höhere Ordnung zu erkennen, die nicht gefährdet ist durch Niedertracht und Zügellosigkeit, nicht bedroht durch den ewigen Konflikt zwischen Pflicht und Neigung. In der Gleichgültigkeit der Natur besteht ihr wahrer Trost, in ihrem unangefochtenen, unanfechtbaren Fürsichsein. Die fürchterliche Gewalt der Vergänglichkeit, die Stifter in seiner Vorrede zur *Mappe meines Urgroßvaters* so eindrucksvoll beschrieben hat – in der Natur reduziert sie sich auf den Kreislauf und die Wiederkehr der Jahreszeiten. Das ist kein Trost, und Stifter behauptet das auch nicht. Was die Natur ihm und seinen Lesern aber beschert, ist nicht gering zu achten: Es ist das Sedativ der Verlangsamung, die meditative Kraft der Entschleunigung.

Ich glaube nicht, dass das ein Konzept war. Meine Vermutung geht eher dahin, dass Stifter nicht wusste, was er tat. Er dachte konservativ, er war kein philosophischer Kopf. Etwas, von dem er nicht wusste, was es war, trieb ihn dazu an, sich diesem nicht Gewussten schreibend zu nähern. Er wollte zusammenhalten, was ihm wichtig und wertvoll schien. Aber je mehr er das versuchte, je strenger er mit sich selber und seinem Stoff verfuhr, desto stärker wurden die zentrifugalen Kräfte.

Der *Witiko* ist der letzte Beweis dafür. Die innere Logik des Buches besteht darin, Naturgeschichte und Menschengeschichte in eins zu setzen, den Fluch der Vergänglichkeit durch die verweilende Wiederholung zu entkräften. Und sich zugleich in dieser Wiederholung der Haltekraft des Gegenwärtigen zu versichern. Das ewig Gegenwärtige ist die Natur.

Aber Stifter war alles andere als ein Ideologe. Deswegen haben jene späteren Ideologen, die gesellschaftliche Prozesse naturförmig verstehen und dirigieren wollten, mit Stifter nichts anfangen können. Sie hatten einen instrumentellen Begriff von Natur. Stifter hatte in Wahrheit überhaupt keinen Begriff von ihr. Er verstand durch unablässige Beobachtung mehr von ihr als jeder andere. Aber er hatte keinen Begriff von ihr im Sinne einer Theorie.

Er wusste, so behaupte ich, sehr oft nicht, was er tat. Er hatte einen historischen Roman schreiben wollen, aber der *Witiko* ist keiner. Insofern ist er gescheitert. Dennoch lohnt es sich, dieses Scheitern zu betrachten. Was kann man daraus lernen? Dass es nicht immer zum Ziel führt, konsequent zu sein. Dass das so genannte Gutgeschriebene oft nicht mehr ist als ein leerer Pleonasmus. Dass große Literatur und Perfektion selten zur Deckung kommen. Dass Vorbilder nichts taugen, wenn man sich von ihnen nicht freihalten kann.

Aufgabe

Lesen Sie Stifter. Beschreiben Sie eine Landschaft möglichst emotionslos und genau. Meiden Sie schmückende Adjektive und Wie-Vergleiche. Versuchen Sie, den Rhythmus der Landschaft mit dem Rhythmus der Sätze in Einklang zu bringen.

Michael Rutschky

Besuche in der Unterwelt

Sigmund Freud: Krankengeschichten [1895 ff.]

»Ich bin nicht immer Psychotherapeut gewesen«, heißt es an einer berühmten Stelle bei Sigmund Freud, »und es berührt mich selbst noch eigentümlich, daß die Krankengeschichten, die ich schreibe, wie Novellen zu lesen sind, und daß sie sozusagen des ernsten Gepränges der Wissenschaftlichkeit entbehren.«

»Krankengeschichten« heißt hier einfach Falldarstellungen; man sagt auch Kasuistik. Jedenfalls handelt es sich um episches Material, Erzählstoff; keine Messergebnisse, Tabellen, Statistiken. Das liest sich – in dieser Frühzeit von Freuds Karriere – beispielsweise so:

»Als jüngste von drei Töchtern hatte sie, zärtlich an den Eltern hängend, ihre Jugend auf einem Gute in Ungarn verbracht. Die Gesundheit der Mutter war vielfach getrübt durch ein Augenleiden und auch durch nervöse Zustände. So kam es, daß sie sich besonders innig an den heiteren und lebenskundigen Vater anschloß, der zu sagen pflegte, diese Tochter ersetze ihm einen Sohn und einen Freund, mit dem er seine Gedanken austauschen könne.«

Man merkt, dass ihm das Erzählen Freude macht (dass er ein grandioser Schriftsteller war, ist allgemein anerkannt). Das epische Material entrollt sich um seiner selbst willen, so scheint es, das Augenleiden der Mutter, die Zuneigung des Vaters bleiben ohne Beweisabsicht – aber das trügt ein wenig. In Wahrheit bearbeitet Freud mit seinem Erzählen ein Problem. Ein Problem, das nicht objektiv vorgegeben, sondern von dem erzählt wird: »Im Herbst 1892 forderte ein befreundeter Kollege mich auf, eine junge Dame zu untersuchen, die seit länger als zwei Jahren an Schmerzen in den Beinen leide und schlecht gehe. Er fügte der Einladung bei, daß er den Fall für eine Hysterie halte.«

Freud interessierte sich – in wissenschaftlicher Haltung – für eine eingehendere und genauere Konzeption von Hysterie als seelischer Krankheit. Dem dient die Falldarstellung, das Erzählen; dies ist im Wesentlichen die Untersuchung, zu der ihn der befreundete Kollege auffordert. Am Ende müsste eine Aufklärung der Beinschmerzen von Fräulein Elisabeth von R. stehen sowie ein weiterer Beitrag zur Theorie der Hysterie.

Im Licht der späteren Entwicklungen steht diese Falldarstellung schlecht da – auch wenn Freud am Ende erzählen kann, er habe Fräulein Elisabeth von R. auf einem Hausball beim unbeschwerten Tanzen zugeschaut. Aber dies Misslingen lässt das Erzählen nicht abbrechen, ebensowenig die Theoriebildung. Was beim Detektivroman etwa, mit dem die Psychoanalyse oft in Verbindung gebracht worden ist, sofort einleuchtet: Der Erzähler schildert, wie er vor einer Tür steht, die sich nicht öffnen lassen will. Wie ein Problem ungelöst bleibt, kann Thema der Erzählung werden.

In einer späteren, unterdessen hochberühmten seiner Novellen liefert das Scheitern die eigentliche Pointe. Die 18jährige Dora, mit einem bunten Strauß von Krankheitssymptomen ausgestattet, bricht die Analyse nach kurzer Zeit ab – aus Gründen, die Freud verstehen und darlegen kann.

Seit den *Studien über Hysterie* hat sich seine therapeutische Technik grundlegend gewandelt: »Damals ging die Arbeit von den Symptomen aus und setzte sich die Auflösung derselben der Reihe nach zum Ziel. Ich habe diese Technik seither aufgegeben, weil ich sie der feineren Struktur der Neurose völlig unangemessen fand. Ich lasse nun den Kranken selbst das Thema der täglichen Arbeit bestimmen und gehe also von der jeweiligen Oberfläche aus, welche das Unbewußte in ihm seiner Aufmerksamkeit entgegenbringt.«

Die Recherche, wie sie in den *Studien über Hysterie* betrieben wurde, war insofern zu primitiv, als der Detektiv schon genau wusste, wonach er suchte, Gefühlskonflikte, unterdrückte Sexualimpulse, eingeklemmte Affekte. Dora hingegen überlässt sich so ungehemmt wie möglich ihrem eigenen Erzählen; Freud betätigt sich vor allem als Zuhörer. Zuweilen wird er Dora darlegen, wie er ihre Erzählung versteht, und die beiden werden zuschauen, was sie damit anfangen kann. Seine Deutungen und Konstruktionen versammelt Freud sodann in diesem Text, den wir als *Bruchstück einer Hysterie-Analyse* zu lesen bekommen.

Wiewohl in jeder Hinsicht durch außerordentliche Kühnheit ausgezeichnet, stellt Freuds Novelle, nach der bekannten Unterscheidung, keinen Primärtext dar. Sie ist alles andere als aus dem Nichts, dem Schweigen geschöpft. Vielmehr liegt ihr, wie Freud ausführlich beschreibt, zugrunde, was Dora gesagt hat, und Freud zitiert sie geradezu dramatisch. Wiewohl ein eigenes Genre erfindend, muss die Dora-Geschichte als Sekundärliteratur gelten.

Sie hat die Analyse nach ein paar Monaten abgebrochen; dem Detektiv wurde die Tür, nachdem man sie ihm bereitwillig geöffnet hatte, vor der Nase zugeschlagen. Aber Freud meint verstanden zu haben, warum. Der Fall Dora gab Gelegenheit zu einer weitreichenden Entdeckung, der sogenannten Übertragung:

»Was sind Übertragungen? Es sind Neuauflagen, Nachbildungen von den Regungen und Phantasien, die während des Vordringens der Analyse erweckt und bewußt gemacht werden sollen, mit einer für die Gattung charakteristischen Ersetzung einer früheren Person durch die Person des Arztes. Um es anders zu sagen: eine ganze Reihe früherer Erlebnisse wird nicht als vergangen, sondern als aktuelle Beziehung zur Person des Arztes wieder lebendig.«

Freuds Novellen eignet unauflöslich ein autobiographisches Moment. Das »ich« des Erzählers, das schon in den *Studien über Hysterie* begegnet, ist substanziell – von Freuds *Traumdeutung* hat man gesagt, sie sei ein besonders radikales Experiment in Autobiographie: Es sind ja vor allem seine eigenen Träume, anhand deren Freud seine Lehre entwickelt. Mit der Entdeckung der Übertragung seitens Dora kommt aber noch eine weitere Variante, ja Komplikation des Autobiographischen ins Spiel. Es ist der Stoff, der dem Erzähler wechselnde, aber eindrückliche Bilder seiner selbst nahebringt, Bilder, die er erkennen muss, um ihnen nicht zu verfallen. Was macht Doras Erzählung mit mir? lernt sich Freud zu fragen.

Eindrucksvoll zu beobachten, wie er in seinen strikter theoretischen Schriften ebenso einen erzählerischen Gestus kultiviert. Freud ist ein Theoretiker, der sich Zeit nimmt mit seinen Beobachtungen und Gedanken. Eine Stichprobe aus seinen meisterlichen, seinerzeit so unbeschreiblich skandalösen *Drei Abhandlungen zur Sexualtheorie*:

»Überblicken wir nun nach diesen weder vollständig noch vollzählig mitgeteilten Proben und Andeutungen die Quellen der kindlichen Sexualerregung, so lassen sich folgende Allgemeinheiten ahnen oder erkennen: Es scheint auf die ausgiebigste Weise dafür gesorgt, daß der Prozeß der Sexualerregung – dessen Wesen uns freilich recht rätselhaft geworden ist – in Gang gebracht werde. Es sorgen dafür vor allem in mehr oder minder direkter Weise die Erregungen der sensiblen Oberflächen – Haut und Sinnesorgane –, am unmittelbarsten die Reizeinwirkungen auf gewisse als erogene Zonen zu bezeichnenden Stellen.«

In seinem letzten großen Projekt, das Psychologie und Anthropologie, Geschichtsphilosophie und Religionstheorie verbinden sollte und das vor lauter verschlossene Türen führt, von denen Freud nur mutmaßen kann, was hinter ihnen zu finden wäre – in *Der Mann Moses und die monotheistische Religion* verlässt Freud sich restlos auf diesen erzählerischen Gestus, um voranzukommen.

Die erste Frage, ob Moses womöglich ein Ägypter war, widersteht einer schlüssigen Beantwortung: »Wenn nicht mehr Sicherheit zu erreichen war, warum habe ich diese Untersuchung überhaupt zur Kenntnis der Öffentlichkeit gebracht? Ich bedauere es, daß auch meine Rechtfertigung nicht über Andeutungen hinausgehen kann.« Wenn man die ungeklärte Voraussetzung einmal dahingestellt sein lässt, ergeben sich aber außerordentlich fruchtbare Möglichkeiten der Schlussfolgerung über Ursprung und Wirkungsmacht der Religion, was eine weitere, eingehende Untersuchung notwendig macht: »Aber ich traue mir nicht mehr die Kraft zu, das zu leisten.« Dann schlägt die Weltgeschichte in den Text ein. Freud verlässt Wien, das an die Nazis gefallen ist: »Ich fand die freundlichste Aufnahme in dem schönen, freien, großherzigen England. Hier lebe ich nun, ein gern gesehener Gast, atme auf, daß jener Druck von mir genommen ist und daß ich wieder reden und schreiben – bald hätte ich gesagt: denken darf, wie ich will oder muß.« Denn das Schreiben von *Mann Moses* hatte in Österreich stark die Rücksichtnahme auf die katholische Kirche beeinträchtigt, die an der vornazistischen Diktatur intensiv beteiligt war.

Aber wir wollen hier ja keine intensivere Freud-Philologie betreiben. Es soll darum gehen, was man von ihm für das Schreiben lernen kann, um seine Poetik gewissermaßen. In deren Zentrum steht gewiss, was er seine Novellen nennt, Texte mit einem durchgehend erzählerischen Gestus, die gleichzeitig Begriffe explizieren und Theorien entwickeln. Es ist schwierig, das Genre solcher Texte zu bestimmen. Sie Essay zu nennen, liegt nahe, wäre zugleich aber eine Verlegenheitslösung. Der starke erzählerische Anteil legt eine Klassifizierung als Reportage nahe – wogegen allerdings der hohe theoretische Anspruch spricht. Sie einfach zur Wissenschaftsprosa zu erklären, psychiatrische Falldarstellungen, würde den starken literarischen Appeal von Freuds Texten unterschlagen – der sich vermutlich in der Prosa André Bretons ausgewirkt hat, der seinen Surrealismus ja immer wieder von Freud herleitet. Bretons sogenannter Roman *Nadja* scheint direkt an Freuds Falldarstellungen geschult. Jean-Paul Sartre hat für Bretons Prosa die ironische Gattungsbezeichnung »Märtyrer-Essay« erfunden; Breton verwendet das »ich« von Freuds Prosa bei weitem pompöser, herablassend »begründete er die Überlegenheit seiner Theorien, und dann erzählte er plötzlich von sich selbst bis in die kindischsten Einzelheiten hinein, zeigte Fotos von den Restaurants, wo er gegessen hatte, von dem Laden, wo er seine Kohlen kaufte.«

Aber vielleicht ist es ganz unfruchtbar, sich hier um die Gattungsbezeichnung zu bemühen, um Freuds Schreiben anschlussfähig für anderes Schreiben zu machen. Ein nach seinem Vorbild konstruierter Ich-Erzähler kann sich in ganz unterschiedlichen Genres herumtreiben, in der Rezension ebenso wie im ausgewachsenen Buch. Wichtig sind die Konstruktionsmerkmale dieses Erzählers.

Sollte er zuallererst etwas über sich selbst, etwas Autobiographisches sagen wollen, so offeriert ihm Freud, folgt man der Traumdeutung, sogleich eine interessante Komplikation. Freud erforscht in seiner speziellen schweifenden Manier Äußerungen, die von ihm selbst stammen und angeblich auch von ihm selbst handeln, dabei aber gänzlich opak sind, seine Träume: »Ich bin wieder vor dem Bahnhofe, aber zu zweit mit einem älteren Herrn, erfinde einen Plan, um unerkannt zu bleiben, sehe diesen Plan aber auch schon ausgeführt. Denken und Erleben ist gleichsam eins. Er stellt sich blind, wenigstens auf einem Auge, und ich halte ihm ein männliches Uringlas vor (das wir in der Stadt kaufen mußten oder gekauft haben). Ich bin also ein Krankenpfleger und muß ihm das Glas geben, weil er blind ist.«

Ich ist ein anderer – das ist hier keine erkenntniskritische Desillusionierung über ein Subjekt, das sich selbst für durchsichtig und seiner selbst mächtig gehalten hatte, es handelt sich um eine (literarische) Methodik: Wenn du dich selbst als Informanten einsetzen willst, dann mit mehrminder starkem Befremden.

Es passt dazu, dass Freud die Selbstbefragung, die Reise ins Innere alles andere als freihändig unternimmt – weil sich dort ein reines Bild der Seele, eine adamitische Sprache finden ließe: Freud interpretiert Texte, die wie von einem anderen geschrieben sind. So etwas gilt ebenfalls für Fräulein Elisabeth von R., noch stärker für Dora: Der Erzähler ist restlos abhängig von Äußerungen und Formulierungen, die auf andere zurückgehen. Keineswegs kommt er aus dem Schweigen der Welt zur Sprache. Wobei das Konzept der Übertragung es nahelegt, dass der Erzähler den Formulierungen, denen er draußen in der Welt zu folgen hat, abzulesen versucht, wie sie sich auf ihn beziehen.

Aber das alles hört sich allmählich recht geheimnisvoll an. Womöglich weiß ich selber nur undeutlich, was ich sagen will. Und finde es nicht besser heraus, wenn ich hier von Freuds Prosa direkt eine Poetik abzuziehen versuche. (Versteht sich, dass solche Wendungen direkt dieser Poetik entstammen.)

»Ich habe einen Abend mit einigen älteren Angestellten verlebt, die tagsüber in mittleren kaufmännischen Berufen tätig sind. Der eine ist Bilanzbuchhalter, ein zweiter Kassenbeamter; gesetzte Männer, denen sicher für gewöhnlich außer dem Büroleben und dem engen Haushalt nichts anzumerken ist.«

Reportage nennt man gewöhnlich Siegfried Kracauers Text *Die Angestellten. Aus dem neuesten Deutschland*, der 1930 als Buch herauskam, nachdem ihn die *Frankfurter Zeitung* in Fortsetzungen abgedruckt hatte. Zu diesem Zeitpunkt war Kracauer dabei, seine Angestelltenexistenz in der Frankfurter Redaktion aufzugeben und das Berliner Feuilletonbüro zu übernehmen, nicht ganz freiwillig. Zugleich schrieb er an einem der bedeutendsten Romane, die dem Leben der Angestellten gewidmet worden sind, *Georg*.

»Wir besuchten an jenem Abend einen Witwenball in der Gegend der Elsässer Straß, das echte Zille-Milieu, mit Blechmusik, Gelegenheitsarbeitern, billigen Witwen und Dirnen. Es wurde Bier getrunken, und die Leute verwandelten sich vor meinen Augen. Das waren nicht mehr gedrückte Büroangestellte, sondern richtige Elementargewalten, die aus dem Gehege brachen und sich auf ziemlich unbekümmerte Weise vergnügten. Sie erzählten eindeutige Geschichten, kramten Schwänke aus, strichen im Saal umher, sinnierten in ihre Gläser hinein und tobten dann wieder.«

Unverkennbar befindet sich der Erzähler außerhalb seines Milieus – unterhalb, genauer gesagt. Er ist befremdet, das ist der Sinn der Exkursion. Und er gewinnt aus dieser Befremdung einen eigenen Erzählstoff. Es fällt auf, dass seine eigene Anwesenheit, die Anwesenheit eines Erzählers aus einem ganz anderen Milieu, die Beobachteten nicht zu befremden scheint. Er muss sich getarnt haben. In der Sozialforschung nennt man diese Technik teilnehmende Beobachtung: die Teilnahme liefert die Tarnung. Der Erzähler unterstellt, dass die Szene, der er beiwohnt, ihren legitimen Sinn hat – die Gegenfigur wäre der Prediger, Missionar, Reformator, der auf einen Stuhl steigt, um den Feiernden ihre Sündhaftigkeit, ihr verfehltes Leben vor Augen zu halten und von ihnen Umkehr zu fordern.

»Der Tanzmeister trat an den Tisch, ein etwas vertrottelter Volkshumorist, der sich beim spendierten Bier unaufgefordert über seine Schicksale verbreitete. Er hatte seine Glanzzeit als Musikclown gehabt und ist dann offenbar nach und nach heruntergekommen.« Der Erzähler, wiewohl geradezu abgestoßen von der exhibitionistischen Schwatzhaftigkeit des Mannes (»unaufgefordert«) hat gleichwohl auf jede Abwehrgeste verzichtet und sich das von ihm Erzählte genau gemerkt – nun ja, jedenfalls so gemerkt, dass er die Geschichte auf eine Pointe bringen konnte: sozialer Abstieg.

»Besonders merkwürdig an der Zusammenkunft war aber dies: daß der Bilanzbuchhalter als ein alter Spießgeselle des Tanzmeisters wirkte, als eine durchaus unbürgerliche Existenz, die niemals Büroräume lange von innen gesehen hat. Warum ist er nicht zu höheren Positionen emporgedrungen?« Jetzt beginnt so etwas wie die Deutung, die interpretatorische Durchdringung des bislang nur exponierten Erzählstoffs:

»Vielleicht hat die Uninteressiertheit der Vagabundennatur seinen Anstieg verhindert, und nun ist es zu spät. Es gibt eine Menge phantastischer E.-T.-A.-Hoffmann-Figuren unter den Angestellten vorgerückteren Alters. Irgendwo sind sie stecken geblieben und erfüllen seitdem ununterbrochen banale Funktionen, die alles andere eher als unheimlich sind. Dennoch ist es, als seien diese Menschen in eine Aura des Grauens gehüllt. Sie strömt von den verwesten Kräften aus, die innerhalb der bestehenden Ordnung keinen Ausweg gefunden haben.«

Soweit ich weiß, pflegte Siegfried Kracauer kein intensiveres Verhältnis zu Freuds Lehre – anders als sein Freund Adorno und die ganze Intellektuellengruppe, aus der dann die Frankfurter Schule hervorging. Doch fällt es auf, dass Kracauer in der zitierten Passage so etwas wie ein Freudsches Deutungsmodell zur Anwendung bringt. Indem er die Angestellten, die tagsüber ihr ereignisarmes Arbeitsleben führen, zu ihrer abendlichen Vergnügungsstätte begleitet, unternimmt er einen Besuch in der Unterwelt. Hier herrscht das Es, hier ist ein Triebgeschehen zu beobachten, das im Tageslicht unsichtbar bleibt. Dabei folgt Kracauer implizit sogar dem Gedankengang, den Freud seit den *Studien über Hysterie* zurückgelegt hat: Es geht weniger darum, die eingeklemmten Affekte zu befreien – das Arbeitsleben der Angestellten bunter und ereignisreicher zu gestalten –, vielmehr gilt es genau zu beobachten, zu welcher dämonischen Eigendynamik das unterdrückte Triebgeschehen sich entfaltet. In diesem Sinn sind Kracauers Angestellten-Studien in viele Faschismustheorien eingegangen.

Ohne solche Erklärungsmodelle kommt die Textsorte, die uns hier beschäftigt hat, nicht aus. Der entscheidende Schritt ist: rechtzeitig zu erkennen, auf welche Deutungen und Erklärungen man bereits zusteuert. Und das offen zu legen – während sich Kracauer noch als reiner Beobachter wähnte.

Aufgabe

Pierre Bourdieu bemerkt 1965 in *Eine illegitime Kunst*, seiner Enquête zur Fotografie: »Fotografieren ist etwas, was man während der Ferien tut, und es ist zugleich das, was die Ferien ausmacht. ›Ja, das ist meine Frau, die da die Straße entlanggeht; aber sicher, das war im Urlaub, da haben wir dieses Foto gemacht.‹«

Beschreiben Sie den Soziologie-Studenten, der mit seiner Liebsten und der Kamera Ferien macht und Bourdieus Buch zwecks Pflichtlektüre dabei hat.

John von Düffel

Der magische Realist

Joseph Conrad: Herz der Finsternis [1902]

Joseph Conrad gehört zu den Autoren, die mir mein Vater empfohlen hat, deswegen habe ich lange Zeit einen Bogen um ihn gemacht. Seine berühmteste Erzählung *Herz der Finsternis* – Vorbild für so legendäre Filme wie *Apocalypse Now* von Francis Ford Coppola – habe ich erst vor wenigen Jahren in New York zur Hand genommen. Aus irgendeinem Grund glaubte ich, dass die Zeit reif sei für diese Geschichte, dass sie jetzt in mein Leben passte. Zum größten Teil habe ich sie in der New Yorker U-Bahn gelesen. Vielleicht tut das etwas zur Sache, vielleicht auch nicht.

Was ihre Entstehung angeht, könnte man lange darüber spekulieren, wie viel der Autor von seiner eigenen verhängnisvollen Kongo-Fahrt in dieser Geschichte verarbeitet hat. Joseph Conrad war Seemann, heuerte schon mit achtzehn Jahren bei der französischen Handelsmarine an und wechselte wenig später in die Dienste der Briten. Fast zwanzig Jahre war er auf den Weltmeeren unterwegs, bevor er sich als Schriftsteller in Südengland niederließ. Wie so viele Autoren wurde auch er oft auf das Autobiographische reduziert. Hier ist einer zur See gefahren und schreibt Seefahrer-Romane. Hier hat jemand an vielen Expeditionen in die entlegensten Winkel des Kolonialismus teilgenommen und erzählt davon. Man glaubt diesem Mann seine Geschichten. Aber man vergisst darüber leicht den Schriftsteller Joseph Conrad.

Dabei ist schon allein dieser Autor eine Fiktion. Joseph Conrad ist Pole, mit wirklichem Namen Józef Teodor Konrad Nalecz Korzeniowski, Sohn eines verarmten polnischen Landadeligen mit musischen Neigungen, der als Gutsverwalter versagte und aufgrund seiner patriotischen Pamphlete von den Russen in die Verbannung geschickt wurde. Seine Mutter starb früh an Tuberkulose, sein Vater siechte dahin. Vormund und Mentor wurde sein Onkel, Tadeusz Bobrowski, ein Mann mit festen Grundsätzen und viel Übersicht, der den jungen Józef jedoch nicht halten konnte. Mit siebzehn brach er die Schule ab und verließ das Land, um sich zu erfinden.

In das Bild des autobiographischen Abenteuerschriftstellers passt nicht, dass Joseph Conrad in einer Fremdsprache schrieb, die er erst spät – im Alter von fast zwanzig Jahren – zu sprechen gelernt hat. Jedes Wort in einer solchen Sprache ist eine bewusste Entscheidung, das Ergebnis einer Suche und Auswahl. Nichts ist unbefragte Natur, angeborene, unreflektiert übernommene Rede. Selbstverständlich war Englisch die Verkehrssprache auf den Schiffen, auf denen Conrad arbeitete. Viele seine Erfahrungen hat er in und mit dieser Sprache gemacht. Und möglicherweise hat er irgendwann auch angefangen, in dieser Sprache zu träumen. Doch man darf sich keinen Illusionen darüber hingeben, wie damals auf See gesprochen wurde. Die Währung der Verständigung war eine abgegriffene, sparsame. Sie ähnelte in nichts dem Reichtum und der Tiefe der Beschreibungen, für die Conrad berühmt geworden ist. Diesen Wortschatz im wahrsten Sinne hat er aus Büchern, die er studiert haben muss wie ein literarisches Vokabelheft, um sich die Wörter und Wendungen anzueignen, von denen er glaubte, dass er sie vielleicht einmal brauchen könnte. Es gab für ihn also keinen direkten Weg vom Erleben zum Erzählen, keinen Automatismus von der Hand des Geschehens in den Mund der Geschichte. Um darüber zu schreiben, musste Conrad seine Erfahrungen übersetzen – im doppelten Sinn: Er musste sie in eine fremde Sprache übertragen und diese Fremdsprache zu seiner eigenen machen durch seinen unverwechselbaren literarischen Ton.

Was man von Joseph Conrad grundsätzlich lernen kann, ist dieses doppelte Übersetzen. Im Anfang des Schreibens ist nicht das Wort, sondern der Bruch mit der Sprache als dem Angeborenen, Zugewachsenen. Es ist die Aufkündigung ihrer scheinbaren Selbstverständlichkeit. Jeder, der in seiner Muttersprache schreibt, tut gut daran, sie mit den Augen eines Fremden zu betrachten, sie mit den Ohren eines Reisenden zu hören, der nach Jahren im Ausland wieder zurückkehrt und in den Gewohnheiten, dem Jargon der Gegenwart nicht mehr zu Hause ist. Alles scheint ihm ungewohnt, fragwürdig, zweifelhaft. Sagt man das so? Ist das richtig? Und vor allem: Was will und kann ich damit sagen? Denn die literarische Sprache ist – auch und gerade wenn sie sich der des Alltags wieder annähert – eine Fremdsprache, in der sich nichts von selbst versteht.

Nun könnte man meinen, es handele sich dabei um eine rein sprachliche Transformation, im Grunde aber bleibe der Unterschied zwischen zwei Arten von Autoren: den Erlebnisschriftstellern und den Erfindern. Die einen schreiben von ihren Erfahrungen, die anderen schreiben Fiktion. Diese Ansicht ist so weitverbreitet wie falsch. Um eine Geschichte zu erzählen, muss man sie erfinden, ob man sie nun selbst erlebt hat oder nicht. Fiktion ist nicht das Gegenteil von Erfahrung, sondern ihr Medium. Sie ist der Kristallisationsraum, der Spiegel nicht nur der Oberfläche, sondern des inneren Wesens der Dinge. Und als dieses Medium hat jede Fiktion ihre eigenen Gesetze, gegen die man nicht mit dem Argument verstoßen kann, »so war es aber in Wirklichkeit, so hat es sich tatsächlich zugetragen«. Eine wahre Geschichte ist nicht per se eine gute Geschichte. Wahrheit oder – weniger pathetisch – Glaubwürdigkeit im Erzählen ist etwas anderes als die Wahrheit der Tatsachen. Denn beim Erzählen hören die Dinge und Ereignisse auf zu sein und fangen an, etwas zu bedeuten.

Fiktion ist ein Spielfeld, ein Möglichkeitsraum von Erfahrung, eine Erweiterung der Wirklichkeit um das, was in ihr steckt. Es geht beim Erzählen immer um Erfahrung und ihre Vermittlung, aber in einer freien, nicht an Tatsachen gebundenen Form, die es erlaubt, zum Wesen einer Sache vorzudringen. Es geht – wie Conrad vielleicht sagen würde – um das »dunkle Herz« der Dinge.

In diesem Sinne lese ich seine Erzählung *Herz der Finsternis* – nicht als Abenteuer-Novelle oder Erfahrungsbericht eines Weitgereisten, sondern als ein Meisterwerk der Fiktion, das eine Erfahrung in etwas Wesentliches, Bedeutsames verwandelt: in sich selbst.

»Als kleiner Junge hatte ich eine große Passion für Landkarten. Stundenlang konnte ich Südamerika, Afrika oder Australien betrachten und mich in den Herrlichkeiten des Entdeckerlebens verlieren. Zu jener Zeit gab es noch viele weiße Flecken auf der Landkarte, und wenn ich einen erblickte, zeigte ich mit dem Finger darauf und sagte: ›Wenn ich einmal groß bin, gehe ich dorthin!‹ Und es gab einen – den größten, weißesten sozusagen –, nach dem ich mich besonders sehnte.«

Es ist nicht Joseph Conrad, sondern sein Erzähler Marlow, der so spricht. Der alte Seemann sitzt in Gesellschaft einiger Freunde an Bord eines Schiffes, das nahe der Themse-Mündung vor Anker liegt, und wartet auf die Flut zum Auslaufen. Die Nacht bricht herein. Und während es immer dunkler wird, nimmt Marlow seine Zuhörer mit auf die Reise in seine Geschichte:

»Freilich war dieser Fleck inzwischen nicht mehr weiß. Er hatte sich seit meiner Jugend mit Flüssen und Seen und Namen gefüllt. Er war zu einem Ort der Finsternis geworden. Doch gab es darin vor allem einen Fluß, einen gewaltig großen Fluß, der einer riesigen, sich aufringelnden Schlange glich, deren Kopf ins Meer tauchte, deren Leib über eine weite Fläche dahinglitt und deren Schwanz sich in den Tiefen des Kontinents verlor. Und als ich mir die Landkarte im Schaufenster eines Ladens betrachtete, faszinierte mich der Fluß, wie eine Schlange einen Vogel fasziniert – einen dummen kleinen Vogel. Dann erinnerte ich mich, daß es einen großen Konzern gab, eine Gesellschaft, die Handel auf diesem Fluß trieb. Zum Kuckuck, dachte ich, die können doch auf diesem Fluß keinen Handel treiben ohne irgendwelche Schiffe – Dampfboote! Warum sollte ich nicht versuchen, den Befehl über solch ein Dampfboot zu erlangen? Ich ging die Fleet Street hinunter und konnte den Gedanken nicht loswerden. Die Schlange hatte mich betört.«

Das ist spannend, aber noch nicht außergewöhnlich. Marlow und sein Autor bauen nach bester Abenteurer-Manier ein Geheimnis, eine Vorahnung und Erwartung auf. Sie wecken Neugier und beschwören gleichzeitig ein Gefühl von Gefahr: Da ist dieser unergründliche Kontinent, da ist dieser schlangengleiche Fluss, bedrohlich und faszinierend, ein Ruf der Finsternis, dem der Erzähler folgt.

Marlow heuert bei der Handelsgesellschaft als Kapitän an und erhält das Kommando über ein Dampfschiff auf dem Kongo – verbunden mit dem Auftrag, ins Innere dieses schwarzen, Elfenbein ausspuckenden Kontinents vorzustoßen. Er wird seinem dunklen Geheimnis, dem Herz der Finsternis immer näher kommen. Das ist die Grundbewegung dieser Erzählung: ein sukzessives Vordringen in das Unfassbare, Unheimliche der Dunkelheit, während sich die vertraute Realität des bisherigen Lebens immer weiter verflüchtigt und auflöst.

Schon auf dem Zubringerschiff, mit dem Marlow die Küste des Kontinents entlang zur Kongo-Mündung schippert, untätig und voller Vorahnungen, stellt sich dieser Realitätsverlust, dieses Gefühl von Unwirklichkeit ein: »Die Müßigkeit eines Passagiers, meine Vereinsamung unter all diesen Männern, mit denen mich nichts verband, das ölige, träge Meer, die gleichförmige Düsternis der Küste – dies alles schien mich von der Wahrheit der Dinge fern- und in einer traurigen und unsinnigen Verblendung festzuhalten. Das Tosen der Brandung, das dann und wann herüberklang, war eine rechte Freude. Es war etwas Natürliches, das seinen Ursprung hatte, seinen Sinn. Eine Weile hatte ich dann das Gefühl, ich gehörte noch zu einer Welt redlicher Tatsachen, doch das Gefühl hielt nicht lange vor.«

Welches Geheimnis verbirgt sich hinter diesem Küstensaum? Was steht Marlow und uns auf dieser Reise in die Finsternis bevor? Die ganze Erzählung steuert auf diesen blinden Fleck, auf ihren schwärzesten Punkt zu. Und je weiter sie fortschreitet, desto bestrickender, zwingender werden ihre Mittel, desto stärker wird ihr Sog.

Die Metapher vom Kongo als Schlange zu Beginn von Marlows Geschichte war noch ein eher schlichter Tiervergleich mit durchschaubarer Absicht: Der Fluss wird zu einem Lebewesen mit einer Seele, einem Charakter stilisiert – ein quasi animistischer Kunstgriff, der sich nicht unbedingt zur Nachahmung empfiehlt. Doch Conrad entwickelt dieses Motiv in geradezu atemberaubender Weise weiter, während

Marlow mit seinem Dampfschiff den Kongo hinaufkriecht. Die Metapher hört auf, ein Bild zu sein, und wird Wirklichkeit. Denn dieser Fluss ist etwas Organisches, Leibhaftiges, und der Dschungel an seinen Ufern lebt: »Die hohe Wand des Pflanzenwuchses, eine strotzende und ineinander verflochtene Masse von Stämmen, Ästen, Blättern, Zweigen, Rankenwerk, die da reglos im Mondlicht stand, wirkte wie ein tobender Überfall geräuschlosen Lebens, eine heranrollende Woge aus Pflanzen, hochaufgetürmt und bereit, über das Seitengewässer hereinzubrechen, bereit, jedes von uns kleinen Menschenwesen aus seinem kleinen Dasein zu fegen. Und sie rührte sich nicht.«

Der Urwald an den Ufern des Flusses ist ein Meer, ein Urmeer der anderen Art. Seine Brandung ist die Stille, seine alles verschlingenden Wellen halten inne auf ihrem Scheitelpunkt, und eben darin besteht das Wahnsinnigmachende, dass diese Übermacht nichts tut, dass sie wartet und schweigt.

Auf seinem Weg flussaufwärts hört Marlow immer wieder den Namen eines geheimnisvollen Mannes, Herrscher über eine Station im Innern des Kontinents. Er hört von seiner Begabung, seiner Macht, von großen Mengen Elfenbein und von der Gefahr, die ihm durch seine Neider und Widersacher droht. Die Rede ist von Mr. Kurtz. Marlow spricht seinen Namen aus und beschwört im selben Atemzug seine Zuhörer: »Er war nur ein Wort für mich. Ich sah den Mann, der sich hinter diesem Namen verbarg, damals ebensowenig wie ihr jetzt. Seht ihr ihn? Seht ihr die Sache vor euch? Seht ihr irgend etwas? Mir kommt es vor, als versuchte ich, euch einen Traum zu erzählen – eine vergebliche Anstrengung, denn keine Nacherzählung eines Traums vermag die Traumempfindung zu vermitteln: jene Mischung aus Ungereimtheit, Überraschung und Bestürzung in einer Aufwallung hilfloser Empörung, jene Vorstellung, vom Unfaßlichen eingefangen zu sein, was das Wesen eines Traumes ausmacht.«

Das ist das Wesen des Erzählens. Denn es geht Marlow nicht darum, sich mit Worten verständlich zu machen, es geht ihm um die Empfindung, um das Vermitteln einer Erfahrung in ihrer sinnlichsten, dichtesten, unausweichlichsten Form. Er will keinen Reisebericht abliefern, sondern eine Emotion übertragen und seine Zuhörer mit auf diese Reise nehmen, um ihnen das Herz der Finsternis zu erschließen. Eine »Nacherzählung« reicht da nicht aus. Es braucht die Fiktion als Erfahrungsraum.

Vor dieser erzählerischen Herausforderung resigniert Marlow scheinbar: »Nein, es ist unmöglich, anderen das Lebensgefühl unseres eigenen Daseins zu einer bestimmten Zeit zu vermitteln – das, was deren Wahrheit, deren Sinn ausmacht –, deren zartes und durchdringendes Wesen. Es ist unmöglich. Wir leben, wie wir träumen – allein ...«

Dieses bittere Fazit endet mit einem der berühmtesten Sätze der Literaturgeschichte. Und doch ist es indirekt eine Poetik der Hoffnung, denn Marlow bricht seine Geschichte eben nicht ab, er erzählt weiter und versucht das Unmögliche, das Wunder der Fiktion, seine Zuhörer in den Bann seines einsamen Traumes hineinzuziehen, sie teilhaben zu lassen an einer Erfahrung jenseits der eigenen fest umgrenzten Realität.

Nicht zuletzt wegen dieser Passagen wurde Conrad vielfach dem »literarischen Impressionismus« zugerechnet. In seinen Beschreibungen mischen sich subjektive Eindrücke und Stimmungen mit den Dingen und Ereignissen der Außenwelt, verbinden sich Wahrnehmung und Wirklichkeit zu einer beklemmenden Atmosphäre der Angst. Oft genug lässt Conrad seinen Erzähler selbst von der Unwirklichkeit und dem Traumcharakter seiner Reise sprechen. Doch es wäre eine extreme Verkürzung, würde man diese Reise »ins Innere« mit einem Drogentrip gleichsetzen. Das Besondere an Conrads Erzählweise besteht gerade darin, dass er den Anspruch, die Dinge so zu beschreiben, wie sie wirklich sind, niemals aufgibt, auch wenn er sie von ihrer alptraumhaftesten, abgründigsten Seite zeigt. Conrad ist ein realistischer Erzähler, doch die Realität, von der er schreibt, ist ohne seinen speziellen Blick, ohne die Unschärfe zwischen Subjekt und Objekt nicht erfahrbar. Im Verlauf seiner Geschichte geraten die Grenzen zwischen dem Selbst und den Dingen ins Fließen. Und in demselben Maße, in dem sich Marlows Befindlichkeit in die Schilderungen des Dschungels mischt, dringt die Wildnis in ihn und seine Seele ein. Es ist diese Erfahrung der Grenzüberschreitung, die Conrad zu vermitteln versucht, auf der Schwelle zwischen Zivilisation und Barbarei, zwischen Ordnung und Chaos, Leben und Tod, Wahn und Wirklichkeit. Doch um das in Worte zu fassen, braucht es einen magischen Realisten, der die dunkle Seite des Seins beschreibt – nicht, wie sie ihm vorkommt, sondern wie sie ist.

Als Marlow auf seiner Fahrt in die Finsternis Mr. Kurtz schließlich findet, liegt dieser düstere wie erleuchtete Herrscher im Sterben – ein Wrack, ein bizarrer Schatten seiner selbst, dem Wahnsinn ebenso nah wie der Offenbarung. Kurtz gebärdet sich grausamer als jeder Häuptling und spricht gebildeter, beredter als jeder Kolonialherr, eine Mischung von Europa und Afrika, das Schlimmste und Beste von beidem, wild und weise, zerstörerisch und empfindsam, Dämon und höheres Wesen in einer Person: »Das Schreckliche war, daß ich es mit einem Menschen zu tun hatte, an den ich weder im Namen von etwas Hohem noch von etwas Niedrigem appellieren konnte. Es gab nichts über, nichts unter ihm, und ich wußte das. Er hatte sich von der Erde losgerissen. Er hatte die Welt in Stücke geschlagen. Er war allein, und ich dort vor ihm wußte nicht mehr, ob ich noch fest auf dem Boden stand oder durch die Luft segelte.«

Doch Kurtz ist zu krank, um sich der Delegation der Handelsgesellschaft zu widersetzen. Wie ein Gefangener wird er an Bord des Dampfschiffes festgesetzt, außer Reichweite der Eingeborenen, die ihm in grotesken Ritualen huldigen. Enteignet und entmachtet wartet er während der Rückfahrt im Ruderhaus auf seinen Tod: »Der braune Strom floß geschwind aus dem Herzen der Finsternis und trug uns doppelt so schnell, wie wir gekommen waren, meerwärts. Genauso ging es Kurtz. Sein Leben floß ebenfalls dahin, verebbte.«

Fast scheint der Alptraum vorüber, den Marlow wählte, als er sich auf die Spur dieses Mannes begab. Doch Kurtz spricht weiter, delirierend und beschwörend, mit einer Stimme, die kräftiger ist als sein Körper, er läßt ihn nicht los: »Eines Abends, als ich mit einer Kerze hereinkam, war ich überrascht, ihn ein wenig zittrig sagen zu hören: ›Ich liege hier im Finstern und warte auf den Tod.‹ Das Licht stand keinen Fuß weit von seinen Augen entfernt. Ich zwang mich zu murmeln: ›Ach, Unsinn!‹ und stand, wie gebannt, über ihn gebeugt. Nie habe ich ein solches Gesicht gesehen, nie eine solche Verwandlung, und ich hoffe, nie wieder so etwas sehen zu müssen. Oh, ich war nicht gerührt. Ich war fasziniert. Es war, als zerrisse ein Schleier. Ich sah auf diesem Elfenbeingesicht den Ausdruck düsteren Stolzes, unbarmherziger Gewalt, feigen Entsetzens – tiefer, hoffnungsloser Verzweiflung. Durchlebte er sein Leben noch einmal in allen Einzelheiten der Begierde, Versuchung und Hingabe während jenes höchsten, wissenden Augenblicks? Flüsternd schrie er einem Bild, einer Vision zu – zweimal schrie er, ein Schrei, der nicht mehr war als ein Hauch: ›Das Grauen! Das Grauen!‹«

Kurtz stirbt, während Marlow, trotz eines heftigen Fiebers, die Reise zurück aus der Finsternis überlebt. Doch es ist, als hätte er zu tief in den Abgrund geblickt. Er hat dem Tod ins Gesicht gesehen und findet daheim in Europa nicht wieder in das alltägliche Leben: »Mich schmerzte der Anblick der Leute, die durch die Straßen eilten, um einander ein wenig Geld abzuluchsen, um ihren elenden Fraß hinunterzuschlingen, ihr ungesundes Bier zu trinken, um ihre sinnlosen, törichten Träume zu träumen. Sie nahmen meine Gedanken über Gebühr in Anspruch. Sie waren Eindringlinge, deren Lebensweisheit mir wie eine ärgerliche Anmaßung vorkam, weil ich so sicher war, sie könnten unmöglich die Dinge wissen, die ich wußte. Ihr Betragen – das Betragen gewöhnlicher Menschen, die ihren Geschäften in dem Gefühl vollkommener Sicherheit nachgehen – war mir widerwärtig wie die Faxen eines Narren angesichts einer Gefahr, die er zu begreifen unfähig ist. Ich hatte keine große Lust, sie aufzuklären, doch ich hatte einige Mühe, mich zu beherrschen und ihnen nicht ins Gesicht zu lachen, das so voll alberner Wichtigtuerei war.«

Marlow ist am Ende seiner Reise nicht mehr derselbe. Wie weit der Weg, den er zurückgelegt hat, wirklich ist, kann man ermessen, wenn man sich den neugierigen Burschen in Erinnerung ruft, der anfangs die Landkarte im Schaufenster betrachtet hatte. Dazwischen liegen Welten. Diese Spanne von Erfahrung, diese radikale Selbstauflösung und Verwandlung will Marlow seinen Zuhörern vermitteln. Er will seinen dunkelsten Alptraum mit ihnen teilen, wohlwissend, dass dies unmöglich ist. Doch eben darin besteht die Utopie des Erzählens, die Marlow und sein Autor Joseph Conrad hochhalten – gegen ihre eigene Skepsis.

Es ist der Glaube, die unbeirrbare Hoffnung, dass es gelingen kann, die Einsamkeit des Träumens zu durchbrechen und mit dem Leser auf eine fiktive Reise zu gehen, die wirklicher ist als die Wirklichkeit, selbst wenn ihre Ambition keine Geringere ist als vom Tod zu erzählen, von der ultimativen Grenzüberschreitung des Ichs in ein unentdecktes Land, »von des Bezirk kein Wanderer wiederkehrt«.

Aufgabe

Jede gute Erzählung, jeder gute Roman ist ein Medium von Erfahrung, ist die Geschichte einer Veränderung. Was hat Sie verändert? Welches Ereignis? Welche Begegnung? Welche Lektüre? Und warum? – Wir neigen dazu, viel zu abstrakt, zu chiffrenartig darauf zu antworten: der Tod eines nahen Angehörigen, die Geburt eines Kindes, Anfang und Ende einer großen Liebe. Doch damit ist gar nichts gesagt. Wer schreibt, muss diese Veränderung in allen sinnlichen Einzelheiten, in ihrer verwirrenden Komplexität und Vieldeutigkeit, in ihrem erschütternden Reichtum vor sich sehen – »Seht ihr die Sache vor euch? Seht ihr irgend etwas?« Er muss sie im Erzählen wieder und wieder durchmachen, sie im Erfinden aufs Neue erfahren, nur dann hat diese Geschichte unter Umständen die Kraft der Verwandlung – nicht nur für den, der sie schreibt, sondern auch für den Leser.

P. S. Falls Sie Joseph Conrad in der New Yorker U-Bahn lesen sollten, achten Sie unbedingt auf die Stationsansagen, Sie fahren sonst immer zu weit.

Franz Mon

Auf der Hallelujawiese

Arno Holz: Phantasus [1925]

In der deutschsprachigen Literatur des 19./20. Jahrhunderts liegt ein sperriges lyrisches Großgebilde in Gestalt des *Phantasus* von Arno Holz. Ihn hat man zwar noch kurz vor seinem Tod für nobelpreiswürdig gehalten. Doch die Reihe, in der ihn unmittelbar nach dem letzten Krieg Alfred Döblin, Freund aus den Berliner Tagen, wieder vorgestellt hat, war den *Verschollenen und Vergessenen* gewidmet.

Diese Zuordnung hat auch die große Werkausgabe von 1962/64 letztlich nicht aufheben können. Diese Ausgabe letzter Hand ist vergriffen, deren *Phantasus*-Fassung nurmehr in Bibliotheken oder Antiquariaten zu bekommen. Die in einem Reclambändchen noch zugängliche facsimilierte Urfassung des *Phantasus* von 1898 vermittelt zwar den Nukleus des Werkes, wirkt aber wie die Basisspitze einer darüber in die Höhe und Breite errichteten Pyramide.

Das Desinteresse, das Arno Holz erfahren hat, haben vor allem zwei Momente bewirkt. Literaturoffiziell werden seine Dichtungen als Zeugnisse eines originären Naturalismus geortet, der im Schatten von Expressionismus und Dadaismus jedoch verdämmert. Zum anderen ist die poetische Konzeption des *Phantasus*-Projekts in sich gespalten. Der innovativen poetologischen Kehre zur Dominanz der Rhythmik im Zeilenverlauf und der strukturierenden Mittelachse der Verse, die ein ruppiger Kehraus so gut wie aller traditionellen poetischen Mittel und Formen begleitet, steht eine, vermutlich von der Nietzscherezeption beflügelte, hypertrophe Rolle des eigenen Ich gegenüber. In der Einleitung zur ersten Ausgabe des erweiterten *Phantasus* von 1916 klingt das so:

»Allein schon aus dem Vorhandenen erhellt: als Grundstruktur die in denkbar weitestem Ausmaße abgesteckte »Autobiographie einer Seele«! Des »Schaffenden«, des »Dichtenden«, des »Künstlers«, der, wie namentlich aus dem großen, resümierenden Schlußstück hervorgeht, als der letzte, gesteigertste Menschheitstyp hingestellt wird, durch den, in irgend einer »Beziehung«, in irgend einem »Betracht«, mit gleicher Intensität, »alles« geht: Alle Qual, alle Angst, alle Not, alle Klage, alle Plage, alle Wonnen, alle Verzücktheiten, alle Jubel, alle Beglücktheiten, alle Seligkeiten, alle Ekstasen, alle Entrücktheiten! Nicht nur seine eigenen, sondern die der ganzen Menschheit! In allen Formen, unter allen »Verkleidungen«, durch alle Zonen, aus allen Zeiten!«

Aus dieser ins Menschheitliche schwingenden Ich-Mythisierung hat Holz zweifellos seine unermüdliche Arbeitskraft gewonnen. Sie hat sich ausgewirkt in der überdimensionalen Ausweitung und der manchmal bis ins Extrem getriebenen sprachlichen Verfeinerung der drei Gesamtausgaben von 1916, 1925 und 1962/64.

Es gehört zu den Rätseln des *Phantasus*, dass die krassen Zeitereignisse der Entstehungsjahre sich weder in den Stoffen noch im Vokabular spürbar niedergeschlagen haben, obwohl Holz unablässig neue, seltene Bezeichnungen und Ausdrücke aufgespürt hat. Seine Welt ist die Innenwelt mit ihren Halluzinationen, Phantasmen, Projektionen ins Exotische, Erotische, Machtlüsterne, auch ins verfügbare Vergangene, konterkariert immer wieder vom Bezug auf die Banalitäten des eigenen Alltags.

Dabei ist die Lyrik des Ur-*Phantasus* von 1898 ins Epische mutiert, ohne dass die Wortautonomie des Lyrischen verlorengegangen wäre.

Die divergenten Lesehorizonte, die sich in den seither verstrichenen über 70 Jahren mit ihren unvorstellbaren Ich-Geschichten, Verwerfungen, Verkehrungen und Verwüstungen, aber auch Erfindungen und Entscheidungen abgelöst haben, lassen die originäre Lesart, die Arno Holz im Sinn hatte, als obsolet erscheinen. Der heutige Leser des *Phantasus* ist entlastet von den quasi säkularreligiösen Wertungen und Aspekten, die Holz in das Werk eingesponnen hat. Wie neu erfunden, tritt jetzt wieder das naturalistische Verhältnis zur Oberflächigkeit und Buchstabengenauigkeit des verbalen Materials hervor. Die Methode des Sekundenstils, die die naturalistischen Arbeiten mit ihrem haargenauen, minutiösen sprachlichen Zugriff auf das Gegebene kennzeichnete, ist im *Phantasus* zu spüren und bewirkt dessen verbale Raffinesse. Hier allerdings läßt der Autor seiner frühen Einsicht, dass »Kunst = Natur – x« ist, also nicht sklavisch abbildet, sondern notwendigerweise Abweichungen mit sich bringt, freies Spiel. Und er weitet es von Fassung zu Fassung aus, bis zu dem Punkt, dass die Realreferenz des Geschilderten in der Gegenwärtigkeit der Wörter, Silben, Laute und ihrer in sich selbst erfüllten, autonomen Bedeutung verschwindet. Wobei es zu Worterfindungen kommt, die in keinem Lexikon stehen. Der folgende Textauszug veranschaulicht das:

Die Hallelujawiese

Auf
seiner
lustigen, lachenden,
grünen,
auf
seiner
mutwillig, ausgelassen, tolltrunken
kühnen,
auf
seiner
lichtjauchzend, lichtjuchzend, lichtjuchend jubelnden,
traumsonnig, traumselig, traumüppig
trubelnden,
allkosmisch, eigensphärisch,
kaleidoskopisch
gigantischen,
diesirdisch, utopisch, jenweltlich
atlantischen,
faunisch, schalkslaunisch,
phrynisch bacchantischen, orgiastisch, phantastisch,
zynisch korybantischen,
verzwickt,
verzwackt, vertrackt
trutzigen, verwogen, verwegen, verbogen putzigen,
verlumpludert, verliedert, verduzbrudert
wuzigen,
frechfeschforsch, dreistkeck,
venusinisch
paphischen, epikuräisch, sybaritisch, schlemmerisch
schlaraffischen,
unerhört,
unbändig, ungestüm,
ungeniert, unaffektiert, undressiert,
undegeneriert
hyperanimalischen,
unverhohlen, unverstohlen, unbelehrbar, unbekehrbar,
unbeirrbar, unbekirrbar,
unverwirrbar
ultrainfernalischen,
unbekümmert,
unverkrüppelt, unverknüppelt,
unbeleckt, unbeschleckt, unverbrämt, unverschämt
amoralischen,

trotzdem,
überdies, außerdem, dessenungeachtet,
andererseits und hinwiederum,
aber
dennoch, zugleich auch noch,
durchaus,
überall, unerläßlich,
ganz
genau ebenso
(denn
links will rechts und rechts will links, so urorakelt schon die Sphinx,
das ist das Wesen jedes Dings, das merkt ein krückstockloser Blinder, der taubstummdümmste Nachempfinder)
nicht knapper, nicht
kärglicher,
nicht mangelnder, nicht weniger, nicht
minder
(und
jetzt erst
meine lieben
Kinder, ihr anderen auch, verehrte Rinder,
der Mensch, der
Finder und Erfinder,
der
stets sich selber
Überwinder, vom Feuerländer bis zum Inder,
im Fez, im
Kolpak,
im
Zylinder,
ist schließlich doch, hol euch der
Schinder, nicht bloß ein simpler Bürstenbinder,
erst
jetzt, erst jetzt, erst jetzt, erst jetzt
rollt
mir mein
Blut
geschwinder)
in allen ausgesuchtesten, erlesensten, in allen auserwähltesten, erkorensten, in allen
ausklamüsert,
ausspintisiert, aussimmiliert
feinsten, reinsten,
ätherischsten, legendärischsten, chimärischsten

Himmelsfarben,
prismatisch, jubilatisch, ekstatisch,
irisierend, regenbogenbunt,
hangend
schmachtenden,
mit allen erdenklichsten, ersinnlichsten, mit allen erfabeltsten,
erfindlichsten, mit allen
schmeichelndsten, streichelndsten,
arkadischsten, eldoradischsten, scheheresadischsten
Paradieswundern,
brimborisch,
phantasmagorisch, halluzinatorisch, märchenprunkflorisch,
hirnüberspannt,
prangend
prachtenden,
nach allen unerfaßbaren, unbegreifbaren, nach allen
unergründbaren, unvorstellbaren,
nach allen
labendsten, erhabensten,
seraphimsten, sublimsten, cherubimsten
Glorienzaubern,
fatamorganisch, panisch, titanisch, ambrosianisch,
seelenseherisch,
langend
trachtenden,
von Rotorange bis
Blauviolett, vom ersten A bis zum letzten Zett,
ganz und gar, mit Haut und Haar,
nebst ihrem gesamten
Inventar,
himmlich, teuflich, höllisch,
göttlich,
lobpreisend, feiernd, hohnlästernd,
spöttlich,
in
sich selbst
kontradiktorisch,
metaphorisch, allegorisch, zypriporisch, polychorisch
für
jeden Poeten beredten, für jeden Interpreten verdrehten,
vollständig
überkandidelten, vollkommen übergeschnappten,
total verrückten, total verzückten, total
hirnmusmeschuggenen
Hallelujawiese

duldet,
leidet, verstattet, erträgt,
zediert, akzeptiert,
privilegiert, ratifiziert, konzessioniert
mein
freies, mein frisches
mein
fröhliches,
weltfrohes, weltfreudiges, weltfeueriges,
alles
eiendes, alles umfassendes, alles seihendes,
alles verprassendes, alles
verzeihendes,
nichts
verpassendes,
nimmer sattes, nimmer mattes, nimmer
müdes,
überschwellendes, überquellendes, überschnellendes
Herz
keine ... Schatten.

In der Nahsicht auf die Textur der Zeilen, bei der das sinnentnehmende Lesen sich wandelt in ein wach mitgehendes, genaues Wahrnehmen der schriftlich dargebotenen, zugleich auch lautierbar mitvollziehbaren Artikulationen, kann das eigene probierende Wort-Laut-Erfinden anspringen. Es bewegt sich im Weichbild eines »automatischen« Formulierens, wobei das Bewußtsein unauffällig dabei ist, begleitend, nicht dirigierend. Was da zur Sprache kommt, mag sich hinterher herausstellen. Es spielt während des Formulierens keine Rolle. Diese Art zu schreiben ähnelt dem wachträumenden Hinübergleiten eines Lesenden vom scheinbar noch gegenwärtigen Inhalt ins somnambule, frei schwebende Sprachhaben. Die verbalen Hilfslinien, die im Text zu verfolgen sind, können beitragen, die eigene Wortfindung aus dem Karussell desselben sich immer wieder aus dem Hinterbewusstsein anbietenden, aufdrängenden Wörtervorrats hinausgleiten und zu nicht vorhersehbaren Bildungen, Erfindungen gelangen zu lassen. Sie können schriftlich oder akustisch verfasst und erfasst werden. Auch die orale Fassung wäre im Sinn von Arno Holz, der dem Laut- und Klangaspekt seiner Dichtung großes Gewicht beigemessen hat.

Die zitierte Passage aus der *Hallelujawiese* gibt einen Einblick in die spezifische Grammatikalität, die im *Phantasus* wirksam wurde. Das Satzskelett des umfangreichen Textes lautet schlicht: »Auf seiner (...) Hallelujawiese duldet (...) mein (...) Herz keine ... Schatten.« Die Präposition »auf« erreicht erst nach 126 Zeilen ihr Beziehungswort »Hallelujawiese«. Das Prädikat folgt zwar unverzüglich, doch auch dieses wird mit Varianten bedacht und trifft erst nach weiteren 17 Zeilen auf sein Subjekt.

Es lohnt sich, das Textstück bis zum Wort »Hallelujawiese« immer wieder aufmerksam zu lesen und dabei Bedeutungshof und Lautung jedes einzelnen Wortes anzuschmecken und auszukosten. Mit dem zweiten Lesen beginnt sich die *Hallelujawiese* als die vieldimensionale, mit allen denkbaren Antagonismen bestückte Halluzinationsebene zu entfalten. Ihre irreale Realität legitimiert im Nachhinein das Wörterkaleidoskop, dessen springende Momente einerseits ihre Qualitäten antippen, andererseits jede Denk- und Vorstellbarkeit desavouieren. Es zeigt sich die Holzsche Leidenschaft für die attributiven Satzelemente, seine geradezu unersättliche Lust und Penibilität beim Aufrufen und Aufreihen adjektivischer und adverbialer Wortformen. Ihre aberwitzige Menge beherrscht weithin die *Phantasus*-Seiten und übertrifft bei weitem die der Substantiv- und Verbformen. Holz fasziniert ihre weiche grammatische Fungibilität. Sie teilen wie Nomina Inhaltliches mit, kommen jedoch ohne deren begriffliche Kernung aus. Im exzentrischen Wörterfluss erfindet Holz Wortkombinate wie »verlumpludert«, »märchenprunkflorisch«, »polychorisch«, »hirnmusmeschugge« als bedeutungslabile Unikate.

Aufgabe

Es lohnt sich der Versuch, die eigene *Hallelujawiese* mit solcher Methode zu erfinden. Dabei aufscheinende Wunsch- und Traumflächen spielen mit, werden jedoch unterwegs von den selbstbeweglichen Vokabeln in der Neugier auf Unerwartetes, Nichtvorstellbares konterkariert. Bei der eigenen gewohnten Lektüre oder mit lexikalischer Hilfe lässt sich Wortmaterial so überschüssig anreichern, dass das Spiel von Aussuchen und Kombinieren beginnen kann. Konstellation und Abfolge werden im Abhorchen und Austasten der Bedeutungsvalenzen, von Sympathie und Diskrepanz der Wörter, ihres phonetischen Substrats und der sich anbietenden rhythmischen Variablen entschieden. Die Mittelachse, die Holz für die angemessene Organisation der Versrhythmik gefunden und empfohlen hat, könnte sich als fungible Form für die Austarierung und Präzisierung der Wortsequenz erweisen.

Jürgen Kehrer

Das dunkle Reich des Wahnsinns

Friedrich Glauser: Matto regiert [1936]

»Jetzt ist schon wieder was passiert.« So beginnen fünf Bücher des österreichischen Krimiautors Wolf Haas. Wer wollte da nicht wissen, was passiert ist und warum. Wer den Mord, falls es denn einer war, begangen hat und ob er (oder sie) am Ende geschnappt wird. Ein klassischer Krimianfang also und zugleich das ganze Regelwerk: Am Anfang passiert etwas und am Ende wird es aufgeklärt, dazwischen darf man machen, was man will, solange man die Leser nicht langweilt.

Am Anfang von Friedrich Glausers *Matto regiert* wird der Berner Wachtmeister Studer frühmorgens aus dem Bett geklingelt. Sein Vorgesetzter erzählt etwas von einem entflohenen Patienten und dem ebenso verschwundenen Direktor der Heil- und Pflegeanstalt Randlingen, aber Studer denkt mehr daran, dass er noch »zwei Stunden Schlaf zugut« hat. Womit klar ist, dass Studer sich nicht so leicht aus der Ruhe bringen lässt. Der Wachtmeister ist ein besonnener Mann, um die fünfzig, verheiratet, bürgerlich also. Aber er könnte noch »wohlbestallter Kommissar bei der Stadtpolizei« sein, wenn nicht diese »Geschichte« passiert wäre, damals, als er seinen »ausgeprägten Gerechtigkeitssinn« nicht unterdrücken konnte und mit einem der Mächtigen im Staat, dem Oberst Caplaun, in Konflikt kam.

Mit wenigen Sätzen gelingt es Glauser, uns seinen Helden vertraut zu machen. Studer ist der ruhende Pol in der Handlung, er sucht nach logischen Erklärungen und sinnvollen Lösungen, während um ihn herum der Wahnsinn regiert. Denn die Irrenanstalt Randlingen ist Mattos Reich. »Sie kommen zum Unbewussten zu Besuch«, erklärt Dr. Laduner, der stellvertretende Direktor, der Studer nach Randlingen gefahren hat, »zum nackten Unbewussten, oder wie es mein Freund Schül poetischer ausdrückt: Sie werden eingeführt ins dunkle Reich, in welchem Matto regiert.«

Dr. Laduner ist Studers Führer durch dieses Reich, die beiden kennen sich von früher, als Laduner ein fortschrittlicher junger Psychiater war und die Jugendfürsorge in der Schweiz reformieren wollte. Jetzt begnügt er sich damit, die Situation der Patienten und der Pfleger zu verbessern, er hat neue Behandlungsmethoden eingeführt, die Räume freundlicher gestalten lassen und praktiziert Psychoanalyse – gegen den Widerstand des alten, senil gewordenen Direktors, der nun verschwunden ist. Studer und Laduner mögen sich, aber zugleich gibt es einen Bodensatz Misstrauen zwischen den beiden. Studer spürt, dass Laduner Angst hat und etwas verbirgt, erst am Ende des Romans, der sich nicht zuletzt um das Verhältnis dieser beiden Männer dreht, wird er herausfinden, was es ist.

Doch zunächst macht Studer seine Arbeit, er redet mit Patienten, Pflegern und dem Hausmeister, er findet Spuren und fast nebenbei auch den toten Direktor, der anscheinend mit tätiger Nachhilfe in einen Heizungsschacht gestürzt ist. Studer behält die Vermutung, dass der Direktor ermordet wurde, für sich, wie auch etliche andere »Misstöne«, die ihm bei seinen Ermittlungen auffallen. Aus diesen kleinen Geheimnissen, die im Laufe der Geschichte aufgeklärt werden, bezieht der Kriminalroman seine Spannung, während

Glauser gleichzeitig ein Soziogramm der Anstalt entwirft. Man erfährt, wer mit wem kann, wer gegen wen intrigiert und wo unversöhnliche Fronten verlaufen – quer durch die Patienten-, Pfleger- und Ärzteschaft. Fast zwangsläufig ergeben sich daraus Verdächtige und ihre Motive: Da ist der entflohene Kindsmörder Pieterlen, der in die Pflegerin Irma Wasem verliebt war, ein »Meitschi«, auf das auch der Direktor ein Auge geworfen hatte. Da ist der Pfleger Gilgen, den der Direktor wegen angeblicher Diebstähle entlassen wollte. Was dem Oberpfleger Jutzeler nicht passte, der deswegen einen Streik anzetteln wollte und mit dem Direktor in der Mordnacht einen heftigen Streit hatte. Da ist ein mysteriöser Anrufer, mit dem der Direktor kurz vor seinem Tod telefonierte. Und da ist, nicht zuletzt, Dr. Laduner, der nach dem Tod des Direktors die Anstalt so führen kann, wie er es für richtig hält.

Friedrich Glauser spart in *Matto regiert* nicht mit den Ingredienzen des klassischen Kriminalromans, es gibt Verdächtigungen und überraschende Wendungen. Doch unterhalb des gekonnt gesponnenen Krimiplots lauert die eigentliche Geschichte. »Es wird ein Kriminalroman werden mit allen Regeln des (hoffentlich) guten Kriminalromans«, schreibt Glauser in einem Brief an seine Lektorin, »aber ich sehe keine andere Möglichkeit, dass die Leute Sachen schlucken, die sie sonst trocken nicht schlucken würden.«

Die Geschichte hinter der Geschichte handelt von Matto (italienisch für »verrückt«), jenem Matto, der mit »grünen gläsernen Nägeln« an den Fingern am Bett des Patienten Schül sitzt und manchmal auch auf dem Glockenturm. In Schül, dessen Gesicht »eine einzige Narbe« ist, hat Matto seinen Dichter gefunden: »Weit reicht seine Kraft und seine Herrlichkeit, und niemand entgeht ihm. Er winkt und wirft seine bunten Papiergirlanden, und der Krieg flattert auf wie ein blauer Adler, er schleudert einen roten Ball, und die Revolution lodert zum Himmel und platzt.«

Auch Studer, der besonnene, in sich ruhende Wachtmeister, kann sich der Atmosphäre der Anstalt nicht entziehen. Er schwankt zwischen dem Wunsch, die Untersuchung möge sich noch eine Weile hinziehen, damit er Mattos Bekanntschaft machen könne, und der Furcht vor der »riesigen Spinne, die ihre Fäden über das ganze umliegende Land gespannt hat«.

Die Anstalt Randlingen, Mattos Reich, ist eine Metapher. Der Wahnsinn, der in den Trakten der Patienten unverstellt zum Ausdruck kommt, ist die Spitze des Eisbergs einer verrückten, sich selbst zerfleischenden Menschheit. Das ist die Botschaft, die Glauser die Leser »schlucken« lassen will: »Warum soll man nicht einmal versuchen, eine Art Spiegelbild der Menschheit zu geben, in dem man eine geschlossene Anstalt zeigt, diesen Ameisenhaufen, in dem sich die menschlichen Ameisen mit Gift bespritzen, beißen, neidisch aufeinander sind, hin und wieder auch ganz anständig handeln.«

»Die Diskrepanz, die zwischen der realen Welt und unserem Reiche besteht«, warnt Dr. Laduner den Wachtmeister, als sie das Eingangstor der Anstalt durchschreiten, »wird Sie vielleicht am Anfang unsicher machen. Sie werden sich unbehaglich fühlen, wie jeder, der zuerst eine Irrenanstalt besucht. Aber dann wird sich das legen, und Sie werden keinen großen Unterschied mehr sehen zwischen einem schrulligen Schreiber Ihres Amtshauses und einem Wolle zupfenden Katatonen auf B.«

Friedrich Glauser kannte Mattos Reich aus eigener Anschauung, er hat viele Jahre in psychiatrischen Anstalten verbracht, freiwillig und unfreiwillig, als Patient und als Pfleger. 1896 in Wien geboren, kam Glauser nach dem frühen Tod der Mutter zu seinen Großeltern und zog dann mit dem strengen Vater und dessen neuer Frau durch halb Europa. Mit dreizehn riss er zum ersten Mal von zu Hause aus und war fortan auf der Flucht, vor dem Vater, vor sich selbst. Nach mehreren Schulverweisen und einem halbherzig begonnenen Studium stieß er 1916 zur Zürcher Dada-Szene. Er schrieb Gedichte, führte ein Künstlerleben und war das, was man heute einen Junkie nennen würde. Bereits als Schüler hatte er mit Äther und Chloroform experimentiert, später kamen Alkohol, Morphium und andere Opiate hinzu. Er lieh sich Geld, das er nicht zurückzahlen konnte, und blieb Mieten und Rechnungen schuldig. Der Teufelskreis aus Festnahmen, Arrest und Klinikaufenthalten begann. Am 7. Februar 1918, Glauser war gerade 22 Jahre alt geworden, wurde er auf Betreiben seines Vaters wegen »liederlichem und ausschweifendem Lebenswandel« entmündigt. Von da an bis zu seinem Tod stand er unter der Aufsicht eines gesetzlichen Vormunds.

Als »gescheiterte Existenz«, wie er selbst schreibt, ging Glauser zur französischen Fremdenlegion und verbrachte zwei Jahre in Nordafrika, eine Zeit, die er später im Legionärsroman *Gourrama* verarbeitete. Danach verdingte er sich als Tellerwäscher in Paris, als Bergarbeiter im belgischen Charleroi und als Gärtner. Schließlich kehrte er in die Schweizer Künstler- und Literatenszene zurück. Er fühlte sich zu künstlerisch ambitionierten Frauen hingezogen, doch die zumeist komplizierten Beziehungen brachten ihn regelmäßig an die Spritze und führten zu mehreren Selbstmordversuchen. Und immer wieder zu Entziehungskuren und Klinikaufenthalten. In der Anstalt Münsingen unterzog er sich bei dem jungen Arzt Dr. Müller einer Psychoanalyse, in der er die Beziehung zu seinem herzlosen Vater aufarbeitete.

Während der ganzen Zeit gab Glauser das Schreiben nicht auf. Doch abgesehen von einigen in Zeitungen veröffentlichten Erzählungen nahm die Öffentlichkeit davon keine Notiz. Trotzdem war ihm, auch wenn es ihm schlecht ergangen sei, »immer gewesen, als hätte ich etwas zu sagen, etwas was außer mir keiner imstande wäre auf diese Art zu sagen. Es ist gleichgültig, ob diese Überzeugung beweisbar ist oder nicht, ob sie in die Kategorie der Lebenslügen einzureihen – oder ob sie echt ist«.

Sein literarischer Durchbruch gelang ihm 1936 mit dem Kriminalroman *Schlumpf Erwin Mord*, später in *Wachtmeister Studer* umbenannt. Von da an schrieb Glauser wie ein Besessener. In wenigen Jahren entstanden fünf Wachtmeister-Studer-Romane und zahlreiche Erzählungen, begleitet von körperlichen und psychischen Zusammenbrüchen. Den dritten Wachtmeister-Studer-Roman *Matto regiert* verfasste Glauser von Januar bis Mai 1936 – während seiner Zeit in der Heilanstalt Waldau bei Bern. Zuvor, in der Anstalt Münsingen, hatte er sich in die Pflegerin Berthe Bendel verliebt, die seine Liebe erwiderte.

Berthe Bendel blieb bei Friedrich Glauser, als er 1936 aus Waldau entlassen wurde. Im Sommer 1938 zog das Paar nach Nervi bei Genua. Am 6. Dezember 1938, einen Tag vor der geplanten Hochzeit, brach Glauser beim Abendessen zusammen. Zwei Tage später starb er, ohne das Bewusstsein wiedererlangt zu haben.

Wer will, kann in *Matto regiert* zahlreiche Parallelen zu Glausers Leben entdecken: Die Heil- und Pflegeanstalt Randlingen im Roman ähnelt der realen Klinik Münsingen; wie der entflohene Patient Pieterlen hat sich Glauser in eine junge Pflegerin verliebt; der fortschrittliche Dr. Laduner entspricht dem Dr. Müller aus Münsingen, der Glauser behandelte; in Studers Widersacher Oberst Caplaun, der in Randlingen auftaucht und mit herrischem Gehabe verlangt, dass Dr. Laduner die Behandlung seines Sohnes beenden solle, kann man Glausers eigenen Vater erkennen, im schwachen, alkoholkranken Herbert Caplaun folglich ein Selbstporträt des Autors. Nur dem ruhigen, besonnenen Wachtmeister Studer, aus dessen Perspektive die Geschichte erzählt wird, entspricht niemand in Glausers Leben. Möglicherweise ist er der Vater, den Glauser gerne gehabt hätte.

Dass *Matto regiert* trotzdem kein Schlüsselroman ist, liegt an der Distanz, mit der Glauser erzählt. Es geht ihm nicht um Biografisches, sondern um einen gesellschaftskritischen Kriminalroman. Die soziale Lage der Pfleger wird ebenso analysiert wie die gesellschaftlichen Bedingungen, unter denen Psychotherapie in der Schweiz der 30er Jahre des 20. Jahrhunderts möglich war. In einer Art Exkurs, der mehr als 20 Seiten des Romans einnimmt, hält Dr. Laduner Studer einen Vortrag über das Schweizer Rechtssystem, über die Diagnose Schizophrenie und die psychische und soziale Situation, in der Pieterlen, der entflohene Patient, zum Mörder seines eigenen Kindes werden *musste*. Die Ausführungen sind so logisch, dass dem braven Wachtmeister schwindelig wird: »Er hielt noch immer die Armlehnen seines Stuhles umklammert und dachte nur eines: Wann wird das Abrutschen aufhören?«

Glauser lässt auch nicht aus, dass Matto im nördlichen Nachbarland der Schweiz die Macht im Staat übernommen hatte. Bei einem anderen Gespräch zwischen Studer und Dr. Laduner läuft im Hintergrund das Radio: »Ein Militärmarsch verklang, und dann erfüllte eine fremde Stimme das Zimmer. Sie war eindringlich, aber von einer unangenehmen Eindringlichkeit. Sie sagte: *Zweihunderttausend Männer und Frauen sind versammelt und jubeln mir zu. Zweihunderttausend Männer und Frauen haben sich eingefunden als Vertreter des ganzen Volkes, das hinter mir steht.*«

»Der Mann, der soeben sprach, hat Glück gehabt«, kommentiert Dr. Laduner, nachdem er das Radio ausgeschaltet hat. »Wäre er zu Beginn seiner Laufbahn einmal psychiatrisch begutachtet worden, die Welt sähe vielleicht ein wenig anders aus. (...) In einem Vortrag habe ich einmal einen Satz gesagt, der mir übel genommen wurde: Gewisse sogenannte Revolutionen, habe ich gesagt, sind im Grunde nichts anderes als die Revanche von Psychopathen.«

Obwohl Glauser den Namen Hitler nicht erwähnt, waren solche Sätze auch in der Schweiz prekär, spätestens seit Beginn des Zweiten Weltkriegs. Als 1943 die zweite Auflage von *Matto regiert* erschien, handelte es sich um eine ›bereinigte‹ Fassung, getilgt waren alle aktuellen Bezüge zu Deutschland, vor allem Hitlers Radiorede. Erst in den 80er Jahren des 20. Jahrhunderts wurde der Text wieder vollständig veröffentlicht.

Neben allen Botschaften, um die es Glauser sicherlich ging, darf nicht unterschlagen werden, dass *Matto regiert* ein sehr guter Kriminalroman ist, vielleicht der beste, der bis dahin in deutscher Sprache geschrieben wurde. Bei der Figur des Wachtmeisters Studer ließ sich Glauser von Georges Simenon und seinem Kommissar Maigret inspirieren. Wie Simenon ist Glauser ein Meister der Atmosphäre und der Figurenpsychologie. Mit wenigen Strichen gelingt es ihm, eine Figur lebendig werden zu lassen. Und lange vor Erfindung des Begriffs *Regiokrimi* erdet er sein Personal im regionalen Dialekt. Während Dr. Laduner, der scharfe Analytiker, in gestochenem Schriftdeutsch redet, spricht dessen Frau ›Bärndütsch‹ und sagt für Nordalpiner so unverständliche Sätze wie: »Herr Studer, weit-r cho z'Morge näh?«

Studer, der Fuchs, passt sich der Situation und den Leuten an, mit denen er redet. Vom Pfleger Gilgen lässt er sich zu einer Jasspartie überreden, von Frau Laduner erbittet er »no-n-es Tassli Gaffee«, aber wenn ihm ein Oberst Caplaun krumm kommt, kann er auch amtlich werden: »Ich glaube, es wäre opportun, wenn der den Fall behandelnde Arzt bei unserer Besprechung zugegen wäre.«

»Es sollte ein anspruchsloses, ein bisschen boshaftes Buch über die heilige Psychiatrie werden, ein Kriminalroman, wie es deren viele gibt«, schreibt Glauser mit dem ihm eigenen, von Selbstzweifeln geprägten Understatement an seine Lektorin, »und plötzlich biegt sich mir das Ganze um, es wird poetisch, sehr zu meinem Verdruss. Die Leute fangen an zu leben und sind gar nicht damit einverstanden, nur so ein Marionettendasein zu führen; es geht mir wie dem Regisseur in Pirandellos *Heute Abend wird aus dem Stegreif gespielt*: Die Akteure wollen gar keine Figuren sein, sondern sie wollen plötzlich leben.«

Dem angeblich hilflosen Regisseur gelingt es dennoch, seine Figuren zu einem packenden Showdown zu überreden. Mit einem Cliffhanger verzögert Glauser die Auflösung bis zur klassischen Szene des in einem Vortrag alles erklärenden Detektivs. Und dann, wenn man als Leser glaubt, die Zusammenhänge verstanden zu haben, setzt Glauser noch eine Pointe. »Sie haben leider nichts begriffen, Studer«, sagt Dr. Laduner, nachdem der Wachtmeister geendet hat. Der überraschenden Auflösung folgt eine zweite. Studer ist düpiert, aber er trägt es mit Fassung.

»Man kann mitunter scheußlich einsam sein«, singt Frau Laduner zum Abschied. Studer hat vier Tage in der Anstalt

Randlingen verbracht. Er ist froh, dass er um elf Uhr den Zug nach Bern nehmen kann. »Man musste zu einem Ende kommen. Sonst – sonst kam man auch unter die Herrschaft Mattos.«

Den großen Erfolg seiner Bücher erlebte Glauser nicht mehr, auch nicht die Veröffentlichung von *Gourrama* und seines ersten Kriminalromans *Der Tee der drei alten Damen*, der noch ohne Studer auskommt. *Wachtmeister Studer* wurde 1939 verfilmt, *Matto regiert* 1946. Danach geriet Glauser eine Zeitlang in Vergessenheit. In den 70er und 80er Jahren des 20. Jahrhunderts wurde er neu entdeckt und zeitweilig in den Status eines Kultautors erhoben. Es gab weitere Verfilmungen, nacheinander erschienen seine Werke in den Schweizer Verlagen Arche, Diogenes und Union. Die jüngste Ausgabe von *Matto regiert* brachte der Unionsverlag 2004 auf den Markt.

1987 verlieh das Syndikat, die Vereinigung deutschsprachiger Kriminalautoren, zum ersten Mal einen Preis für den besten Kriminalroman des Jahres. Sein Name: Friedrich-Glauser-Preis. Inzwischen ist der Friedrich-Glauser-Preis mit 5000 Euro dotiert und die renommierteste Auszeichnung der deutschsprachigen Kriminalliteratur. Wenn manche Kritiker trotzdem behaupten, es gäbe keine Tradition des deutschsprachigen, literarischen Kriminalromans, dann kann das nur eines bedeuten: Sie haben Friedrich Glauser nicht gelesen.

Aufgabe

In einem offenen Brief an den Schweizer Krimiautor Brockhoff, der *Zehn Gebote für den Kriminalroman* veröffentlicht hatte, schreibt Friedrich Glauser am 25. März 1937:

»Die Handlung eines Kriminalromans lässt sich in anderthalb Seiten gut und gerne erzählen. Der Rest – die übrigen hundertachtundneunzig Schreibmaschinenseiten – sind Füllsel. Es kommt nur darauf an, was man mit diesem Füllsel anstellt.«

Nehmen Sie Glauser beim Wort und fassen Sie seinen Roman *Matto regiert* auf anderthalb Seiten zusammen! Fixieren Sie anschließend Ihren (Kriminal-)Roman auf anderthalb Seiten, und überlegen Sie dann, wie Sie den Rest füllen. Lesen Sie dafür wieder ein paar Seiten bei Glauser und streichen Sie die Stellen an, an denen er mit Füllungen arbeitet.

Andreas Eschbach

Planlos zum Ziel

Georges Simenon: Die grünen Fensterläden [1950]

Außer dafür, der Schöpfer des Kommissar Maigret zu sein, ist der belgische Autor Georges Simenon (1903–1989) vor allem für zwei Dinge berühmt geworden: Erstens für seine immense Produktionsgeschwindigkeit, zweitens für seine Fähigkeit, mit einfachen Worten und Sätzen Atmosphäre zu schaffen. Ich bin der Auffassung, dass zwar nicht das eine zwingend das andere bedingt (in dem Sinn, dass es genügt, rasend schnell zu schreiben, um Atmosphäre zu schaffen), aber dass doch ein Zusammenhang zwischen beiden Phänomenen besteht.

Für jeden normalen, von Schreibhemmungen geplagten und mit Abgabeterminen ringenden Schriftsteller sind Simenons Arbeitsgewohnheiten der reine Hohn. Er benötigte für die Rohfassung eines Romans in der Regel etwa elf Tage, die er sich vorab im Kalender reservierte. Wenn es länger ging, wurden es auch mal zwei Wochen. Nach einer kurzen Ruhephase von ein paar Tagen folgte noch eine Woche für die Überarbeitung. Fertig. Die Sage will es, dass Alfred Hitchcock eines Tages bei Simenon anrief und von dessen Frau erfuhr, dieser schreibe gerade und dürfe nicht gestört werden. »Das macht nichts«, soll Hitchcock erwidert haben, »ich bleibe solange am Apparat.«

Es waren natürlich kurze Romane, die auf diese Weise

entstanden; die meisten zählen weniger als zweihundert Seiten, und abgesehen von ein, zwei umfangreicheren Lebenserinnerungen hat Simenon Zeit seines Lebens nie einen wirklich dicken Schmöker verfasst. Aber von seinen dünnen Romanen schrieb er viele – über vierhundert –, die ihm sein Publikum allesamt aus den Händen riss und die ihn zum vermutlich erfolgreichsten Unterhaltungsschriftsteller des 20. Jahrhunderts werden ließen. Und das Erstaunlichste daran: Die Dinger sind sogar richtig gut!

Einen Roman zu verfassen war für Simenon ein Ausbruch, ein Anfall, eine fiebrige Hetzjagd. An den betreffenden Tagen verbarrikadierte er sich an seinem Schreibtisch und tat, abgesehen von Schlaf und Nahrungsaufnahme und dergleichen, nichts anderes als zu schreiben. In späteren Jahren entwickelte er das Ritual, sich jedes Mal, bevor er sich in einen Roman stürzte, von seinem Arzt auf Herz und Nieren untersuchen zu lassen. Auch sonst pflegte er allerhand Rituale um sein Schreiben herum – so schrieb er zwar ab einem bestimmten Zeitpunkt mit der Maschine, behielt aber die Angewohnheit bei, vor Arbeitsbeginn erst einmal Dutzende von Bleistiften zu spitzen und bereitzulegen; er bestand darauf, jeden Tag das gleiche Hemd zu tragen, das, da er es im Lauf des Tages vollkommen durchschwitzte, über Nacht gewaschen und getrocknet werden und am nächsten Morgen wieder bereitliegen musste. Und dergleichen mehr.

Vor allem aber waren diese Schreibphasen dadurch gekennzeichnet, dass Simenon so vollkommen in der Welt seines Romans versank, dass er kaum ansprechbar war, wenn er zum Essen kam, seine Familie mit den Namen seiner Figuren anredete und je nachdem, was sich im Roman gerade abspielte, in den seltsamsten Stimmungen war. Er wurde praktisch zu seinen Figuren.

Von all dem ist oft die Rede, wenn das Thema auf Georges Simenon kommt, weit häufiger aber rühmt man, wie gesagt, die Atmosphäre seiner Texte. Es war auch das, was mir an ihm auffiel, als ich seinem Werk das erste Mal begegnete.

Ich erinnere mich noch gut an diesen Moment. Es war Anfang der Neunziger, ein Sommertag in Stuttgart. Ich war zu Fuß unterwegs in die Innenstadt, geriet vor einer Buchhandlung an eine Grabbelkiste mit antiquarischen Büchern und musste natürlich innehalten, um ihren Inhalt in Augenschein zu nehmen. Eines der Bücher war der Roman *Die Fantome des Hutmachers* von Georges Simenon, den ich ob des eigenartigen Titels herausnahm und anlas.

Dieser Roman beginnt mit der Schilderung eines trüben Monats, eines Monats, in dem es nicht aufhört zu regnen, alles durchweichend, Straßen, Kleider, die nicht mehr richtig trocken werden, die Menschen selbst gar. Ich las die ersten Seiten, dann klappte ich das Buch beinahe erschrocken zu und stellte es rasch zurück, weil ich – ich schwöre es! – einen Moment lang das Gefühl hatte, die Seiten fühlten sich nass an.

So war es um mich geschehen. Kurze Zeit später kaufte ich meinen ersten Simenon – *Antoine und Julie* –, und seither läuft zwischen ihm und mir eine seltsame Leseaffäre. Mit bizarrer Sorge, den Vorrat an ungelesenen Simenons zu erschöpfen, taste ich mich an jeden langsam und lange heran, lasse ihn nach dem Kauf immer noch eine Weile im Regal liegen, bis mir der richtige Zeitpunkt gekommen scheint. Meist ist es nur ein Abend, selten zwei. Dafür lese ich die meisten Simenons mehrmals; er ist einer der wenigen Autoren, bei denen mir gerade das überhaupt keine Mühe macht.

Einschränkend sei gesagt, dass ich seine Kommissar-

Maigret-Krimis komplett ignoriere. Sie lassen mich kalt, wie mich Krimis überhaupt selten zu fesseln vermögen. Alles, was ich hier sage, bezieht sich auf die anderen Simenons, die »Nicht-Maigrets«. Diese wiederum haben, seit ich erwachsen bin, mit Abstand den größten Einfluss auf mein eigenes Schreiben gehabt.

Ich will für die Zwecke dieser Sammlung den Roman *Die grünen Fensterläden* betrachten, geschrieben im Januar 1950 in Kalifornien. (Simenon liebt Titel, die in ihrer Einfachheit nur manchmal poetisch geraten, hier eher nicht.) Ich habe ihn nahezu aufs Geratewohl ausgesucht; alles, was ich an ihm darlegen werde, ließe sich ähnlich an fast jedem anderen Simenon herleiten.

Worum geht es? Die Hauptfigur des Romans ist Maugin, ein alternder Schauspieler, einst groß, von seinem Ruhm zehrend und dem Trunk verfallen. Er lebt, umgeben von Erinnerungen und mehr oder weniger nahestehenden Menschen, auf sein Ende zu. Das Buch endet wenig überraschend mit seinem Tod.

Bereits im ersten Kapitel tut Simenon etwas, wovon man Nachwuchsautoren aus gutem Grund dringend abrät – er geht schon auf der zweiten Seite in eine lange Rückblende.

Auch hier stört sie. Auch hier hemmt sie den Lesefluss, sie macht den Einstieg schwierig, obwohl sie letztendlich einigermaßen funktioniert und sogar entschuldbar ist: Maugin ist beim Arzt, einem Prominentenarzt, der ihn abends, außerhalb der normalen Sprechstunde, empfängt, um sein Herz zu untersuchen. Es ist dunkel, Maugin muss in einer Stellung, die ihm unangenehm ist, vor dem Röntgengerät verharren – es ist fast unvermeidlich, sich in einer solchen Situation in Erinnerungen zu verlieren, ja, zu flüchten. Dass es größtenteils belanglose Erinnerungen sind, passt ebenfalls.

»Nach dem Lehrbuch« hätte der Autor diese frühe Rückblende vermeiden müssen, und das wäre auch problemlos machbar gewesen. Doch erstaunlicherweise hätte die Szene dadurch an Eindringlichkeit verloren: Warum?

Ich denke, dass die vielgerühmte Atmosphäre in Simenons Prosa und seine Arbeitsgewohnheiten nicht voneinander zu trennen sind – das eine hat mit dem anderen zu tun. Lesen wir das erste Kapitel und stellen wir uns dabei den Autor Georges Simenon vor. Hier nimmt er das erste Mal schreibend Kontakt auf mit der Figur, die er bis jetzt nur erdacht hat. Er versinkt in ihr. Simenon verschwindet, er wird zu Maugin. Und Maugin betritt die Bühne als ein alter Mann, der sich widerwillig einer Untersuchung seines Herzens unterzieht.

In diesem Fall konnte Simenon auf persönliche Erfahrung zurückgreifen: Zwei Jahre zuvor, im Jahr 1948, hatte ihm ein Arzt aufgrund eines falsch beurteilten Röntgenbildes einen baldigen Tod prophezeit – eine Fehldiagnose; Simenon sollte noch 41 Jahre zu leben haben. Doch mit dem Schluss, die Intensität des Textes rühre aus persönlicher Erfahrung, macht man es sich zu einfach. In anderen Romanen schildert Simenon mit genau der gleichen Kraft durch die Welt irrende Revoluzzer, stumpfsinnige Mörder und geldgierige Witwen, Schicksale also, die er allenfalls aus Beobachtung kennen konnte, nicht aber aus eigener Erfahrung.

Verwerfen wir diese Theorie also und kehren wir zurück zu dem Bild eines Autors, der sich in seine Hauptfigur versenkt, so weit es irgend geht. Die reale Welt ringsum verschwindet, da ist nur diese Figur und das, was sie erlebt: Er hält sich nicht damit auf, zu schildern, was selbstverständlich ist oder üblich oder normal. Er sucht die Konzentration auf ein Detail, eine Wahrnehmung, einen Gedanken – auf das unverwechselbare Eine, das ganz diese Figur in diesem

Augenblick ist, das sie kennzeichnet. Und dieses Detail, diese Wahrnehmung, diesen Gedanken erforscht er dann, kostet ihn aus, lotet an ihm entlang in die Tiefe und lässt sich davon zu allem weiteren führen.

Hier ist sie: die Dunkelheit. Maugin muss im Dunkeln stehen, des Röntgenapparates wegen. Und das, was ihn beschäftigt, ist eben diese Dunkelheit. Sie ist nicht einfach dunkel, sie erinnert ihn an seine schlimme Kindheit, und diese Erinnerungen sind beklemmend. Wenn Maugin von hier aus nun in Erinnerungen banalerer Art abschweift – die Herfahrt, wie er seinen Chauffeur fortgeschickt hat, wie er noch zwei Gläser Rotwein in einer Kneipe hinabstürzt, ehe er das Haus des Arztes betritt –, dann liegt eine ganz andere Kraft dahinter, eben jene Kraft, die die Szene trotz allem trägt.

Bis jetzt ist das alles nur eine Beobachtung von jener Sorte, die sich im Nachhinein leicht anstellen lässt. Die entscheidende Frage ist aber: Wie kommt der Autor überhaupt auf die Idee, es so zu machen?

Die Antwort darauf lautet: Es hat sich so ergeben. Simenon hat sich das nicht überlegt – und zwar, weil es ihn überhaupt nicht interessierte, irgendetwas in der Außenwelt zu beschreiben. Ihn interessierte nur, wie es in seiner Figur aussah. Er suchte nach einer Szene, nach der Szene, mit der sie uns auf unverwechselbare Weise vor Augen tritt. Und alles Weitere hat sich dann daraus ergeben.

Es gibt diesen oft gehörten Satz, eine gute Geschichte ergebe sich aus den Figuren und ihrem Charakter. Simenon treibt diese Maxime weiter als sonst jemand. Wann immer er die Umwelt schildert, ist diese Schilderung konsequent durch die Perspektive seiner Figur gebrochen. Ihn interessiert nur, was auch diese Figur interessiert. Ja, er nimmt überhaupt nur das wahr, was auch seine Figur wahrnimmt.

Und er nimmt es so wahr, wie es dieser Figur erscheint. Objektivität interessiert Simenon nicht die Bohne. Er ist radikal subjektiv, so radikal, dass er selbst die Idee, es könne einen objektiven Standpunkt geben, zu vergessen scheint. Die vielgerühmte Atmosphäre ist das Ergebnis dieser extremen Haltung: Keine objektive Eigenschaft einer Umwelt, sondern das Spiegelbild der Befindlichkeit der Perspektivfigur.

Dasselbe ist auf der Ebene der Szenen zu beobachten. Analysiert man einen Roman von Simenon daraufhin, fällt auf, dass jede Szene in der einen oder anderen Weise eine Konfrontation zwischen zwei Figuren ist, in der Regel zwischen der Hauptfigur und einer anderen. In dieser Konfrontation lotet der Autor seine Hauptfigur aus. Nichts ist objektiv, alles subjektiv. Die Figur hört, was sie zu hören glaubt; nimmt die Reaktionen und Antworten so wahr, wie es ihrer Gefühlslage, ihrem Denken, ihrem Geisteszustand entspricht. Wir können nichts Verlässliches über die anderen Figuren sagen, denn wir erleben sie nur interpretiert durch die Perspektivfigur.

Im ersten Kapitel von *Die grünen Fensterläden* wird nicht einfach eine Untersuchung bei einem Arzt geschildert; es ist eine Konfrontation Maugin versus Doktor Biguet. Eine kleine Konfrontation, beinahe unmerklich, wenn man nicht darauf achtet: Maugin weiß, dass Biguet aus einfachen Verhältnissen stammt, genau wie er selbst, er sucht nach Ähnlichkeiten, nach Unterschieden und beißt sich fest in dem anderen. Danach geht er noch einmal in eine Kneipe, um noch einmal zwei Gläser Rotwein zu kippen, und dort ist es der Wirt, in den er sich in Gedanken verbeißt: Ohne ihn zu kennen, unterstellt Maugin ihm, dass er verächtlich über ihn reden wird, sobald er die Kneipe verlassen hat – ein Spiegel dessen, dass tatsächlich er selbst es ist, der sich für seine Trunksucht verachtet.

In den nächsten Kapiteln ist in die Schilderung von Maugins Alltag am Theater eine Begegnung mit seinem unehelichen Sohn eingewoben, der ihn, wieder einmal, um Geld angeht. Hier nun ist das Level der Konfrontation schon etwas höher geschraubt. Es gibt Widerworte, Maugin fährt den Jungen schroff an, verliert sich immer wieder in unangenehmen Erinnerungen, hadert in Gedanken mit der Mutter des Jungen. Und so geht es weiter – in jedem Kapitel steigt der Grad der Konfrontation, bis hin zum Finale.

Doch dass man Simenons Romane so analysieren kann, heißt nicht zwangsläufig, dass sie auch so konzipiert wurden. Im Gegenteil. Oft hat man das Gefühl, dass Simenon die Geschichte nicht besonders interessiert – nur die Figur. Er erforscht sie, geht konsequent mit ihr mit, schlüpft in ihre Haut, ihr Leben, ihren Geist und lebt sie. Und alles andere lässt er sich daraus ergeben, ohne vorgefassten Plan, und wenn die Handlung seltsame Kurven nimmt, stört ihn das nicht weiter.

Die Geschlossenheit seiner Romane rührt daher, dass er eben keinen Plan hat, dass er ohne bestimmtes Ziel schreibt, die Dinge sich auseinander entwickeln lässt, zwangsläufig und folgerichtig. Er muss seine Figur nicht zu einem bestimmten Zeitpunkt von A nach B bringen, nur weil ein Konzept das so vorsieht. Nein, er beobachtet sie einfach an Punkt A, schlüpft in sie hinein und versucht herauszufinden, wohin sie eigentlich will. Vielleicht nach C? Auch in Ordnung. Es wird sich schon etwas ergeben. Auf diese Weise kann Simenon in der Haltung radikaler Subjektivität bleiben, denn es gibt keinen vorgeplanten Weg, von dem er abkommen könnte. Er bleibt bei seiner Figur und vertraut darauf, dass sich ein Ende irgendwie finden wird. Und es findet sich auch jedes Mal.

Das ist natürlich äußerst gewagt und nur dank Simenons

enormer Erfahrung im Schreiben in dieser Form durchführbar. »Don't try this at home« ist man versucht zu sagen. Doch natürlich kann man das versuchen, man soll es sogar – aber man sollte es besser erst insgeheim tun und frei von jedem Erfolgsdruck. Sagen wir also abgewandelt: »Try this first at home.«

Gehen wir noch eine Ebene höher und betrachten wir Simenons Werk allgemein (wobei ich nur für die Nicht-Maigrets sprechen kann und auch nur für einige davon), dann fällt auf, dass Simenons Hauptfiguren gemeinsam ist, dass sie in einer Art Delirium befangen sind. Häufig ist dieses Delirium durch Alkohol oder andere Drogen verursacht; auffallend viele von Simenons Helden sind Alkoholiker. Es können aber auch heftige Leidenschaften sein, die einen ähnlichen Zustand hervorrufen, oder intensive, über ein Leben lang aufgebaute und gehegte Illusionen. Fast immer sind Simenons Figuren in Überzeugungen verbohrt, von denen sie ahnen, dass sie nicht länger haltbar sind, um sich daraufhin nur um so verbissener daran zu klammern.

Vielleicht kann man besser allgemein von »Einschränkungen des Bewusstseins« sprechen, die Simenon erforscht. Und hier haben wir wieder den Zusammenhang zu seiner Arbeitsweise: Denn nichts anderes ist es, was er tat, wenn er sich an einen Roman machte. Er setzte eben alles daran, zu vergessen, dass er Simenon war, um stattdessen seine Romanfigur sein zu können. Mit anderen Worten, er schränkte sein Bewusstsein ein. Eine Übung in Versenkung, aus der ein Roman erwuchs, der wiederum die Einschränkungen erkundet, denen unser Gewahrsein unterliegen kann. Es ist diese radikale Reise in die Illusion, die das Atmosphärische heraufbeschwört.

Manchmal kommt es am Ende eines Romans zu einer Erkenntnis der eigenen Einschränkungen, oft aber auch nicht. Dann endet die Figur tragisch, und es bleibt dem Leser überlassen zu verstehen. Das Faszinierende daran ist, dass sich alle Romane Simenons ähneln, ohne zu langweilen: Jeder einzelne Roman ist auf seine Weise ein zeitloser Klassiker, und oft liest man das Entstehungsdatum am Ende mit Bestürzung, weil man kaum glauben mag, dass er schon so alt sein soll. Die Bücher leben davon, dass Simenon ein scharfer Beobachter der Menschen gewesen ist und in seiner subjektiven Erzählhaltung so radikal war, dass er zu dem vorstößt, was allgemeine menschliche Natur sein dürfte. Durch ihn sehen wir andere (und, weniger gern und weniger bewusst, uns selbst), und wie alle Lebewesen werden wir nie müde, unsere Artgenossen zu beobachten. Das ist es, was seine Werke überdauern lässt. Während eine originelle Idee nur einmal reizt und dann verbraucht ist, bleiben diese schlichten Erzählungen lebendig und eindrucksvoll und sind der schlagendste Beweis dafür, dass die Regel stimmt: Gute Geschichten entstehen aus den Figuren heraus, nicht umgekehrt.

Aufgabe

Viele Autoren tragen Notizbücher bei sich, um Überlegungen und Ideen festzuhalten, Landschaften zu beschreiben, durch die sie der Zug trägt, oder Menschen, die sie dabei beobachten. Ohne Zweifel eine nützliche Übung, aber noch nicht das Ende der Möglichkeiten – denn es ist immer noch der Autor, der sich in diesen Beschreibungen abbildet. Kann man einen Schritt weitergehen? Kann man, sagen wir, sich in einen der Menschen versetzen, die man beobachtet, und verstehen, wie dieser die Landschaft wahrnimmt, durch die der Zug fährt? Kann man auf dem Wege der Empathie einen Moment lang jener arbeitsame Vertreter mit dem Notebook-PC sein, der gar keinen Blick hat für das da draußen? Oder jene stämmige Frau mit dem schlafenden Kind auf dem Nebensitz, die vielleicht erschöpft, vielleicht gedankenverloren, vielleicht verträumt in die vorbeiziehenden Auen schaut? Kann man sehen, was sie sieht? Empfinden, was sie empfindet?

Beim Entwurf einer Szene wählt man für gewöhnlich eine Perspektivfigur. Doch wie nahe geht man dann tatsächlich an sie heran? Hält man nur die ›innere Kamera‹ auf sie gerichtet, aus zwei, drei Metern Abstand? Sitzt man auf ihrer Schulter, kriegt mit, was sie in ihren Bart murmelt und ob sich ihr Körper verkrampft? Oder schafft man es, in ihren Kopf, ihren Körper hineinzugehen, sich selbst – den Autor – zu vergessen und zu dieser Figur zu werden? Und wenn ja – wie verändert sich das, was man aus dieser Perspektive schreiben kann? Das ist nicht nur einen, das ist *viele* Versuche wert.

Gerade der strukturiert vorgehende, mit Entwürfen und Gliederungen arbeitende Autor sollte es einmal wagen und, heimlich vielleicht, einen Text beginnen, ohne mehr zu kennen als den Schauplatz und die Hauptfiguren samt ihrer Vorgeschichte. Sollte sich leiten lassen von dem, was in ihm aufsteigt an Bildern, Gedanken und vor allem Gefühlen, wenn er sich in die Perspektivfigur versenkt. Man sollte sich überraschen lassen können. Das ist vielleicht der schwierigste Teil: diese Offenheit in sich zu finden und zu bewahren – von dem, was diese Figur dann wollen, sagen, tun mag.

Und man sollte den Mut aufbringen, ihr zu folgen, trotz der Unsicherheit, ob da am Ende ein Schluss oder gar ein brauchbarer Text herauskommen wird. Vielleicht erlebt man Überraschungen. Bestimmt lernt man dazu.

Annett Gröschner

Schreiben. Spielen. Springen

Julio Cortázar: Rayuela. Himmel und Hölle [1963]

Ich habe eine Lieblingsgeschichte von Julio Cortázar, *Südliche Autobahn*, an die mich öfter erinnere. Nämlich genau dann, wenn ich wieder einmal in einem Stau stehe, aus dem es kein Entrinnen gibt, weil die letzte freie Ausfahrt eben verpasst ist. Ich weiß nicht, wo ich bin, um mich herum nur Autos, Asphalt und ein Saum von Büschen oder Feldern, hinter denen – außer ein wenig Horizont vielleicht – nichts ist. Ein zwangsweises Verharren im Niemandsland, in dem sich die Zeit zäh hinzuziehen scheint und jede Durchsage des Verkehrsfunks Hoffnung verheißt, die meist trügerisch ist. Irgendwann löst sich der Stau auf und keiner weiß, warum es ihn überhaupt gegeben hat.

In *Südliche Autobahn* verlängert sich die Dauer in Richtung Unendlichkeit. Irgendwann richten sich die Wochenendausflügler in ihrem Wartestand ein, zwei sterben, eine wird schwanger, Kinder wachsen, aus Sommer wird Herbst, Winter und Frühling. Eines Tages geht es plötzlich weiter, ohne dass die Autokolonne noch etwas aufhält.

Dass der Argentinier Cortázar seine Geschichte auf der Pariser Peripherique spielen lässt, verwundert nicht, wenn man weiß, dass er mit 37 Jahren, 1951, aus Opposition zum Regime Juan Peróns nach Paris emigrierte, dort lange Zeit für die UNESCO als literarischer Übersetzer arbeitete, weil er von seiner schriftstellerischen Tätigkeit nicht leben konnte, und 1981 die französische Staatsbürgerschaft verliehen bekam, drei Jahre vor seinem Tod.

Auch im Roman *Rayuela. Himmel und Hölle*, um den es im Folgenden geht, ist Paris über weite Strecken der Schauplatz des Geschehens. Ja, das Labyrinth der Stadt mit ihren Straßen und Metrolinien, verwinkelten Treppenhäusern und Parks, in denen widerspenstige Regenschirme entsorgt werden, ermöglicht erst das Grundmuster des Romans. Ein unaufmerksamer Moment, eine unachtsame Kopfbewegung oder ein falscher Schritt und schon gibt es kein Entrinnen aus dem Labyrinth. Immer wieder findet sich leitmotivisch auf dem Straßenpflaster das Hüpfspiel *Himmel und Hölle*, das es überall auf der Welt in den verschiedensten Varianten gibt. Immer aber führt ein Schritt über die Linie beim Hüpfen auf einem Bein oder ein zu starkes Anstoßen des Steins zur Unterbrechung des eigenen Spiels. Der andere ist dran. Kann sein, dass er gewinnt.

Das Bemerkenswerte an *Rayuela* ist, dass man das Buch auf mindestens zwei Arten lesen kann – und soll. Denn am Anfang des Buches steht ein Wegweiser: »Auf seine Weise ist dieses Buch viele Bücher. Der Leser ist eingeladen, eine der beiden Möglichkeiten für sich auszuwählen.« Das Buch hat 155 Kapitel. Für die Lesart 1 genügt es, bis zum Kapitel 56 zu lesen. Die Lektüre der weiteren 99 Kapitel ist freiwillig (»Kapitel, die man getrost beiseite lassen kann«), aber wenig sinnvoll, es ist eine Ansammlung von Appendixen oder wie man heute sagen würde, ausgelagerten Dateien, die jeder Romanschriftsteller kennt – Kapitel, die am Ende doch nicht so recht passen wollen und beiseite gelegt werden, um sie vielleicht später in anderen Büchern als Schlüsselstelle wiederauferstehen zu lassen. Selbiges geschah mit dem Kapitel 62 von *Rayuela*, das 1968 zum Roman umgearbeitet, als (dt.) *62 / Modellbaukasten* erschien und formal eine Fortführung von *Rayuela* ist. Dort war es noch ein von dem fiktiven Schriftsteller Morelli geplantes Buch, das über lose Aufzeichnungen nicht hinauskam. In *62 / Modellbaukasten* wird der Leser eingeladen, »seine persönliche Montage der Elemente der Erzählung« zu schaffen. Der Roman spielt in einer Welt, die ohne Logik und Psychologie auskommt.

Bei *Rayuela* sollte man es auf jeden Fall auch mit Lesart 2 versuchen – es ist ein Labyrinthroman. Wie Ariadne bekommt der Leser einen Faden in die Hand, der ihn durch das Gewirr von Räumen begleitet und wieder zurückführt ins Freie – am anderen Ende des Romans, wenn es gut geht. Lesart 2 fängt mit dem 73. Kapitel an, dann folgen das erste und zweite, auf das 116. das dritte, das vom 84. verfolgt wird usw. Mit dieser Handlungsanleitung gelingt es, alle 636 Seiten zu lesen, aber kreuz und quer und ohne dass man weiß, was noch vor einem liegt, denn die Kapitel sind alle unterschiedlich lang, manche bestehen nur aus einem Satz.

In der ersten Lesart wird der Fortgang der Handlung durch nichts unterbrochen, in der zweiten Lesart verzögern Einschübe jeglicher Couleur von naturwissenschaftlichen, philosophischen, literarischen oder essayistischen Abhandlungen über Traktate, Zeitungsmeldungen, Anekdoten und Anmerkungen den Ablauf. Jedes schon einmal in der ersten Lesart gelesene Kapitel entfaltet sich in der zweiten Lesart noch einmal völlig anders.

Die Fabel ist schnell erzählt und trifft doch im Wesentlichen nur für die erste Lesart des Romans zu: Ein Mate trinkender Argentinier mittleren Alters – Horacio Oliveira – lebt im Paris der fünfziger Jahre. Es ist unklar, womit er seinen Lebensunterhalt verdient, wie Poes *Mann der Menge* streift er scheinbar ziellos durch die Stadt, »Wochen und Monate (die Tage zu zählen war schon schwieriger für Oliveira, der glücklich, ergo ohne Zukunft war)«. Dabei trifft er auf Gleichgesinnte aus aller Welt, Intellektuelle wie er – Schriftsteller, Künstler, Jazzliebhaber – Bohemiens allesamt, mit denen er den *Club der Schlange* bildet. (Die Anlehnung an Poe verwundert nicht, Cortázar hat ihn für die UNESCO ins Spanische übersetzt.) »Schon damals war mir klar geworden, daß Suchen meine Bestimmung war, Emblem jener, die nachts fortgehen ohne festes Ziel, Daseinsberechtigung der Matadore der Kompaßnadel«, schreibt Horacio. Abends trifft sich der Club in einer der billigen Absteigen, in denen seine Mitglieder untergekommen sind oder auf einem unbebauten Gelände jenseits des Boulevard Jourdan, wo sie sich mit einem sehenden Blinden unterhalten. Am liebsten jedoch hören sie Jazz oder philosophieren, machen beides gleichzeitig oder philosophieren über Jazz, über Bix und Eddie Lang, Big Bill Broonzy, Ma Rainey oder Fats Waller. Ihre Bewunderung gehört den Erneuerern dieser Musik, wie Stan Getz, ihre Verachtung dem ersten globalisierten Trompeter Louis Armstrong, der es zu ungeheurer Popularität gebracht hat, was für sie an Verrat an der Musik grenzt.

Unter den Mitgliedern ist auch Marga aus Uruguay, die eigentlich Lucia heißt und einen kleinen Sohn hat, dessen Name Rocamadour auch nur ausgedacht ist. »Wir waren nicht verliebt«, sagt Horacio im 2. Kapitel erster Lesart, »wir praktizierten die Liebe mit einer virtuosen und kritischen Leidenschaftslosigkeit, aber danach fielen wir in ein schreckliches Schweigen, und der Schaum auf den Biergläsern wurde Putzwolle, wurde schal und zog sich zusammen, während wir uns ansahen und fühlten, daß dies die Zeit war.« Marga ist eine Erfinderin von Geschichten und die große Naive des Romans. »Die Vernunftwidrigkeit der

Marga faszinierte Oliveira, ihre gelassene Missachtung elementarster Berechnungen.« Sie liest billige Romane und ist ungebildet, singt gerne Lieder von Hugo Wolff wickelt durchnässte Füße in eine Doppelseite des *Figaro Littéraire* und zieht durch das Quartier Latin, um Schaufenster anzuschauen, alles Dinge, die Oliveira verachtet.

Horacio Oliveira ist zynisch und zerrissen, andererseits sagt man über ihn: »Hier schmerzt ihn alles, sogar die Aspirintabletten tun ihm weh.« Er ist auf der Suche nach dem »kibbutz of desire«. Als Marga nach dem plötzlichen Tod ihres Kindes (inmitten einer Diskussion des Clubs über Realität) verschwindet und der *Club der Schlange* zerfällt, bleibt Horacio nichts als die Ziellosigkeit, die ihn immer tiefer in das Pariser Labyrinth verstrickt und dazu führt, dass er nach dem Versuch, mit einer Clocharde betrunken in aller Öffentlichkeit einen Geschlechtsakt zu vollenden, nach Buenos Aires ausgewiesen wird. Dort trifft er seinen alten Freund Traveler wieder, der nie verreist und mit seiner Frau Talita in einem Zirkus arbeitet. Horacio imaginiert die Marga in Talita, die das Spiel durchschaut. Am Ende treffen sich die drei Freunde in einer Irrenanstalt wieder – als Angestellte und Wärter, denn der Zirkusbesitzer hat sein Etablissement gegen eine Nervenklinik getauscht.

Bis heute streiten sich die Liebhaber von Cortázars Literatur, ob Horacio am Ende aus dem Fenster des Irrenhauses mitten in das Himmel-und-Hölle-Spiel fällt und tot ist. Fakt ist, der letzte Satz steht im Konjunktiv. Es ist die Rede von jenem Augenblick, »in welchem es zweifellos das beste gewesen wäre, sich noch ein Stück weiter herauszulehnen und sich gehen zu lassen, plumps und Schluss«.

Cortázar selbst hat die Frage nach dem Sprung eindeutig beantwortet. In einem Interview mit Evelyn Picon Garfield 1973 sagt er über Horacio: »He doesn't leap. No, no. I'm sure he doesn't. (...) But there are critics who have said that the book ›ends finally with the suicide of the protagonist‹. Oliveira does not commit suicide.«

Lesart 2 ist da eindeutiger. Nach dem 56. Kapitel folgen noch acht weitere, die sich damit beschäftigen, dem armen Helden mit kalten Umschlägen auch gute Ratschläge zu erteilen.

Wollte man *Rayuela* in die Literaturgeschichte einordnen, so könnte man von einem Zwitterwesen sprechen. Zum einen trifft das zu, was Gero von Wilpert in seinem *Sachwörterbuch der Literatur* über den modernen Roman schreibt: Er richte seinen Blick »auf die einmalig geprägte Einzelpersönlichkeit oder eine Gruppe von Individuen mit ihren Sonderschicksalen in einer Welt, in der nach Verlust der alten Ordnungen und Geborgenheiten die Problematik, Zwiespältigkeit, Gefahr und die ständigen Entscheidungsfragen des Daseins an sie herantreten und die ewige Diskrepanz von Ideal und Wirklichkeit. Das in das Weltgeschehen eingebettete Schicksal spielt sich in ständig erneuter Auseinandersetzung mit den äußeren Formen und Mächten ab, ist ständige individuelle Reaktion auf die Welteindrücke und -einflüsse und damit ständige eigene Schicksalsgestaltung«. Andererseits kommt die zweite Lesart des Romans mit seiner Intertextualität und Diskontinuität in den Zeitläufen der Definition eines postmodernen Romans nahe. Hier wird zitiert, collagiert und persifliert und damit jede Empirie der Alltagskapitel unterlaufen. In Zeiten der Hypertextualität könnte man ihn als frühen Hypertextroman ohne Computer und Internet bezeichnen.

Während die fiktive Figur des Schriftstellers Morelli in der ersten Lesart eine Randfigur ist, die in Kapitel 22 bei einem Autounfall stirbt, beherrscht er in Lesart 2 die Figuren. Seine Romantheorien sind in die Erzählung eingeflochten.

Die wichtigste ist: »Provozieren, sich einen Text zur Aufgabe machen, der schlampig ist, unverbunden, inkongruent, der bis ins letzte gegen die Kunst des Romans (obgleich nicht gegen den Roman) verstößt. Wie alle erwählten Geschöpfe des Abendlandes begnügt sich der Roman mit einer geschlossenen Ordnung. In entschlossener Opposition auch hier die Öffnung suchen.«

Es ist nicht so, dass die Lesart 1 nur die Fabel ausschmückt. Es gibt auch hier keine eindeutige Erzählperspektive, sie wechselt von Kapitel zu Kapitel, mal redet Horacio in der Ich-Form, mal gibt es einen auktorialen Erzähler oder wird aus einem Brief Margas an ihren Sohn Rocamadour zitiert. Im Kapitel 34 werden zwei Erzählebenen ineinander verschränkt – ein Auszug aus einem von Marga konsumierten Liebesroman mit einer Hasstirade Oliveiras gegen die Lesegewohnheiten seiner Geliebten: »Wieviele Stunden hast du das gelesen, wahrscheinlich überzeugt davon, dass das das Leben sei, und du hattest recht, es ist das Leben, deshalb mußte man ja damit Schluß machen.« Darin versteckt sich jene Theorie des Romans, die erst in Lesart 2, unter dem Diktat von Morelli, ausführlicher behandelt wird. Marga ist das, was Morelli in Kapitel 79 verabscheut, wenn Cortázar ihn schreiben lässt: »Es scheint, daß der traditionelle Roman die Suche dadurch zunichte macht, daß er den Leser auf sein Milieu beschränkt, das um so genauer definiert wird, je besser der Romanschreiber ist. Erzwungenes Stehenbleiben auf den verschiedenen Stufen des Dramatischen, Psychologischen, Tragischen, Satirischen oder Politischen. Stattdessen versuchen, einen Text zu schreiben, der den Leser nicht fesselt, ihn aber zwangsläufig dadurch zum Komplizen macht, daß man ihm unterm Deckmantel einer konventionellen Handlungsführung andere, mehr esoterische Richtungen suggeriert. Eine demotische

Art des Schreibens für das Leser-Weibchen (das im übrigen nicht über die ersten Seiten hinauskommen wird, gänzlich verloren und schockiert, den Preis verfluchend, den es für das Buch bezahlt hat), mit einer vagen Kehrseite in hieratischer Schrift.« Das Leser-Weibchen. Leider seitdem in der Welt, gerne von Männern verbreitet, die aus irgendwelchen Gründen Angst vor Leserinnen haben, wo doch gerade die zur Verbreitung der Gattung beigetragen haben.

Aber lassen wir im Zeitalter der Gender-Theorien das Leser-Weibchen beiseite und sagen pragmatisch: Lesart 1 beinhaltet einen Roman, in dem Ort, Zeit und Handlung, wenn auch nicht unbedingt in jedem Fall eine Einheit bilden, so doch klar gegliedert sind.

Lesart 2 ist komplexer, der Textfluss wird immer wieder unterbrochen durch Einschübe. Diese Art Roman ist ästhetisch anspruchsvoller, wird aber seltener bis zu Ende gelesen, denn sie eignet sich nicht zur Lektüre in öffentlichen Verkehrsmitteln, zum Beispiel der Berliner S-Bahn, noch nicht einmal auf der langen Strecke zwischen Königs Wusterhausen und der Greifswalder Straße. Entweder man verpasst es aus Lektüregründen, in Neukölln umzusteigen, oder das Lesezeichen rutscht in der Hektik aus der Seite und man weiß nicht mehr, wo man war – und einmal aus dem Rhythmus gekommen, befindet man sich in einem Labyrinth, aus dem man nur unter Leseverlusten herauskommt. Und die Anschlussbahn ist inzwischen auch verpasst. Kurzum, kein genüsslicher Konsum, sondern Arbeit.

Ob man nun Lesart 1 oder 2 bevorzugt, den essayistischen Roman für Leute mit Zeit und den intelligenten Roman für zwischendurch, beide werden zusammengehalten von dem unter- und hintergründigen Humor des Autors.

Mit seinem Werk war Julio Cortázar, wie auch der andere große Argentinier, Jorge Luis Borges, Wegbereiter für den Erfolg der Werke des Magischen Realismus in Europa, lange bevor dieser Begriff in die Literaturgeschichte Eingang gefunden hatte. Im Gegensatz zu einem Autor wie Gabriel Garcia Márquez hatten die Älteren aber ihre ästhetischen Wurzeln eher in der europäischen oder nordamerikanischen Kultur. Julio Cortázar ist ein Geheimtip geblieben, zu anarchistisch, zu experimentell, zu sperrig, um mit Taschenlampe unter der Bettdecke gelesen zu werden.

Den schönsten Satz zu Julio Cortázars Werk hat Pablo Neruda hinterlassen: »Wer diese Erzählungen nicht liest, ist verloren. Sie nicht zu lesen ist eine schwere, schleichende Krankheit, die mit der Zeit schreckliche Folgen haben kann. Ähnlich wie jemand, der nie einen Pfirsich gekostet hat. Er würde langsam melancholisch werden und immer blasser, vielleicht würden ihm nach und nach die Haare ausfallen.«

Aufgabe

Ausgangspunkt ist das *Himmel-und-Hölle-Spiel* in der Fassung, wie sie uns im Cortázarschen Roman überliefert ist. Es gibt Hölle und Himmel als Gegensatzpaar und dazwischen neun Felder, wobei 2 & 3 und 5 & 6 nebeneinander angeordnet sind.

Die Regeln des Hüpfspiels sind die, dass der Stein jeweils von Feld 1 bis Feld 9 geworfen werden muss. Trifft man das entsprechende Feld, muss man auf einem Bein in das Feld hüpfen, (aber nie die HÖLLE betreten!), den Stein aufheben und weiterwerfen. In 2 & 3 und 5 & 6 kann man mit beiden Beinen springen. Wenn der Stein nicht über die Begrenzung fällt oder ein Sprung misslingt, gelangt man schnurstracks in den HIMMEL.

Ähnlich funktioniert auch das Schreibspiel.

Suchen Sie sich eine Meldung der Polizei oder aus der Rubrik *Vermischtes* einer Tageszeitung. Gut ist, wenn in der Geschichte mehrere Personen in ein Geschehen verwickelt sind. Beispielsweise zwei Räuber, die eine Kneipe überfallen, in der sich noch sieben Gäste befinden, und zwei, die als Zeugen das Geschehen von außen durch das Fenster betrachten. Die Meldung ist HÖLLE, also der Ausgangspunkt. Schreiben Sie nun eine Erzählung in neun Kapiteln. Die Kapitel können der Einfachheit halber chronologisch geordnet sein, wobei 2 & 3 und 5 & 6 zur selben Uhrzeit handeln, aber aus verschiedenen Perspektiven erzählt sein sollten. Es ist überhaupt jede Erzählperspektive erlaubt, auch ein Wechsel der Genres. Ob nun Verse, Theaterszenen oder Short Story, alles kann ausprobiert werden. Natürlich können Sie die Geschichte in der Reihenfolge von 1 bis 9 lassen, mit einem anschließenden »Epilog im Himmel«, in dem sich alles noch einmal zusammenfassen oder ganz und gar transzendieren lässt.

Es kann nun aber auch das eigentliche Lesespiel beginnen.

Nehmen Sie die Abbildung des *Himmel-und-Hölle-Spiels*. Schnipsen Sie einen kleinen Kieselstein auf ein beliebiges Feld, notieren Sie sich die Zahl und schnipsen Sie den Stein weiter, bis Sie in den HIMMEL gelangen. Auch Rückwärtsschießen ist erlaubt. Sollten Sie beispielsweise den Stein mit zuviel Schwung von 1 gleich in das Kästchen der 7 schnipsen, können Sie auch wieder zurück zu 5, 4 oder 2, je nachdem, welches Feld Sie mit Ihrem Stein treffen. Sollte der Stein über das Raster hinausschießen, ist die Lesart beendet. Kapitel, die nicht angeschnipst werden, spielen in der Lesart nicht mit. Sollte Ihr Stein ein zweites Mal in einem schon notierten Feld anlangen, zählt der Stoß nicht.

Sie können die Zeichnung auch umdrehen und mit dem

Himmel beginnen und sich langsam bis zur Hölle zurückarbeiten.

Ordnen Sie nun den Text nach der Reihenfolge der Zahlenfelder und lesen Sie ihn laut vor. Vielleicht ist das Ergebnis Humbug, aber es kann auch sein, dass sich wunderbare neue Konstellationen ergeben.

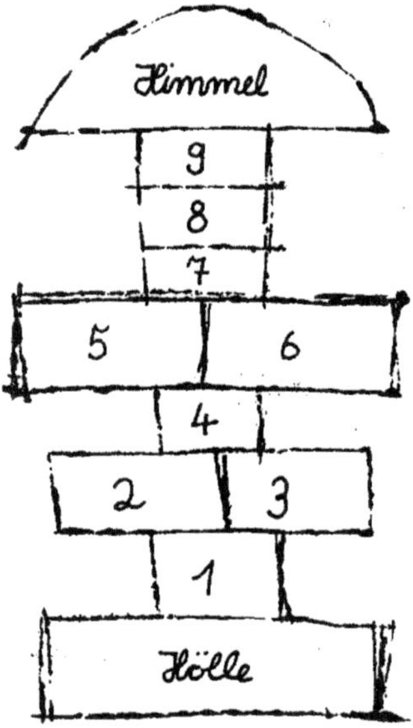

Hanns-Josef Ortheil

Die Prosa meines Vaters

Zu Ernest Hemingways Erinnerungs- und Nachlaßband »Paris - ein Fest fürs Leben« [1964]

I.

Mein Elternhaus liegt auf der höchsten Erhebung eines Hügelkamms mitten in einem großen Waldgelände des nördlichen Westerwaldes. In diesem weiten, von Hecken und Zäunen eingerahmten Terrain habe ich die frühen Jahre meiner Kindheit verbracht. Alles, was ich in diesen ersten Kinderjahren zum Spielen brauchte, war dort vorhanden: eine Blockhütte, ein Baumhaus, hohe Eichen und Buchen mit dicken Stämmen zum Klettern, ein Eibenwäldchen als dichtes, selbst im Winter noch grünes Versteck, zwei Bohnenstangen als Pfosten eines Fußballtors, eine Schaukel, ein Teich mit Fröschen und Kröten, ganz zu schweigen von den vielen Tieren, den Vögeln, Eichhörnchen, Schlangen und Ameisen, den Hunden, Katzen, Mäusen und Bienen. Wenn ich aus dem Zimmer meines Fensters im ersten Stock schaute, sah ich auf der Wiese unterhalb unseres großen Grundstücks frühmorgens die Rehe, und wenn ich an Wintertagen mit dem Fernglas die weißen Felder betrachtete, hockten auf den kahlen Bäumen der Wegränder Falken, Habichte und Bussarde.

Außerhalb unseres großen Waldgrundstücks aber war die Wildnis. Die Wildnis bestand aus dunklen Wäldern mit dichtem Unterholz, aus schmalen, bei starkem Regen kaum begehbaren Feldwegen, aus weiten Wiesen, auf denen die Kuhherden monatelang grasten und aus Feldern, auf denen der Mais so groß wurde, dass er die Erwachsenen hoch überragte. In meinen ersten Jahren habe ich die Wildnis kaum betreten, sondern die meiste Zeit auf unserem Grundstück verbracht, ich habe mich in der Blockhütte und dem Baumhaus einrichten dürfen, ich habe Steine, Pflanzen und irgendwelche Kuriosa gesammelt, und ich habe beinahe täglich all die verschiedenen Tiere beobachtet, die auf unserem Grundstück oder in seiner unmittelbaren Umgebung erschienen.

Herausgerissen aus diesem Leben wurde ich durch meinen Vater. Die ersten längeren Wege, die ich mit ihm zu Fuß zurücklegte, führten von unserem Grundstück hinab in ein enges Flußtal, wo sich der elterliche Hof und die elterliche Gastwirtschaft meines Vaters befanden. Auf dem nicht mehr überschaubaren Gelände mit all seinen Scheunen, Ställen, Feldern und Wiesen war mein Vater mit seinen zehn Geschwistern aufgewachsen. Einige von ihnen hatten den Hof in ihrem ganzen Leben nie richtig verlassen, die anderen aber kamen zumindest für ein paar Tage oder Wochen im Jahr immer wieder dorthin zurück. Der Spaziergang von unserem Waldgrundstück zum elterlichen Hof meines Vaters dauerte beinahe eine Stunde, meist gingen wir lauter holprige Feldwege entlang, dann und wann machten wir aber auch halt und schauten uns genauer um. Ich glaube, es gab in der ganzen Umgebung nichts, was mein Vater nicht kannte und nicht genau benennen konnte, so wurden unsere langen Spaziergänge hinunter ins Tal und wieder zurück zu Lehrstunden in väterlicher Beobachtungskunst. Natürlich dozierte oder unterrichtete mein Vater nicht, es war eher so, dass er laut vor sich hin sprach, auf etwas aufmerksam machte, etwas benannte oder erklärte: Das ist, weißt Du, was das ist? … Hier gibt es, jetzt schau mal! … Und dort drüben …, siehst Du das auch? Fast mein ganzes Wissen von der Natur habe ich von meinem Vater gelernt, er zeigte mir, dass die große Wildnis nichts Langweiliges oder Totes war, und er nahm mir mit der Zeit auch die Angst davor, sie allein zu durchstreifen.

Von meinem achten Lebensjahr an machten mein Vater und ich in den Schulferien dann aber auch richtige und immer weitere Reisen. Wir gingen zu Fuß durchs Moseltal von Koblenz nach Trier, wir wanderten den Rhein entlang, von Basel bis zur Mündung ins Meer, wir umkreisten den Bodensee und machten uns auf den Weg nach Salzburg, Wien, Berlin oder Paris, und wir fuhren schließlich mit einem großen Frachtschiff von Antwerpen aus durch den Atlantik, die Meerenge von Gibraltar und das halbe Mittelmeer bis nach Griechenland und weiter in die Türkei. Die ganze Kindheit und die halbe Jugend war ich auf diese Weise fast immer zu Fuß mit meinem Vater unterwegs, diese Zeit war meine eigentliche Schulzeit, der gegenüber alles, was ich in der Schule lernte, verblaßte. Seit Beginn unserer Unternehmungen machte ich täglich Notizen über ihren Verlauf, zunächst schrieb ich auf, was mir mein Vater diktierte, dann fügte ich eigene Beobachtungen hinzu, bis ich mit den Jahren immer selbständiger wurde und unser Reisetagebuch mit all seinen Aufzeichnungen, Skizzen und Materialien schließlich allein führte.

Die erste Idee, die ich vom Schreiben erhielt, war daher eine Idee von detailreicher und anschaulicher Prosa, wie sie meinem Vater als höchstes Ideal aller Aufzeichnungen vorschwebte. Um diesem Ideal nahe zu kommen, mußte man Bescheid wissen, man mußte die Dinge, über die man schrieb, genau beobachtet und immer wieder in Händen gehabt haben. Jedem Schreiben ging daher der Erwerb eines bestimmten Wissens voraus, ja das Schreiben war insgesamt nichts anderes als ein Erzählen davon, was man gesehen, beobachtet, getan und gelernt hatte. Abschweifungen, Ausschmückungen oder gar Erfindungen verwässerten die ideale Prosa nicht nur, sondern unterhöhlten und zersetzten sie. Deshalb galt es, so knapp, präzise und anschaulich wie möglich zu schreiben, denn nicht auf das ausufernde, gefährliche Phantasieren kam es an, sondern auf die genaue Wahrnehmung der Welt und die exakte Kenntnis all der Bezeichnungen, die der Mensch sich für die Vielfalt des Lebendigen ausgedacht hatte.

Um mein Berichten und Erzählen zu schulen und zu verbessern, versorgte mich mein Vater mit bestimmten Büchern. Die meisten von ihnen waren Sachbücher und sollten mir mit all ihrem Fachwissen und ihren Fachbegriffen ein bestimmtes Gebiet der Natur möglichst gründlich erschließen. Pflanzen und Tiere, Wälder, Berge und Flüsse – für alle Bereiche gab es solche Bücher, die eigens für Jugendliche geschrieben worden waren, um ihnen die Augen zu öffnen. *Wandern mit offenen Augen* – genau so hieß denn auch ein Lieblingsbuch meines Vaters, das alle Kriterien erfüllte, die ein gutes Buch in seinen Augen erfüllen mußte. Es war ein Buch fürs Gepäck und ein Buch zum Nachschlagen, es war ein Buch für die Weiterbildung und eines, mit dessen Hilfe man viele Spaziergänge noch einmal in der Erinnerung wiederholte. Frei erfundene Erzählungen oder Geschichten dagegen waren höchstens dann noch von einigem Wert, wenn sie ein präzises Thema hatten und dieses Thema ähnlich wie ein Sachbuch kenntnisreich und mit einer gewissen Distanz behandelten. Wie und wo Tiere in freier Wildbahn lebten, davon zum Beispiel ließ sich durchaus spannend erzählen, solange die Erzählung nicht in bloße

Stimmungen oder in Gefühliges abglitt. Aber auch vom Fischen und Angeln oder von bestimmten Sportarten konnte man detailliert und spannend erzählen, wenn das in solche Texte eingehende Sachwissen nicht durch erzählerische Übertreibungen beinahe unkenntlich gemacht wurde. Erzählte ein Autor allzu dramatisch, allzu spannend oder allzu rührend, so war die Gefahr groß, daß er den eigentlichen Erzählstoff aus den Augen verlor und daß die Phantasie über die genaue Wahrnehmung triumphierte. Von Gefühlen oder Stimmungen von Menschen zu erzählen, war, wie mein Vater behauptete, schon schwer genug, am schwersten aber war es, die Darstellung solcher Gefühle und Stimmungen in ein ausgewogenes Verhältnis zum sachlicheren Weltwissen zu bringen.

In den Augen meines Vaters gab es nur einen einzigen Erzähler, der von den Stimmungen und Gefühlen der Menschen so genau erzählen konnte wie von der Natur, den Dingen und all den handwerklichen Kniffen, die sich der Mensch angeeignet hatte, um die Natur zu beherrschen. Als ich dreizehn Jahre alt war, machte mich mein Vater mit den Büchern dieses Erzählers bekannt. Statt der Natur-, Tier- und Reisebücher, die ich bisher in großer Zahl gelesen hatte, las ich nun Erzählungen, die im Heimatland des gelobten Erzählers *stories* genannt wurden. *Stories* waren Geschichten, die ein Erzähler so oder ähnlich erlebt hatte, *stories* waren aber auch Reportagen im Kleinen, denen ein längerer Aufenthalt am Ort des Geschehens vorausgegangen war. Der Meister des Story-Erzählens hieß Ernest Hemingway, und die ersten *stories*, die ich von ihm las, waren *stories* über das Leben des jungen Nick Adams und über all das, was der junge Nick Adams von seinem Vater lernte, als er an seiner Seite die Wälder und Seen seiner Heimat durchstreifte.

II.

Die beiden Rororo-Taschenbücher mit Hemingway-Stories, die mein Vater mir in den sechziger Jahren schenkte, habe ich heute noch. Sie heißen *In unserer Zeit* und *Der Sieger geht leer aus* und enthalten, wie bereits auf dem Cover groß vermerkt ist, fünfzehn bzw. vierzehn »*stories*« aus einer anscheinend abenteuerlichen Fremde. Die Fremde ist auf dem einen Cover in Form eines Indianerkopfschmucks vor hellgrünem Grund, aus dem anderen aber in Form einer weißen Flugmöve vor hellblauem Grund vertreten. Durch ihre Aufmachung geben die beiden Bücher zu erkennen, daß man sie als Zwillinge verstehen soll, die aus ein und derselben Werkstatt stammen: Aus der Werkstatt Ernest Hemingways, des »Nobelpreisträgers«, wie ebenfalls auf dem Cover gleich unterhalb des groß gedruckten Autoren-Namens deutlich vermerkt ist. Noch heute wirkt die Aufmachung der beiden Bücher zwittrig: Zum einen werden sie überdeutlich wie typische Jugendbücher mit spannenden Geschichten aus dem amerikanischen Westen präsentiert, zum einen sind sie voller Ehrfurcht gebietender Winke und Zeichen, die den Autor als einen der ganz großen Erzähler, ja bereits als Klassiker vorstellen. Beide Momente verfehlten bei mir nicht ihre Wirkung, signalisierten sie mir doch, daß Hemingways *stories* anscheinend sowohl spannende wie auch lehrreiche Geschichten waren und damit sowohl meine eigenen Ansprüche an Literatur wie auch die meines Vaters auf beinahe ideale Weise erfüllten.

Als ich dann aber *stories* wie *Indianerlager* oder *Großer doppelherziger Strom I* und *Großer doppelherziger Strom II* gelesen hatte, wußte ich, daß Hemingways *stories* mit alldem, was ich bisher gelesen hatte, nicht zu vergleichen waren. Die meisten dieser Geschichten spielten zwar in der freien und wilden Natur und waren voller genauer Beobachtungen, sie waren aber auf eine ganz andere Weise spannend, als ich es bisher kannte. Bisher nämlich war Spannung ein Mitfiebern mit der Handlung einer Geschichte gewesen, jetzt aber gab es eine Spannung, die eher kalt als heiß war und die dazu führte, daß man von einer Geschichte in atemlos machender Weise gebannt war, ohne daß man mit der Handlung oder bestimmten Figuren pausenlos mitgefiebert hätte. Nicht die Handlung oder die Figuren waren die Spannungsträger, sondern etwas anderes, Fremdes, das offensichtlich nicht mit dem Inhalt der Geschichte, sondern mit dem Erzähler zu tun hatte. Statt auf den Inhalt der Geschichten zu achten und der Handlung zu folgen, achtete ich nun plötzlich auf den Erzähler und sein Erzählen und damit auf einen bestimmten Ton und eine besondere Stimme. Nicht nur *was* der Erzähler erzählte, war von Bedeutung, sondern viel mehr noch, *wie* er erzählte: Knapp, schweigsam, ohne sich irgendwo lange aufzuhalten, geradezu versessen darauf, die Ereignisse nicht auszuerzählen und langatmig zu schildern, sondern sie so zu skizzieren, daß der Leser höchstens ein paar Anhaltspunkte oder Hinweise erhielt und sie dann mit Hilfe der eigenen Phantasie zu Ende erzählen konnte.

Heute fallen mir zwei Gründe ein, die mir die große Wirkung, die Hemingways Erzählen damals auf mich ausübte, erklären. Zum einen erzählte Hemingway so, wie mein Vater gerne erzählt hätte, wenn er hätte erzählen können. Hemingways Knappheit und seine oft gepriesene Lakonie – damals, in meinen Jugendjahren, erlebte ich sie gleichsam als die Übersetzung aller väterlichen Ideale vom präzisen, detailreichen Erzählen in Kunst. Kunst war die Perfektionierung dieser Ideale, Kunst war die Fähigkeit, mit äußerster Zurückhaltung eine vollkommene Balance zwischen spannenden Inhalten und konkretem Sachwissen herzustellen. Darüber hinaus aber wirkten Hemingways *stories* so stark, weil sie eben nicht nur von dem jungen Nick Adams und seinem Vater, sondern beinahe Wort für Wort auch von meinem Vater und mir erzählten. Daß Nick Adams' Vater kein Landvermesser war wie mein Vater, sondern ein Doktor und Arzt, und daß die Geschichten nicht im Westerwald oder auf unseren Reisen, sondern im fernen Amerika spielten – das alles störte mich nicht. Wichtiger war, daß zwischen Nick Adams und seinem Vater genau dieselbe Vertrautheit herrschte wie zwischen meinem Vater und mir. Es war eine Vertrautheit, über die wir keine Worte verloren, sondern die einfach bestand, sie wurzelte in unserer Freude an der Natur, in unserem Wissen von ihrer Schönheit, ja in einem stark gemeinsamen Erleben und Fühlen. Hemingways *stories* berührten, wie ich instinktiv spürte, die Tiefe dieses Empfindens, sie umkreisten es unermüdlich, und sie zelebrierten es manchmal in schweren, feierlichen Sätzen, die mir lauter Schauer über den Rücken jagten: »Am frühen Morgen auf dem See, als er im Heck des Bootes seinem rudernden Vater gegenübersaß, war er überzeugt davon, daß er niemals sterben würde.«

III.

Nachdem ich Hemingways *stories* kennengelernt hatte, versuchte ich, genau so zu schrieben wie er. Meine trockenen und spröden Reiseberichte genügten mir nicht mehr, so daß ich mich daran machte, Teile aus ihnen herauszulösen und sie so zu erzählen wie eine Hemingway-*story*. Ich ahmte nach, ich kopierte, aber ich tat es weitgehend, ohne daß ich mir genau klar gemacht hätte, worin denn nun im einzelnen die Eigentümlichkeiten von Hemingways Erzählhaltung bestanden. Den entscheidenden Schritt hin zu diesem Wissen bescherte mir ein Buch, das in den USA drei Jahre nach Hemingways Selbstmord im Jahr 1961 und in deutscher Übersetzung noch ein weiteres Jahr später bei Rowohlt erschien. Es hatte den verheißungsvollen Titel *Paris - ein Fest fürs Leben* und bestand aus lauter *stories* aus dem Nachlaß, in dem Hemingway von seiner Pariser Lehrzeit als junger Schriftsteller in den zwanziger Jahren erzählte. Daß Hemingway in diesen *stories* derart weit und ausführlich bis zu seinen Anfängen als Schriftsteller zurück gegangen war, erwies sich dabei als Glücksfall, ließen sich die Pariser Geschichten doch dadurch gleichsam als Studien über alle Aspekte eines angehenden Schriftsteller-Lebens lesen. Die Lektüre von *Paris – ein Fest fürs Leben* empfand ich daher als Lektüre eines Lehrbuchs, das alles enthielt, was ich wissen mußte, um Hemingways Erzählen nicht nur zu kopieren, sondern um es mir von Grund auf einzuverleiben. Wichtig war dabei, daß der junge Hemingway in diesen Erzählungen selbst noch wie ein unwissender Schüler erschien. Als unwissender Schreibschüler ging er bei Meistern wie Gertrude Stein oder Ezra Pound in die Lehre, und als noch ahnungsloser Anfänger dachte er über die Gesetze des Schreibens so grundsätzlich und detailliert nach, wie es sich für ein anschauliches Lehrbuch gehörte. Zugleich war die Schreiblehre aber immer auch mit dem lebendigen, atmosphärischen Raum des großen Paris verknüpft, so daß ich nicht nur vielerlei über den richtigen Erzählstil, das Porträt einer Figur oder das Einfangen einer bestimmten Stimmung erfuhr, sondern mindestens ebenso viel darüber, wie ein junger und fast mittelloser Schriftsteller sein Leben einrichtete, um nicht nur schreiben, sondern auch eine Schriftsteller-Existenz führen zu können.

Zur Schriftsteller-Existenz gehörte das Wissen darum,

in welchen Cafés man zu welchen Zeiten am besten welche Getränke und Speisen zu sich nahm (*Ein gutes Café auf der place St-Michel*), wann man die Stars der literarischen Szene zu Hause besuchte und unauffällig hofierte (*Miss Stein*), wie man sich in Buchhandlungen, Clubs oder anderen Zentren des literarischen Lebens Geheim-Tipps zu den neusten Trends und den besten Büchern einer Saison besorgte (*Shakespeare and Company*) oder wie man trotz des allgegenwärtigen Hungers an jene minimalen, kulinarischen Sensationen herankam, die für einen gewissen Lebensgenuß unabdingbar waren (*Hunger war eine gute Disziplin*). Der überschaubare Kreis von Figuren, den Hemingway um sein Jugend-Porträt aufbaute, wirkte dabei wie eine intime Gemeinschaft von Freunden, die das Bild der großen Stadt in kleine Lebensräume und Facetten zerlegten. Szenen, Räume und Figuren wirkten auf geschickte Weise daher so zusammen, daß sie *Paris* gleichsam als eine einzige Schule des Lebens mit lauter verschiedenen Lehrprogrammen und den unterschiedlichsten Lehrstoffen erscheinen ließen. Obwohl es dabei auch darum ging, die charakteristischen Züge einer jungen, amerikanischen Boheme nach dem Ersten Weltkrieg zu porträtieren (*Une Génération Perdue*), wurden Hemingways *stories* nie zu jener harmlosen, pittoresken Darstellung des Künstlerlebens, für die es gerade in der französischen Literatur seit der Mitte des 19. Jahrhunderts viele lockende Vorbilder gab. Statt dessen nutzte Hemingway den besonderen Außenseiter-Status der jungen amerikanischen Schriftsteller in einer für sie fremden und ungewohnten Umgebung, um sich gegenüber den bereits klassisch werdenden Themen der europäischen Moderne blind zu stellen. Nicht auf die Darstellung von Isolation, Entfremdung und Krise kam es ihm daher an, sondern, ganz im Gegenteil, darum, solche Kernbegriffe und typischen Existentialia des modernen Artisten-Lebens in gespielter Unschuld ins Positive zu wenden. Die Methode, die er sich für diese Umwertung ausdachte, war die des naiven, touristischen Blicks, der Isolation, Entfremdung und Krise wie bestaunenswerte Symptome eines fremden Volkes studierte, sie als bloße Gegenstände des literarischen Studiums dann aber auch gleich wieder ad acta legte. Was sich statt der sonst überall vorherrschenden Depression in den Kreisen um den jungen Außenseiter breitmachte, war vielmehr eine beinahe ungebremste Freude am Leben, ja eine Feier seiner vitalen Impulse, die den Pariser Lebensraum zu einem einzigartigen, erotischen und sexuellen Stimulans-Raum machten.

Heute glaube ich, daß es genau diese hymnischen Momente waren, die Hemingways *Paris – ein Fest fürs Leben* für mich eben nicht nur zu einer Bibel des Schriftsteller-Handwerks, sondern weit darüber hinaus zur Bibel einer schriftstellerischen Lebenskunst machten. Die Grundlagen dieser Lebenskunst hatte ich in den frühsten Spaziergängen und Reisen noch nichtsahnend von meinem Vater gelernt, sie hatten mit dem Umgang mit anderen Menschen, mit dem Umgang mit der Natur, ja mit dem Umgang mit all den Dingen zu tun, um derentwillen man das Leben für lebenswert hielt. Schönheit, Daseinsfreude, Genuß – das waren gleichsam die ästhetischen, Hemingwayschen Varianten jener elementaren Umgangsformen, von denen die Schriftsteller nach den Vorstellungen meines Vaters berichten sollten. In diesem Sinn überhöhte Hemingways Buch von der schriftstellerischen Praxis die Praxis des Umgangs mit der Welt, wie ich ihn auf den Spaziergängen und Wanderungen mit meinem Vater immer wieder erlebt hatte. Letztlich waren es daher vielleicht die kleinen und unscheinbaren Momente, die einen so außerordentlichen Reiz auf mich ausübten, Momente, in denen ich lernte, wie Hemingway mit seinen Lehrern, Freunden, seiner Frau oder seinem ersten Kind umging, Momente, in denen ich ihn bei jener Versenkung in die schlichtesten aller auftreibbaren Speisen genau so aufmerksam erlebte, wie ich meinen Vater auf unseren gemeinsamen Reisen immer wieder erlebt hatte: »Das Bier war sehr kalt und trank sich wunderbar. Die *pommes à l`huile* waren fest und gut mariniert und das Olivenöl köstlich. Ich zermahlte etwas schwarzen Pfeffer über den Kartoffeln und tunkte das Brot in das Olivenöl. Nach dem ersten tiefen Zug Bier trank und aß ich sehr langsam. Als die *pommes à l'huile* alle waren, bestellte ich mir noch eine Portion und eine *cervelas*.«

IV.

In demselben Jahr, in dem Hemingways *Paris – ein Fest fürs Leben* auf Deutsch erschien, erschien auf Deutsch auch das Erinnerungs-Buch eines seiner besten Freunde. A. E. Hotchner hatte diesem Buch den Titel *Papa Hemingway* gegeben und darin von seinen Zusammenkünften mit Hemingway in der Zeit von 1948 bis zu dessen Tod 1961 berichtet. Ich weiß noch, für wie abgeschmackt ich damals den Titel dieses Buches hielt, *Papa Hemingway* war als Titel nicht nur anbiedernd und geschmacklos, sondern berührte darüber hinaus auch auf empfindliche Weise jene Nähe, die mich mit Hemingway und seinen Büchern verband. Diese Nähe war – anders als im Fall Hotchners- nicht die Nähe zu Papa Hemingway, sondern die Nähe zu einem Vater, ja, Hemingway hatte mir als mein literarischer Vater den eigenen Vater gleichsam in einem erweitertem Leben und auf einer erweiterten Stufe wiedergeschenkt. *Die Prosa meines Vaters* war die Prosa einer Überschneidung und einer Verschmelzung und letztlich sogar einer Symbiose und daher viel mehr als die Prosa eines Vorbilds, dessen man sich mehr oder minder zufällig als junger Schriftsteller bediente, um das eigene Schreiben etwas voran zu bringen. Wenn ich die Magie dieser Symbiose wieder spüren wollte, brauchte ich *Paris – ein Fest fürs Leben* nur an irgend einer beliebigen Stelle aufzuschlagen. Dann wanderte mein Blick über eine Seite und blieb irgendwo hängen, irgendwo bei einem Satz von einfacher Schönheit: »Es gab viele Wege, auf denen man vom oberen Ende der rue Cardinal-Lemoine hinunter zum Fluß gelangen konnte.«

Aufgabe:

Lesen Sie Hemingways Erinnerungs-Buch und besorgen Sie sich einige Fotografien von Außen-und Innen-Ansichten Pariser Cafés. Schreiben Sie eine Story, die in den zwanziger Jahren in einem dieser Cafés spielt und in denen Hemingway einem mit dem Schreiben nicht weiter vertrauten anderen Gast die Geheimnisse des Schreibens erklärt!

Paul Brodowsky

Das Zittern der Bilder

Peter Handke: Die Angst des Tormanns beim Elfmeter [1970]

Beim Lesen notiere ich mir, was man Mikrobeobachtungen nennen könnte: »Er sah zwei Bauern in der Tür eines Geschäfts einander die Hand geben; die Hände waren so trocken, dass er sie rascheln hörte.« – »Erst jetzt fiel ihm auf, daß er, wie in einem Zwang, zu jedem Gegenstand das Wort dazudachte. Jedem Ansichtigwerden eines Gegenstands folgte sofort das Wort nach. Der Stuhl, der Kleiderbügel, der Schlüssel. Es war früher so still geworden, daß keine Geräusche mehr ihn ablenken konnten; und weil es einerseits so hell war, daß er die Gegenstände ringsherum sah, und andrerseits so still, daß keine Geräusche ihn davon ablenken konnten, hatte er die Gegenstände so gesehen, als ob sie gleichzeitig Reklame für sich selber seien.« – »Ein Geräusch, wie wenn ein Stück Fleisch auf den Steinboden fiel; er schaute auf und sah, daß der nasse schwere Ball einem Spieler vom Kopf geprallt war.«

Die Angst des Tormanns beim Elfmeter ist eine endlose Kaskade solcher überpräzisen, seltsam zitternden Mikrobeobachtungen. Das Buch kommt fast ohne vorwärtstreibende Handlung aus; trotzdem entwickelt es eine enorme Spannung. Was es an Plot gibt, ist simpel und lässt sich in einer Handvoll Sätzen nachzeichnen: Der Monteur Josef Bloch versteht eine Geste seines Poliers als eindeutigen Hinweis auf seine unmittelbare Entlassung. Er verlässt daraufhin sofort seinen Arbeitsplatz und streift ziellos durch die Stadt, treibt sich in Hotels, Kinos und auf dem Naschmarkt herum; er schläft mit einer Kinokassiererin, die er am Morgen nach ihrer ersten gemeinsamen Nacht erwürgt. Dann fährt er mit einem Autobus zu einem Ort an der Grenze. Dort läuft er weiter ziellos herum und gibt sein letztes Geld aus. Durch Zeitungsberichte erfährt er, dass die Indizien in dem Mordfall an der Kinokassiererin immer deutlicher in seine Richtung weisen. Das Buch endet damit, dass Bloch bei einem Fußballspiel zuschaut.

Durch solch eine Zusammenfassung ist wenig über die Erzählung gesagt; die einleitenden drei Zitate geben eine viel genauere Vorstellung davon, was dieses Buch ausmacht, als die schnöde Angabe des handlungsarmen Inhalts. Für die Erzeugung der Spannung ist nicht das *Was*, der Plot, entscheidend, sondern das *Wie*, die Machart des Textes.

Die Geschichte ist bis auf die beiden Handlungsmomente ‚Entlassung' und ‚Mord' beinahe statisch: hundertzwanzig Seiten Handlungsarmut. Dem entspricht, dass die neben Bloch auftretenden Figuren lediglich Inventar sind; ich kann sie kaum als Figuren bezeichnen, sie unterscheiden sich wenig von den in der vergangenen Nacht ausgespuckten und noch immer auf dem Gehsteig herumliegenden Hülsen der Weintrauben, von den urinschwarzen Bretterwänden am Naschmarkt, dem Aufklatschgeräusch des nassen Balls; keine Figurenhandlung also, keine zwischenmenschliche Interaktion. Wollte man die Erzählung verfilmen, so müsste man lauter stehende Bilder zeigen, nichts schösse in die Bilder ein, keine Spannungsmomente seitlich des Bildes. Stattdessen statische Einstellungen, Gänge vielleicht, aber keine dialogische Bildauflösung, kein Schuss – Gegenschuss. Was bleibt, ist Bloch, die Hauptfigur. Aber genauso wie ich zwischen den Figuren keine Spannung, kaum Handlung erlebe, hat die Erzählung keinen starken Helden, der sich durch die Welt schlägt; und auch keinen tragischen Anti-Helden, der – von seiner Umwelt oder den sogenannten Verhältnissen eingeschnürt, bedrängt – zur tragischen Handlung gezwungen wird. Anders gesagt: Die Erzählung ist anti-psychologisch. Der Moment der größten Handlungsintensität – der Mord der Kinokassiererin Gerda – erscheint willkürlich, beinahe vollständig unmotiviert: »Einige Zeit verging mit dem Umdrehen und Wechseln der Platten. Sie stand auf und legte sich aufs Bett; er setzte sich dazu. Ob er heute zur Arbeit gehe? fragte sie. Plötzlich würgte er sie. Er hatte gleich so fest zugedrückt, daß sie gar nicht dazu gekommen war, es noch als Spaß aufzufassen.« Es gibt direkt vor dem Mord lediglich einen minimalen psychologischen Auslöser: Gerdas Frage nach Blochs Arbeit. Aber das allein wäre nach konventionellen, realistischen Erzählmustern zu wenig, zumal auf den zwanzig Seiten vor dem Mord nirgends zur Sprache kommt, dass Blochs Entlassung, seine Arbeitslosigkeit für ihn ein Trauma darstellen.

Wenn ich also weder einen starken (oder tragischen) Helden habe, dessen Schicksal mich durch die Geschichte zieht, noch spannende, aufgeladene Figureninteraktionen, keine Psychologie – was ist es dann, was beim Lesen des Textes diesen ungeheuren Sog erzeugt? Die Erzählung wurde oft als der Versuch gelesen, die Innenwelt eines Flüchtigen, eines Mörders abzubilden – was beim Leser eine gewisse Neugierde und damit so etwas wie Spannung erzeugen könnte. Das trifft den Text aber nur ungenau. Dieser Lesart widerspricht vor allem die Tatsache, dass Bloch von der ersten Seite an ein Getriebener ist, der die Welt und ihre Zeichen missversteht. Schon die ersten zwei Sätze führen die misslingende Kommunikation, oder genauer: das Scheitern an den Zeichen, das permanente Fehldeuten der Umwelt vor: »Dem Monteur Josef Bloch, der früher ein bekannter Tormann gewesen war, wurde, als er sich am Vormittag zur Arbeit meldete, mitgeteilt, daß er entlassen sei. Jedenfalls legte er die Tatsache, daß bei seinem Erscheinen in der Tür der Bauhütte, wo sich die Arbeiter gerade aufhielten, nur der Polier von der Jause aufschaute, als eine solche Mitteilung aus und verließ das Baugelände.« Eine Kippfigur – das erste von unzähligen Vexierbildern der Erzählung: Etwas wird erzählt, ein Bild wird erzeugt, und sofort wird das Erzählte wieder in Frage gestellt. Der erste Satz tritt auf als die denkbar einfachste Informationsvergabe einer über den Dingen schwebenden neutralen (oder allwissenden) Erzählinstanz. Ich erfahre etwas über die Hauptfigur (Beruf; früherer Beruf; aktuelles, einschneidendes Ereignis: die Entlassung). Und dann, mit dem zweiten Satz, kippt das Bild um. Plötzlich wird klar, dass die zentrale Information, das Aufregungsmoment des ersten Satzes – die vorgebliche Entlassung – auf einem Missverständnis beruht: »Jedenfalls legte er die Tatsache (...) als eine solche Mitteilung aus. Demnach schaltet sich erst hier, wie ich als Leser jetzt feststellen muss, eine (vermutlich) objektive (d.h. auktoriale) Erzählinstanz ein; und im Nachhinein erkenne ich, dass ich dem ersten Satz nicht zuviel Glauben schenken sollte, dass er personal eingefärbt war. Im ersten Satz wird mir unter dem Deckmantel der Objektivität Blochs Sicht auf die Dinge präsentiert. Oder anders gesagt: Mit dem ersten Satz würde Josef Bloch, hätte er ein Buch über sich zu schreiben, das Buch beginnen. Dazu passt auch, dass ich schon im ersten Satz, die an sich irrelevante Information erhalte, dass Bloch früher Tormann war – das erfahre ich lediglich deshalb, weil Bloch darauf stolz ist; es ist ihm ein Bedürfnis, diese Tatsache sofort mitzuteilen. Der zweite Satz lässt den ersten unglaubwürdig erscheinen: Das Nichtaufschauen der essenden Arbeitskollegen ist eben keinesfalls ein Zeichen dafür, dass Bloch entlassen werden soll oder schon entlassen worden ist. Vielmehr erklärt mir hier eine (vermeintlich) objektivere Erzählinstanz, wie es dazu kommen kann, dass Bloch das Empfinden hat (und quasi die Aussage formuliert), er sei entlassen worden. In dieser Weise vexiert das Bild, wird die Aussage, die Hauptinformation des ersten Satzes in Frage gestellt – und umgekehrt. Denn auch im zweiten Satz könnte es Bloch sein, der gewissermaßen personal weitererzählt: Denkbar wäre, dass es auch hier wieder Blochs Gedanken sind, die im Ton des neutralen Erzählens präsentiert werden. Dann wäre es Bloch selbst, der seine eigene, vorherige Sicht auf die Dinge (»Ich bin entlassen!«) in Frage stellt und der nicht mehr in der Lage ist zu entscheiden, welche Schlüsse er aus dem Nichtaufschauen der Kollegen ziehen sollte. Anstelle einer raschen, dialogischen Bildauflösung spielt die Erzählung also mit Schärfeverlagerungen und Doppelbelichtungen ein und derselben Einstellung; die Folge davon ist eine permanente Teilunschärfe, ein Zittern der Bilder.

Von dieser vexierenden, sich ihm nie klar zeigenden Umwelt ist Bloch in fast bedrohlicher Weise umzingelt. Selbst kleinste, alltägliche Handlungen werden zu Prüfsteinen, sie demonstrieren Blochs Unfähigkeit, mit der Welt zurechtzukommen: »Bloch warf die Karten ein. Als sie in den leeren Kasten fielen, hallte es darin. Aber der Briefkasten war so klein, daß es gar nicht hallen konnte. Außerdem war Bloch sofort weitergegangen.« Wieder das gleiche Vexieren: Hallt es tatsächlich (wie ich als Leser zunächst annehme)? Oder hallt es nicht (also nur in Blochs Vorstellung)? Allein die Aufmerksamkeit, die dem möglichen Hallen des Briefkastens zukommt, demonstriert Blochs paranoides Verhältnis zur Welt. Das in dieser Weise erfahrbar gemachte, permanente Scheitern an der Arbeit, die Welt zu verstehen, ist ein wesentlicher Teil dessen, was den Sog des Textes erzeugt. Dabei verweilt der Text nie bei diesen Momenten eines sich andeutenden Wahnsinns, seine Mittel bleiben immer sparsam, das Bild schnellt sofort zurück in ein äußerliches Erzählen. Der Text bleibt nie bei einem einzelnen Gegenstand oder einer einzelnen Situation haften, sondern schreitet stets mit hohem Tempo voran. Als Rastloser zittert Bloch immer weiter durch seine haltlos gewordene Welt.

Die Erzählung arbeitet dabei mit zahlreichen Zeitsprüngen; gerade noch war es Nachmittag, plötzlich ist es Abend, Bloch säuft, prügelt sich, geht schlafen – all das geschieht auf einer Druckseite. In dem chronologischen, scheinbar lückenlosen Bericht aus Blochs Leben gibt es zahlreiche solcher Sprünge und Lücken: »Die Weintraubenhülsen, die er am Tag zuvor ausgespuckt hatte, lagen immer noch auf dem Gehsteig. Als Bloch den Geldschein auf den Kassierteller legte, verfing der Schein sich beim Drehen; Bloch hatte Anlaß etwas zu sagen. Die Kassiererin antwortete. Er sagte wieder etwas. Weil das ungewöhnlich war, schaute die Kassiererin ihn an. Daraus ergab sich ein Anlaß weiterzureden. Wieder im Kino«. Erzählt wird also keinesfalls zeitdeckend; aber auch nur selten raffend. Vielmehr werden jeweils die Einzelmomente herausgegriffen, in denen die Welttextur (in den Augen Blochs) einen Webfehler aufweist, in denen etwas sonderbar erscheint. Vor jedem Satz könnte der Vor-Satz »Merkwürdig:« stehen: »Merkwürdig: Die Weintraubenhülsen, die er am Tag zuvor ausgespuckt hatte, lagen immer noch auf dem Gehsteig. Merkwürdig: Als Bloch den Geldschein auf den Kassierteller legte« – und so fort. Hieran kann ich zwei Momente erkennen, die wesentlich zur Spannung des Textes beitragen: Zum einen ist es die Geschwindigkeit, mit der erzählt wird; alles Überschüssige, Irrelevante wird übersprungen, ich werde mit hohem Tempo durch das Geschehen gezogen. Zum anderen ist es die Konzentration auf die Irritationen; damit wird jedes erzählte Detail aufgeladen, selbst beiläufige alltägliche Beobachtungen (wie die noch vom Vortag daliegenden Weintraubenhülsen) bekommen in Blochs Wahrnehmung (und somit auch für mich als Leser) eine Brisanz; und es ist die widerborstige Welt in all ihren Erscheinungen (den Menschen und den Objekten) die zu Blochs Gegenspieler, zu seinem Antagonisten wird, mit der er sich in ständiger Auseinandersetzung befindet.

Die Menschen in Blochs Umgebung sind keine klassischen Figuren, die zu Bloch in einem figurenpsychologischen Verhältnis stünden. Vielmehr sind sie strukturell dem Briefkasten (aus dem Beispiel oben) verwandt; die Menschen, denen Bloch begegnet, sind gewissermaßen Super-Briefkästen: besonders schwer zu verwindende Irritationsfaktoren, besonders anstrengende Ausprägungen der widerständigen, zudringlichen Welt. Bloch ist immer wieder gezwungen, mit diesen Mitmenschen zu kommunizieren; mitunter zeigt er sogar das Bedürfnis dazu (beispielsweise versucht er wiederholt, seine frühere Frau anzurufen). Diese (im Vergleich zu der beispielsweise recht einfachen Handhabung eines Briefkastens) komplizierten Interaktionen führen zu besonders anstrengenden Missverständnissen: »Als die Kellnerin sich zu ihm setzte, tat er nach einiger Zeit, als wollte er den Arm um sie legen; sie merkte, daß er nur so tun wollte, und lehnte sich zurück, noch bevor er deutlich machen konnte, daß er nur so tun hatte wollen. Bloch wollte sich rechtfertigen, indem er den Arm wirklich um die Kellnerin legte; aber sie war schon aufgestanden. Als Bloch aufstehen wollte, ging die Kellnerin weg. Jetzt hätte Bloch so tun müssen, als wollte er folgen. Aber das war ihm zuviel, er verließ das

Lokal.« Auch hier ist wieder das Bild unscharf, mehrere Sichtweisen überlagern sich. Die scheinbar auktoriale Erzählperspektive (»sie merkte, daß er nur so tun wollte«) wird nachträglich als personale entlarvt: Es ist aller Wahrscheinlichkeit nach Bloch, der sich lediglich vorstellt, dass die Kellnerin merkt, dass er nur so tun will – und sich daraufhin zurücklehnt. (Möglicherweise lehnt sich die Kellnerin aber aus einem ganz anderen Grund zurück, zum Beispiel weil sie schlicht von der Arbeit erschöpft ist.) Aber eindeutig kann ich an diesem Punkt nicht entscheiden, was Blochs Vorstellungen sind und was von einer auktorialen Erzählinstanz berichtet wird: Das Bild flimmert. Deutlich wird dabei aber in jedem Fall Blochs (weitgehend) uneingestandene Überforderung mit der Situation.

Ohne auf den hundertzwanzig Seiten der Erzählung zum vollständigen Zusammenbruch zu führen, durchläuft diese Weltentrücktheit verschiedene Stadien oder Aggregatzustände: die Unfähigkeit, sich Dinge oder auch nur die unmittelbare Umgebung vor dem inneren Auge vorzustellen; das Auseinanderfallen der Dinge an sich und der Bezeichnungen dieser Dinge (durch Wörter); die Dissoziation größerer Zusammenhänge; komplementär dazu die zwanghafte Erfindung neuer Zusammenhänge (die sich gegen Bloch verschworen zu haben scheinen) und die paranoid eingelesene Zeichenhaftigkeit in kleinste, alltägliche Dinge, um nur einige Momente des angedeuteten Wahnsinns herauszugreifen. Dabei präsentiert die Erzählung ständig Vexierbilder, vollführt immer wieder Schärfeverlagerungen nach dem oben beschriebenen Prinzip, dass eine Innensicht, die als solche zunächst nicht zu erkennen ist, durch die anschließend präsentierte, klärende Außensicht in Zweifel gezogen wird. Auf diese Weise inszeniert die Erzählung ein permanentes Zittern der Bilder; genauso wie ich das rastlose Umherschweifen Blochs in Wien und später in dem Grenzdorf als eine Zitterbewegung ansehen kann. Eben dieses Zittern, die rastlose Weltentrücktheit, die überscharfe, permanente Wahrnehmungsexzentrik sind es, die der Erzählung trotz des weitgehenden Verzichts auf Erzählpsychologie und klassische Suspense-Techniken eine ungeheure Spannung verleihen; hinzu kommt die Geschwindigkeit, mit der erzählt wird, chronologisch und dennoch in starkem Maße ausschnitthaft. Die Erzählung präsentiert uns eine Perspektive, eine Sicht auf die Welt, einen Kopf, aus dem heraus ich beim Lesen des Textes die Welt (als den Antagonisten Blochs) wahrnehme. Deshalb endet der Text auch an so einem merkwürdigen, beinahe beliebigen Punkt – Bloch wird Zeuge eines Elfmeters – und nicht entsprechend der Genrekonvention des Kriminalromans mit der Festnahme oder der geglückten Flucht des Mörders.

Welche Funktion haben dann diese klassisch narrativen Momente, die im Text vorhandenen Reste einer Spannungsdramaturgie: der Mord, die Flucht, die über die Zeitungslektüre verfolgte Verdichtung der Indizien, der zunehmende Geldmangel Blochs? Der Mord ist weder Ausgangspunkt noch Finale der Erzählung, sondern eine der unzähligen getriebenen, beinahe willenlosen Handlungen des Monteurs, ein weiteres Verstricken in dem Weltnetz, in dem sich Bloch verfangen hat. Zugleich wirkt der Mord – und darin ist er der Initialzündung, der vermeintlichen Entlassung Blochs ähnlich – wie ein erzählerischer Katalysator: Die zitternde Weltentrücktheit lässt sich immer auch lesen als das Trauma eines urplötzlich Entlassenen oder als der panische Versuch eines flüchtigen Mörders, weiterhin mit der Welt zurecht zu kommen und dabei unauffällig zu bleiben. Diese Momente dienen dazu, diese außergewöhnliche Weltsicht, die zitternden Bilder, die Hypersensibilität der Hauptfigur inszenieren und intensivieren zu können. Zugleich geben sie dem Text eine Richtung, einen untergründigen Drive: Bloch steuert unweigerlich auf sein Verderben zu – auch wenn uns der Punkt des Zusammenbruchs bzw. der Festnahme folgerichtig nicht erzählt wird. Die verschiedenen paranoiden Wahnvorstellungen erhalten so eine Art narratives Außenskelett, mit dessen Hilfe das Wahrnehmungsmaterial formbar, handhabbar, erzählbar wird.

Was also kann ich vom Lehrmeister Handke lernen? Wie ich Spannung erzeuge, ohne auf klassische Suspense-Techniken zurückzugreifen. Und wie ich innere Stimmungen wie Zerrissenheit, Weltentfremdung oder auch Wahnvorstellungen durch die Beschreibung von Außenwelt plastisch machen kann. *Die Angst des Tormanns beim Elfmeter* ist der Gegenentwurf zum glatten angloamerikanischen Erzählen nach dem Vorbild Raymond Carvers (oder Judith Hermanns); zu gründen wäre mit Handke eine Schule der Wahrnehmungsexzentriker, der erzählenden Mimesis-Skeptiker, der auf romantische Traditionen zurückgreifenden Weltgewebe-Erklärer. Eine Schule, die in mancher Hinsicht einen Gegenpol darstellte zu den Techniken des amerikanischen Creative Writing, deren psychologisch-hollywoodeskes Weltbild von der Figur, der Figurenbiografie und den zwischenmenschlichen Spannungen als Erzählmotoren ausgeht. Manche der Handkeschen Techniken sind aber sogar – in einer gestreckten Dosierung – auch für das klassisch-realistische (›amerikanische‹) Schreiben sehr brauchbar. Die dort entscheidende Technik des ›showing‹ – also des erzählerischen ›Zeigens‹ – bedient sich häufig eines ähnlichen Verfahrens: Die Gefühle der Figuren werden auch dort (wie bei Handke) nicht benannt; stattdessen werden in den Fluss der Handlung kurze Beschreibungen der Außenwelt eingeflochten, durch deren Charakteristika die

Stimmung der Figuren plastisch wird. Demnach kann ich auch für eine Erzählung nach dem Bauplan Carvers an einigen Stellen Handkesche Techniken dezent zum Einsatz bringen, insbesondere die (vexierende) Beschreibung von Außenwelt, um innere Stimmungen zu spiegeln.

Was genau könnte ich mir also von den Handkeschen Techniken aneignen? Wie ich durch den Einsatz von personalem Erzählen, das sich mit auktorialem abwechselt, die innere Zerrissenheit eines Aus-der-Welt-Gefallenen abbilden kann. Wie ich durch Zeitsprünge und die Reduktion auf die wesentlichen Momente ein hohes Erzähltempo, einen regelrechten Sog erzeuge. Und wie ich durch wenige psychologisch-narrative Momente (bei der vorliegenden Erzählung: die Entlassung, der Mord) auch einer weitgehend disparaten Ansammlung von Einzelbeobachtungen einen Drive, eine innere Spannung verleihe und ein richtungsloses, auseinanderfallendes Weltbeobachten vermeide.

Noch grundlegender aber sind Handkes genaue Beobachtungen, deren Studium ich ohnehin jedem Erzähler anrate. Ihre überscharfe Qualität bildet die Grundlage, auf der die besagte Entrücktheit, das Aus-der-Welt-gefallen-Sein überhaupt erst plastisch wird. Um schreibend diese Ex-Zentrik in den Beobachtungen zu erreichen, möchte ich vorschlagen, mit Müdigkeit zu experimentieren. Handke selbst hat diesem Zustand mit dem *Versuch über die Müdigkeit* einen längeren Essay gewidmet. Er zielt dabei nicht auf die schlichte Dumpfheit, die mit einem Mangel an Schlaf einhergeht; eher meint er so etwas wie einen existentiellen Zustand, in dem das Bewusstsein zumindest partiell die Kontrolle über die Gedanken aufgegeben hat. Eines der Kennzeichen dieses Zustands ist für Handke die »Durchlässigkeit«; die die Welteindrücke ordnenden Filter sind weiter geöffnet, die Welt dringt anders auf den Müden ein. Dieser Müdigkeitszustand lasse sich, so Handke, nicht einfach durch Schlafentzug herstellen; trotzdem halte ich es für einen Versuch wert, sich nach durchwachter Nacht in den frühen Morgenstunden einer Landschaft oder Stadtlandschaft auszusetzen und Beobachtungen zu notieren. Zwangsläufig gerät man mit einer anderen, seltsam ausgestorbenen Welt in Kontakt; kleine Dinge, Geräusche, die ersten Menschen werden zu Sensationen; hinzu kommt der entrückte, übersensible (müde, schlafbedürftige) Zustand, der die einordnenden, die Zeichen bewältigenden Prozesse verlangsamt und die Künstlichkeit, die Widerständigkeit der uns umgebenden Welt aufscheinen lässt.

Aufgabe

Gehen Sie nach einer durchwachten Nacht, in einem Zustand großer Müdigkeit auf die Straße. Notieren Sie, was immer Ihnen auffällt, was Ihre durch die Müdigkeit entstellten Sinne wahrnehmen: das überlaute Dröhnen des Müllabfuhrwagens, das Klingeln der Halsmarken eines vorbeilaufenden Hundes, das Knistern einer Plastiktüte unter Ihrer Fußsohle. Aus diesen Notaten bauen Sie einen Text. Versuchen Sie dafür einen Grund zu erfinden, warum sich Ihre Hauptfigur in einem Zustand nervöser Überspanntheit befindet. Vielleicht ist er oder sie auf der Flucht oder in jemanden verliebt ohne Hoffnung auf Gegenliebe oder er bzw. sie verfolgt jemanden. Komponieren Sie Ihre Notate so, dass dem Leser klar wird, dass es sich um alltägliche Beobachtungen handelt, die jemand – Ihre Hauptfigur – als Bedrohung wahrnimmt, als Zudringlichkeiten der Umwelt. Vermeiden Sie dabei die Ursache für dieses Aus-der-Welt-gefallen-Sein allzu schnell preiszugeben, deuten Sie dies, wenn überhaupt, eher nach und nach an.

Georg M. Oswald

Der andere Process

Albert Drach: Untersuchung an Mädeln [1971]

I.

Nach einem Lehrmeister befragt, fiel mir nach dem Namen Franz Kafka als nächster Albert Drach ein, und weil ersteren zu nennen so unoriginell gewesen wäre, sagte ich zu, mich hier mit zweiterem zu befassen, was so unrichtig nicht ist, schon weil, entgegen einer weithin für gültig erachteten Ansicht, der erste Einfall nicht immer der beste sein muss.

Kafka und Drach waren schreibende Juristen, und obwohl es nicht der unfreiwilligen Komik entbehrt, sich mit ihnen in einem Atemzug zu nennen, muss ich es dennoch tun, weil ich mich durch Lektüre ihrer Werke sowie durch ein Studium der Rechte in einen zweifachen, durch die Verfolgung literarischer Ambitionen sogar in einen dreifachen Zusammenhang brachte, der mich jahrelang beschäftigte.

Kafkas Werk lernte ich als Gymnasiast kennen, Drachs als Rechtsreferendar nach dem Ersten Juristischen Staatsexamen. Spätestens als Kafkas *Amtliche Schriften* erstmals in Buchform erschienen, konnte jedermann einsehen, wie viel seine literarische Prosa seiner juristischen verdankte. Kafka hat die Sprache der Ämter, die sich zur Ausstellung ihrer Autorität der Terminologie des Rechts bedient, zu einer Sprache der Dichtung gemacht, mit einem Wort: poetisiert.

Der *Brief an den Vater* ist auch ein Ermittlungsbericht, der *Process* auch eine – wenngleich bodenlos ironische – Klageschrift, das *Schloss* auch eine ins Phantastische ausufernde Verwaltungsrichtlinie. Wer Beispiele aus der juristischen Praxis kennt, wird dieser Betrachtungsweise folgen.

An Kafkas Prosa bezaubert, dass er die juristische Sprache auch im umgangssprachlichen Sinn poetisiert hat, er hat sie »schön gemacht«, ein begnadeter Stilist, der, das spricht aus jeder seiner Zeilen, um seine Begabung weiß. Eine Tatsache, die in schroffem Gegensatz zu seiner Selbstinszenierung als Schriftsteller steht, der, unter Missachtung eines väterlichen Gebots, im Verborgenen schreibt.

Auch Albert Drach hat sich der juristischen Sprache bedient, um sie für die Literatur fruchtbar zu machen, doch was bei Kafka Parabel wird, gerät bei Drach zum Protokoll. So heißen auch bereits die ersten Erzählungen, die er als Mittzwanziger veröffentlicht, *Kleine Protokolle*. Von Anfang an ist das Unmenschliche der einzige Gegenstand seiner Literatur. Albert Drach weiß sich der Sprache als Herrschaftsinstrument virtuos zu bedienen. Er weiß einer vermeintlichen Rationalität gemäß zu formulieren, die auch noch die größten Ungeheuerlichkeiten vernünftig erscheinen lässt. Aber er ist ein Abtrünniger, denn er richtet die Waffe, die er zu gebrauchen gelernt hat, gegen ihre Erfinder. Was dabei entsteht ist erhellend, erkenntnisreich, aberwitzig, komisch auch – aber schön, im Sinne von gefällig, ist es nicht. Er verschreckt die Leserschaft, seinen Zynismus findet sie zuweilen verstörend, gar empörend. Zwar leidet er unter der mangelnden Anerkennung durch das Publikum, an seiner Haltung ändert das nichts. Er paktiert nicht mit den bestehenden Verhältnissen. Ein Blick auf seine Biografie mag das erläutern.

II.

»Wien, XII. Bezirk: 17.12.1902 scheintot in die Welt geprügelt.

Lunz am See, Sommer 1908: Wahrnehmung, wie ein ertrunkener Betrunkener nach 14 Tagen entstellt aus Schilf auf Leiterwagen geschleudert. Beschluß, unsterblich und dazu Dichter zu werden.«

Schon die ersten Zeilen einer *Kurzbiographie Albert Drach von ihm selber verfasst* lassen keinen Zweifel daran, dass er im Streit war mit der Welt. Einem Streit allerdings, den er nicht angefangen hatte.

Albert Drach wurde als Sohn jüdischer Eltern in Mödling bei Wien geboren. Sein Vater war als Gymnasiallehrer für Mathematik und Physik ein angesehener Bürger der Kleinstadt. Die Familie Drach gehörte jener großen Zahl assimilierter Juden in Österreich an, die nach der ›Machtergreifung‹ der Nazis erkennen mussten, dass sie ihres Lebens nicht mehr sicher sein konnten. 1938 begann Albert Drachs Flucht, die in seinem Roman *Unsentimentale Reise* beschrieben ist. »Als Jude zu Verbrennungszwecken« wurde er nach Südfrankreich deportiert und dreimal interniert, kam aber jedes mal wieder frei und hielt sich bis 1942 in Nizza versteckt. Die »Fremdenpolizei« griff ihn auf und verschleppte ihn nach Rives Altes in ein Sammellager. Doch auch diesmal gelang es ihm zu entkommen, indem er dem *Ministerium für jüdische Angelegenheiten* den falschen Nachweis erbrachte, kein Jude zu sein. Die Täuschung gelang durch einen 1939 vom damals bereits nationalsozialistisch geführten Wiener Magistrat ausgestellten »Heimatschein«, auf dem das Kürzel »I. K. G.« für »Israelitische Kultusgemeinde« vermerkt war. Drach machte den zuständigen Beamten klar, dass »I. K. G.« als »im katholischen Glauben« zu lesen sei – und kam damit durch. Die Notwendigkeit zu fliehen war damit aber keineswegs entfallen, denn in der Folge war es die Einberufung in die Wehrmacht, der sich Drach bis zum Ende des Krieges zu entziehen hatte.

1947 kehrte er nach Mödling zurück. Dort nahm er alsbald seine Tätigkeit als Rechtsanwalt damit wieder auf, die Nazimieter, die sich noch in seinem Elternhaus, dem Drach-Hof, befanden, herauszuklagen.

Wie sehr Albert Drach in der Zeit der Verfolgung und danach die Literatur und das Schreiben – oft wohl auch nur den Gedanken daran – benötigte, um nicht unterzugehen, ist in seinem in den späten Vierzigerjahren verfassten Roman *Das Beileid* nachzulesen, der begreiflich macht, dass die Fortführung seiner literarischen Arbeit damals schlechthin gleichbedeutend mit der Behauptung seiner Existenz gewesen sein muss.

Die kurze Betrachtung von Drachs Lebensweg macht leicht fasslich, warum und wie sehr ihm die Ausübung staatlicher Herrschaft suspekt erscheinen musste. Es ist deshalb nicht verwunderlich, dass Albert Drach als Rechtsanwalt und Schriftsteller mit der Justiz – dem zentralen Instrument staatlicher Machtausübung – zeitlebens im Clinch lag. In jedem Gerichtsverfahren gewinnt die Judikative in Form des ihm vorsitzenden Richters mehr oder weniger ansehnliche Gestalt, und diese Gestalten sind es, denen sich Albert Drach mit besonders boshafter Aufmerksamkeit widmet. »Die richterliche Unabhängigkeit von Takt, Würde, Einsicht und Erbarmen«, so Karl Kraus, ist auch ein Thema des Romans *Untersuchung an Mädeln*. Mitte der Sechzigerjahre geschrieben und 1971 erstmals im Rahmen einer unvollständig gebliebenen Werkausgabe veröffentlicht, ist dieser Roman ein Lehrstück über Sittlichkeit und Kriminalität, das nichts an Aktualität verloren hat.

Stella Blumentrost und Esmaralda Nepalek werden beschuldigt, den Stechviehhändler Josef Thugut, der sie als Anhalterinnen in seinem Auto mitgenommen und sodann vergewaltigt hat, mit dem Wagenheber erschlagen zu haben. Die Leiche Thuguts wird nicht gefunden, und es sprechen bestimmte Anhaltspunkte für ein Überleben Thuguts, der die allgemeine Annahme seines Todes genützt haben könnte, um den Gläubigern seines bankrotten Betriebes zu entgehen. Dennoch stehen die beiden jungen Frauen von Beginn an unter Mordverdacht, denn der zuständige Untersuchungsrichter, Landesgerichtsrat Dr. Baldur Mausgrub, Verfasser einer Schrift über *Die weibliche Kriminalität im Lichte des Mangels an Kraft und Wagemut*, hält die Absenz der Leiche für eine Folge weiblicher Hinterlist, die eben wegen des weiblichen Mangels an Kraft und Wagemut auch bei den beiden Verdächtigten besonders ausgeprägt zu finden sei.

Schon der Titel *Untersuchung an Mädeln* spielt auf die Zweideutigkeit des prozessualen Unterfangens an, denn die Untersuchung eines angeblichen Mordes, dessen die beiden jungen weiblichen Hauptfiguren bezichtigt werden, verkehrt sich von Beginn an in eine Untersuchung an diesen »Mädeln« selbst, die so obszön ist, wie der Titel annehmen lässt.

Und das nicht zuletzt wegen des Richters, der die Ermittlungen leitet. Dr. Mausgrub lässt ein umfassendes Protokoll über das Vorleben der »Mädeln« anfertigen, welches den Nachweis ihrer Täterschaft im Sinne des Schuldvorwurfs erbringen soll. Um die Einlassung der jungen Frauen zu entkräften, sie hätten sich gegen Thugut wegen der erfolgten Vergewaltigung zur Wehr gesetzt, wird ihnen vorgehalten, die Verletzung ihrer »Frauenehre« käme als Beweggrund für den Niederschlag nicht in Frage, da sie diese längst vorher verloren hätten, nämlich durch ihre vielfachen nichtehelichen Beziehungen zu Männern. Anzahl und Verlauf dieser nichtehelichen Beziehungen listet das Protokoll penibel auf, um die ebenso hanebüchene wie geläufige These von der »nicht mehr bestehenden Frauenehre« zu stützen. Jeder Kontakt der »Mädeln« zu einem Mann wird somit zum Beweismittel für den angeblich von ihnen begangenen Mord. Kriminalisiert wird also zuerst die geschlechtliche Freiheit der Frauen, dann alles Weibliche schlechthin:

»Der Untersuchungsrichter Baldur Mausgrub aber sagte sich, dass am Anfang Gott den Menschen und sein Weib geschaffen habe, also nicht den Mann und sein Weib. Es war etwas an der neuen Gattung, das tierisch blieb und nur durch den Menschen und Mann und dessen Geselligkeit aus dem Tierischen erhoben werden konnte. Sie war auch bloß, wenn auch sinnbildlich, aus seiner Rippe gebildet, also nur ein Stück von einem Menschen. Sie hieß auch gegenüber dem Manne in den romanischen Sprachen das Weib, er aber der Mensch. Dass sie in diesen Breitengraden auch menschlich sein sollte, wird durch das sachliche Geschlecht nicht bestätigt. Sie bleibt höchstens das Mensch, er – der Mensch. Aber ihre Beine waren unbedingt anziehend und sie wusste es auch.«

Endgültig wächst dem Richter die Sache über den Kopf, als ihm während einer Vernehmung der Stift aus der Hand fällt – »direkt auf den Schoß des Mädchens, das nicht vor, sondern neben dem Schreibtisch saß, und er beeilte sich sofort, das Herabgefallene einzusammeln, bevor es selbst danach griff oder der Stift zu Boden fiel. Das war ein Missgriff, musste er sich wohl sagen, und der Schriftführer hatte es außerdem gesehen, und er sah, wie dieser schmunzelte«.

Dieser peinliche Vorfall hört nicht mehr auf, den Richter zu quälen. Und ein mögliches »Ausweichen auf Verletzung der Frauenehre« der Nepalek, der er die Schuld für seine Verwirrung zuschreibt, erscheint ihm jetzt »ganz unglaubwürdig und völlig undenkbar«.

Die Konfrontation zwischen dem Richter und den Delinquentinnen gerät zu einem Duell zwischen männlichem und weiblichem Prinzip schlechthin. Weil der Justiz die Sprache gehört, verstummen ihre Opfer. Die scheinbare Exaktheit und logische Unerbittlichkeit der Jurisdiktion verschleiert die Absurdität ihrer Ergebnisse.

Es verwundert, dass der Autor dieser vernichtenden Justizkritik beinahe sechzig Jahre als Rechtsanwalt tätig war. Doch sein früh bemerktes literarisches Talent steht damit paradoxerweise in engem Zusammenhang. Das juristische Studium nahm er auf Empfehlung seines frühen literarischen Förderers, des Dichterjuristen Anton Wildgans auf, damit er wie dieser »als Richter Anlass und Zeit zum Dichten habe«. Drachs Widersetzlichkeit, die seinen Charakter offenbar schon in jungen Jahren prägte, verhinderte jedoch seine Aufnahme in den Richterdienst, da er sich im Rahmen seiner Ausbildung weigerte, Protokolle nach dem Diktat eines Richters aufzusetzen, der als Mitglied der Richtervereinigung für Drachs Ernennung zuständig gewesen wäre.

Nur notgedrungen wurde Drach also Anwalt, übte diesen Beruf aber aus, bis er im Jahr 1983 einundachtzigjährig beinahe vollständig erblindete. Auf die Frage, ob er es für möglich hielte, gleichzeitig Rechtsanwalt und Schriftsteller zu sein, antwortete er: »Es muss möglich sein, da es bei mir der Fall ist. Ich halte es aber nicht für zweckmäßig. Der Beruf des Advokaten absorbiert zu sehr und ist auch voll von Verantwortungen. Mit Recht hat der größte deutsche Dichter diese Stellung nur ein Jahr lang ausgehalten und sich in der Folge als Minister etabliert. Auch Beaumarchais, Claudel, Perse haben diese Karriere gewählt, weil es bei ihr um Völker statt nur um Einzelschicksale geht.«

Drachs zeitlebens distanzierte juristische Berufsauffassung steht in scharfem Gegensatz zu seiner dichterischen. Auf die Frage »Warum schreiben Sie?« antwortete er unumwunden: »Weil es die einzige Möglichkeit zur Kontaktaufnahme ist, die ich überhaupt habe.« Umso härter muss ihn die Missachtung getroffen haben, die sein Werk jahrzehntelang erfuhr, denn selbst, als er im Greisenalter endlich verlegt und auch mit einigem Respekt versehen wurde, blieb ihm ein dauerhafter Erfolg versagt. Dabei hatte Drach, wie erwähnt, schon als Sechsjähriger beschlossen, »unsterblich und dazu Dichter« zu werden. 1919, als Siebzehnjähriger, veröffentlichte er einen ersten Gedichtband in Zürich unter dem Titel *Kinder der Träume* und zehn Jahre später in Berlin das *Satansspiel Marquis de Sade*. Dieses Stück hatte er H. H. Jahnn geschickt, der es für den Kleist-Preis vorschlug – den dann allerdings Anna Seghers bekam. Damit hatte die literarische Laufbahn Drachs ihr vorläufiges Ende gefunden. Doch auch später, in den Sechzigerjahren, als – seltsam genug – seine Romane im Rahmen einer Gesamtausgabe erstmals gedruckt wurden, bedeutete dies nicht die endgültige Anerkennung des Autors Drach. Er selbst bezichtigte Marcel Reich-Ranicki persönlich für die ungebührliche Resonanz auf sein Werk. Er habe den Literaturkritiker anlässlich eines Empfangs 1968 in Frankfurt beleidigt, nachdem dieser »blödsinnige Tischreden« gehalten habe. Daraufhin sei er, Drach, jahrelang gezielt von der Kritik totgeschwiegen worden. Tatsächlich sah Marcel Reich-Ranicki noch in der Verleihung des Büchner-Preises 1988 an Drach ein »Unglück« und eine »offensichtliche Interessenverquickung«, die unmöglich zu billigen sei. Umgekehrt hatte Drach schon in seiner *Unsentimentalen Reise* gewusst: »Wenn man ein Schuster wird, muss man sein Handwerk können. Wird man ein Schneider, braucht man seine Lehrzeit ebenso, desgleichen der Baumeister, der Advokat, der Arzt, sogar der Richter. Nur der Kritiker und der Politiker müssen nichts gelernt haben, nichts wissen, nichts können. Sie fallen vom Himmel und zersitzen mit ihren dummen Hintern die Werte der Welt.« Es mag sein, dass Drachs Unversöhnlichkeit mit der Welt nicht ganz unschuldig an seinem lebenslangen literarischen Misserfolg war.

Als er am 27. März 1995 starb, schien er von der literarischen Gemeinde beinahe vergessen. Die beging gerade mit großem Pomp Ernst Jüngers hundertsten Geburtstag.

III.

Ich bewundere, wie Albert Drach »den Zumutungen gegenübertrat, die an ihn herangetragen wurden«. Es lag ihm überhaupt nicht, sich als Opfer zu begreifen, auch wo er de facto zu einem gemacht wurde. Er versuchte, unabhängig von den Größenverhältnissen, jedem die Stirn zu bieten, der sich mit ihm anlegte, und das ist, wenn es, wie bei Drach, im Namen der Menschenwürde geschieht, eine Haltung, die man nicht hoch genug schätzen kann.

Die Arbeit an seinem literarischen Werk trieb er ein Leben lang voran, unbeeindruckt vom Auf und Ab des öffentlichen Interesses. Dass er sich auf diese Weise jedoch nicht gerade zu einem besonders umgänglichen Zeitgenossen entwickelt hatte, durfte ich noch selbst feststellen.

Bei den Vorbereitungen zu einem Vortrag über ihn, den ich im Herbst 1993 auszuarbeiten hatte, stieß ich auf seinen Titel *In Sachen de Sade*, der in den frühen Siebzigerjahren erschienen und längst nicht mehr lieferbar war. Dies sollte mir ein genügender Anlass sein, mich an den Meister selbst zu wenden, nachdem ich von einem Freund wusste, dass man bei Drach im Postwege seine Bücher bestellen könne gegen Bezahlung per Scheck oder Nachnahme – allein sei es schwierig bei der Aufgabe der Bestellung den richtigen Ton zu treffen. Also verfasste ich einen langen Brief, in dem ich mich zur Einführung als ein ihm zu Füßen liegender Adorant vorstellte, um im Mittelteil einige Fragen, meinen Vortrag betreffend an ihn zu richten und mit der Bestellung von *In Sachen de Sade* – zugegebenermaßen etwas prosaisch – zu enden. Retour kam handschriftlich adressiert, in weißes Packpapier eingeschlagen, das bestellte Buch ohne Anschreiben, ohne Rechnung, ohne Gruß oder sonstigen Kommentar. Nicht geübt darin, Korrespondenz mit 90jährigen Büchner-Preisträgern zu führen, rätselte ich, was dieser Sendung über ihren gegenständlichen Inhalt hinaus zu entnehmen sei. Offenkundig wollte Drach kein Geld – oder hatte er schlicht die Rechnung vergessen? Wenn er mir das Buch schenken wollte, warum schrieb er aber dann keine Zeile, zumal ich ihm doch einige Fragen gestellt hatte? Bestimmt, dachte ich, war mein Brief an ihn eine solche Zumutung gewesen, dass mir die unkommentierte Zusendung von *In Sachen de Sade* nun eben bedeuten sollte: »Nimm um Himmelswillen das Buch, meinetwegen auch ohne zu bezahlen und verschwinde!« Auch, wie nun weiter zu verfahren sei, wusste ich nicht recht, denn ein neuerlicher Brief zur Danksagung konnte von Drach nur als ungehörige Zudringlichkeit empfunden werden. Ich entschloss mich also, vorerst nichts zu tun, blieb aber unsicher, ob dies richtig sei und hatte ein schlechtes Gewissen. Einige Wochen später erreichte mich ein Brief Drachs. In höchster Erwartung trug ich ihn in die Wohnung und erschrak, als ich folgenden Zweizeiler fand: »Betrifft: In Sachen de Sade. Das Einlangen meiner Sendung wurde mir bis heute nicht bestätigt. Hochachtungsvoll (Unterschrift)«. Seine Schreibmaschine hatte überall dort, wo ein Punkt sein sollte, ein Loch ins Papier gestanzt – so heftig war der Anschlag. Mit einem Satz hatte mir Drach die ganze Schwere meiner Verfehlung klar gemacht. Ich begab mich also an den Computer, den nächsten demütigen Brief zu verfassen. Diesmal wandte ich mich entsprechend der handschriftlichen Ergänzung seines Stempels auf dem Briefkopf nicht an »Herrn Dr. Drach«, sondern an »Herrn DDr. Drach« und legte im ergebensten Tonfall dar, warum ich es unterlassen hatte, auf seine Sendung zu antworten, ließ es mir aber schließlich nicht nehmen, ihn erneut um die Berechnung des Buches zu bitten. Postwendend antwortete Drach folgendes: »Sehr geehrter Herr Oswald! Da ich immerhin einen gewissen Bekanntheitsgrad erreicht habe, heuer zumindestens in Österreich wieder Bestseller-Autor war und auch für den Nobel-Preis nominiert wurde, fiel mir ihr burlesker Tonfall auf, der mich an einiges erinnerte, was ich in der Vergangenheit erdulden mußte, als ich der Hetze eines Reich-Ranicki und diverser seiner Schößlinge standhalten mußte, der mich noch 10 Jahre zuvor zu Tisch geladen und an der Tafel sich schräg gegenüber placiert hatte, allerdings mir als einzigem nichts zum Abendessen gab außer Wein. Die Abfuhr, die ich ihm erteilte, erreichte schließlich ebenso weite Kreise wie vorher seine überfallsmäßigen Attacken. Es grüßt Sie (Unterschrift)«.

Jetzt war ich beleidigt und verletzt, denn gerade, wie sehr ich ihn und sein Werk bewundere, hatte ich ihm in meinen bisherigen Briefen ausführlich erläutert, augenscheinlich war dies aber ungenügend gewesen. Abermals schrieb ich ihm, nichts läge mir ferner, als ihm den gebührlichen Respekt verweigern zu wollen, verschwieg aber nicht, dass ich seine Einschätzung, mein Tonfall sei »burlesk« gewesen, unmöglich teilen könne. Von der Rechnung schrieb ich nichts mehr, nachdem auch er sie nicht mehr erwähnt hatte und ich hoffte, ihn nun vielleicht doch noch im Verlauf dieses Briefwechsels zu einer Beantwortung meiner Fragen zu bringen. Bald, zwei Wochen später, erhielt ich ein letztes Schreiben von Drach: »Sehr geehrter Herr Oswald! Ich danke für ihren neuerlichen Brief. Ich habe Ihnen das Buch gratis zugedacht, da Sie Schriftsteller sind. Ansonsten verlange ich S 300,--. Gestempelte Rechnungen stelle ich nicht aus. Hochachtungsvoll (Unterschrift).«

Im Unterschied zu den vorhergehenden Kuverts war das, in dem sich dieser Brief befand, nicht mit Drachs handschriftlich ergänztem Stempel und Absender versehen, allein meine Adresse stand darauf.

Ich nahm dies zum Zeichen, dass er weiteren Schriftverkehr nicht wünschte.

Aufgabe

Schreiben Sie so, als könnte alles, was Sie schreiben, gegen Sie verwendet werden!

Daniel Kehlmann

Autoren sind Ablehner

Vladimir Nabokov: Deutliche Worte [1973]

Der seltsame Vorwurf der Arroganz! Warum verletzt es viele Menschen so sehr, wenn in ihnen der Verdacht aufkommt, jemand hätte eine hohe Meinung von sich? Schriftsteller sind gemeinhin arrogant, nur verbergen es manche wirksamer als andere. Normalerweise sind sie sogar größenwahnsinnig: Denn wer, der es nicht wäre, käme auf die Idee, dass der Kanon der Weltliteratur ohne seinen eigenen Beitrag unvollständig wäre?

Schriftsteller finden ihren eigenen Weg, ihre ureigenen Möglichkeiten und künstlerischen Ziele in der Orientierung an Büchern und der Auseinandersetzung mit Literatur. Harold Bloom hat in seiner epochalen Studie *Einfluß-Angst* festgestellt, dass ein Autor sich weniger durch die Annahme von Einflüssen als durch deren Ablehnung konstituiert; mit anderen Worten, es ist weniger bedeutend, was ihm gefällt, als, was er nicht leiden kann. Autoren sind Ablehner. Sie sollen und müssen es sein, und vor allem müssen sie – auf dem Weg zur eigenen künstlerischen Vision – ohne falsche Rücksichten auf das allgemein Anerkannte klarmachen, was ihnen gefällt und was nicht.

Gibt es ein Lehrbuch für diese Art von Ehrlichkeit? Allerdings: Vladimir Nabokovs berüchtigten Interviewband *Deutliche Worte*.

Es sind nicht Interviews im landläufigen Sinn. Nabokov, überzeugt, dass die Aufgabe eines Schriftstellers das Schreiben und nicht das Sprechen sei und dass keine mündliche Formulierung dem Standard seines geschriebenen Werkes standhalten könnte, bestand darauf, alle Fragen schriftlich vorgelegt zu bekommen und las seine Antworten – sogar im Fernsehen – von Karteikarten ab. Das Buch, in dem er die so entstandenen Texte versammelte, ist somit der einzigartige Fall eines wirklich literarischen Gesprächsbandes, in dem die Spontaneität der gesprochenen Rede überhöht ist und aufgehoben im vor Pointen funkelnden Scheinparlando eines an jeder Formulierung feilenden Stilisten.

Allerdings, *Deutliche Worte* strotzt vor Idiosynkrasien. Aber warum sollte man sich darüber ärgern? Ja, Nabokov mag Dostojewski nicht, hält Thomas Mann für einen pompösen Kitschautor, und muss lachen, wenn man ihn nach Saul Bellow oder William Faulkner fragt. Aber anstatt das Buch empört zuzuschlagen, lohnt es sich, genau hinzusehen. Schriftsteller haben eben *strong opinions* (so der englische Originaltitel), aber wenn sie ohne Scheu und Kompromisse über ihre Vorurteile reden, lässt sich aus eben diesen eine Menge über das Handwerk des Schreibens lernen.

Ein Hauptthema Nabokovs ist die »idée reçue«, der »Gemeinplatz«. Nabokov verwendet in diesem Zusammenhang gerne den russischen Ausdruck »poschlust«, der mit »Kitsch« oder auch »Vulgarität« nur unzureichend übersetzt wäre: »Wollen wir nun die *poschlust* der Gegenwartsliteratur dingfest machen, müssen wir unser Augenmerk auf Freudsche Symbolik, mottenzerfressene Mythologie, gesellschaftskritisches Gedöns, humanistische Heilsbotschaften, politische Parabeln, das exzessive Herumharfen auf dem Thema Klasse oder Rasse und die allbekannten journalistischen Verblasenheiten richten. Die *poschlust* artikuliert sich in Meinungsäußerungen wie ›Amerika ist auch nicht besser als Rußland‹ oder ›Wir haben alle teil an der deutschen Schuld‹. Die Blumen der *poschlust* blühen in Worten und Wendungen wie ›der Augenblick der Wahrheit‹, ›Charisma‹, ›existentiell‹ (in unironischer Verwendung), ›Dialog‹ (wenn auf politische Verhandlungen zwischen Staaten gemünzt) und ›Wortschatz‹ (wenn im Zusammenhang mit einem Farbenkleckser gebraucht).« Man muß etwa Nabokovs ablehnender Einschätzung von Dostojewski nicht folgen, aber wenn er erkärt, wie Dostojewski unverhohlen technische Mittel der Trivialliteratur einsetzt, so lässt sich eben dadurch viel über eben diese Techniken lernen; wenn Nabokov George Orwell als einen Autor politischer Comic-Strips verspottet, so wird er Orwells Leistung als polemischer Essayist nicht gerecht, aber selten hat man so scharfe und instruktive Beobachtungen über die Unvereinbarkeit von erzählender Prosa und politischem Statement gelesen.

Nabokovs Anliegen ist, auch wenn er das nie so formuliert, die Authentizität der sprachlichen Wendung; letztlich also die Klarheit von Gefühl und Gedanken. »Der Begriff ›Symbol‹ war mir schon immer zuwider, und gerne erzähle ich, wie ich einmal einen – leider von einem früheren Lehrer genasführten – Studenten durchfallen ließ, der geschrieben hatte, die Blätter bei Jane Austen seien ›grün‹, weil Fanny voller Hoffnung sei und ›Grün‹ die Farbe der Hoffnung ist. Die Symbolikmaschine in den Schulen ist attraktiv für computerisierte Hirne, aber sie zerstört die natürliche Intelligenz und den Sinn für Poesie. Sie bleicht die Seele aus. Sie betäubt die Fähigkeit, sich von der Kunst erheitern und verzaubern zu lassen.« Sein Ton ist deshalb oft so scharf, weil er eben diese Erheiterung und Bezauberung der Kunst bedroht sieht: von falschen Lesarten, von beschränkten Lehrern und Kritikern und von Schriftstellern, denen er vorwirft, Klischees zu verfallen. »Poschlust« bestünde für Nabokov eben auch darin, Künstler zu loben, die man für zweitklassig hält, einfach weil sie Teil des offiziellen Kanons sind, ebenso auch die unnötige Herabsetzung der eigenen Meinung von sich selbst: »*Wo ist Ihr Standort in der Welt der Literatur?* – Fabelhafte Aussicht von hier oben.«

Dieses Buch enthält so viele Hinweise, wie der Beruf des Schreibens zum Gelingen zu führen ist, dass man gar nicht weiß, wo anfangen mit dem Zitieren. Da ist natürlich immer wieder von der täglichen Arbeitsroutine die Rede, und die alte Frage, zu welchen Tageszeiten man schreibe und welche Geräte man verwende (aus irgendeinem Grund halten Interviewer die seit jeher für besonders interessant), findet ausführliche Antwort. Vor allem aber ist *Deutliche Worte* das Dokument für ein Leben, in dessen Zentrum immer und in jedem Moment die Literatur stand: die beständige Schwerarbeit der Suche nach dem richtigen Ausdruck, die Mühe und Freude der Formung und schließlich die selbstbewusste Zufriedenheit dessen, der wusste, wieviel ihm gelungen war.

Aufgabe

Machen Sie eine Liste: Welche berühmten Schriftsteller mögen Sie, welche nicht? Dann denken Sie darüber nach: Wie viele unter denen, die Sie zu mögen glauben, mögen Sie nur, weil man es Ihnen vorgeschrieben hat, weil sie Teil des Kanons sind und man sie schätzen soll? Umgekehrt: Gibt es Autoren, von denen Sie glauben, daß Sie sie ablehnen sollen, die Sie aber in Wirklichkeit sehr gerne lesen? Warum ist das so?

Wiederholen Sie diese Übung mindestens einmal in

der Woche. Mit der Zeit werden sich einige Dinge klären. Schriftsteller orientieren sich an den Büchern anderer Schriftsteller. Diese Orientierung selbst verlangt nach ständiger Arbeit. Nettigkeit ist eine große Tugend im Leben. Beim Lesen und vor allem beim Schreiben ist sie fehl am Platz.

Hans-Ulrich Treichel

Unendlicher Abschied

Peter Weiss: Die Ästhetik des Widerstands [1975/81]

Welches ist Ihr Lieblingsschriftsteller? Wer hat Sie besonders beeinflusst? Haben Sie ein literarisches Vorbild? Oder gar so etwas wie einen Lehrmeister? Wohl die meisten Autoren kennen diese Fragen – und die wenigsten lieben sie. Schließlich will man nicht wie andere schreiben, sondern wie man selbst. Will kein Nachahmer und Epigone sein, sondern ein Originalgenie. Was nicht heißt, dass Nachahmung nicht eine wichtige Technik zur Initiation in die literarische Tätigkeit sein kann. Wenn die Befähigung zum literarischen Schreiben nicht angeboren ist, dann lässt sie sich gegebenenfalls durch Nachahmung erwerben. Wobei dann die Fähigkeit zur Nachahmung möglicherweise angeboren ist.

Auf die Frage nach meinem Lieblingsschriftsteller habe ich niemals eine wirkliche Antwort geben können. Und auch nicht geben wollen. Warum sich auf einen Autor festlegen? Lehrmeister des Schriftstellers ist schließlich die Literatur in ihrer Gesamtheit, auch wenn man diese Gesamtheit nur in Bruchstücken kennt. Solch eine Antwort hat allerdings noch keinen Fragesteller befriedigt. Das Publikum möchte Namen hören, nicht mit Sachverhalten gelangweilt werden. Natürlich kann man auf die Frage nach dem literarischen Vorbild einen Namen immer nennen: Goethe. Wer Goethe sagt, liegt immer richtig. Er liegt so richtig, dass solch eine Antwort die pure Ironie ist. Die auch dann nicht abnimmt, wenn man noch einen zweiten Namen hinzufügt: Schiller. Wer Goethe und Schiller sagt, der zeigt unmissverständlich, dass er auf die Frage nach seinen Vorbildern nicht antworten möchte, was allerdings unhöflich ist. Man kann also mit Goethe und Schiller durchaus unhöflich sein.

Höflich wäre es hingegen, einen lebenden oder zumindest einen Autor der Nachkriegsliteratur zu nennen. Da bietet sich auf den ersten Blick immer Thomas Bernhard an. Welcher Schriftsteller meiner oder der jüngeren Generation hatte oder hat nicht Thomas Bernhard zum Vorbild? Bernhard liegt als Vorbild so nahe, dass man ihn gar nicht mehr zu nennen bräuchte. Insofern ist es für jeden, der sich zu Bernhard nicht bekennen will, ihn aber dennoch zum Vorbild hat, besser, Bernhard zu nennen, als ihn nicht zu nennen. Wer Bernhard sagt, zeigt, dass er kein Problem damit hat, Bernhard zu sagen. Wer Bernhard nicht sagt, zeigt, dass er eventuell ein Problem damit hat, Bernhard zu sagen.

Ich habe mal Bernhard gesagt und mal nicht Bernhard gesagt. Früher. In den letzten Jahren ist Bernhard ein wenig aus meinem Blickfeld verschwunden. Dafür sind andere Autoren wieder wichtiger geworden. Autoren, die auch schon vor meiner ersten Bernhardlektüre wichtig waren. Die sozusagen nicht in die Pubertät, sondern in die Kindheit meiner eigenen Schriftstellersozialisation gehören. Welche in meinem Fall wiederum überhaupt erst begann, nachdem ich schon einige Zeit Germanistik studiert hatte. Ich habe mich erst während des Germanistikstudiums genötigt gesehen, schriftstellerisch tätig werden zu wollen.

Mit ungewissen Aussichten natürlich. Und ich schließe nicht aus, dass – von lebensgeschichtlichen Umständen und psychischen Dispositionen einmal abgesehen – vor allem zwei Autoren auf ihre Weise an dieser ›Nötigung‹ beteiligt waren. Oder, um es positiv zu formulieren, dem eigenen Schreibimpuls mit zur Durchsetzung verholfen haben. Der eine war Wolfgang Koeppen und der andere Peter Weiss. Beide konnte ich nicht meine Vorbilder nennen. Dazu fehlte mir wiederum ein festes und idealisch-gesichertes Bild von ihnen. Ich hatte kein Koeppen-Bild. Ich hatte auch kein Peter-Weiss-Bild. Aber ich erinnere mich, dass mich Koeppens sprachliche Musikalität von Anfang an beeindruckt hat, noch ehe ich recht wusste, um was für eine Art Schriftsteller es sich bei ihm eigentlich handelte.

Doch fiel *Jugend*, das erste Buch, das ich von Koeppen las, genau in die Zeit, als ich meinem Schreibwunsch nicht länger widerstehen wollte. Ich war vierundzwanzig, studierte Germanistik und schrieb heimlich Gedichte. Neben der Musikalität Koeppens faszinierte mich natürlich auch der Stoff. Der junge Mann aus der Provinz, der hinaus will in die Welt, die vor allem eine Welt der Sprache und der Literatur ist. Der junge Mann aus der Provinz, der bereits als kleiner Junge an seine Tür ein Schild gehängt hatte, auf dem zu lesen stand: »Herr Tod, Literat«.

So stellte ich mir einen Schriftsteller vor: aufbruchsbereit und todesbewusst. Später kam noch das Wissen um seine Biographie und sein sogenanntes Schweigen hinzu. Koeppens Schweigen interessierte mich. Auch wenn es möglicherweise eine Erfindung des Feuilletons war. Immerhin hatte er ja sowohl in den dreißiger wie auch in den fünfziger Jahren mehrere Romane, außerdem Reisebücher, Essays, Artikel und anderes geschrieben. Koeppens frühe Romane sah ich in den siebziger Jahren als *suhrkamp taschenbücher* in den Buchhandlungen, und sie kamen mir wie Neuerscheinungen vor. *Jugend* war ja auch eine Neuerscheinung.

Und trotzdem schwieg Koeppen, wenn man den Zeitungen glauben wollte.

Ich habe später über Koeppen gearbeitet, wie man so sagt, und am Ende sogar meine Doktorarbeit über ihn geschrieben. Und dabei gelernt, dass Koeppen sowohl geschrieben als auch geschwiegen, das heißt: eine ganze Reihe von Romanen wohl geplant, aber nicht geschrieben hat. Wer wollte, könnte eine eigene Bibliographie von Koeppens nichtgeschriebenen Romanen zusammenstellen, darunter so bedeutende nichtgeschriebene Romane wie *In Staub mit allen Feinden Brandenburgs* oder auch *Ein Maskenball*. Der bedeutendste von Koeppens nichtgeschriebenen Romanen hat allerdings keinen Titel und wird in die Literaturgeschichte nur unter dem Namen *Der große Roman* eingehen.

Im Unterschied zu Wolfgang Koeppen hat Peter Weiss seinen großen Roman sehr wohl geschrieben. Gemeint ist *Die Ästhetik des Widerstands*, deren erster Band im gleichen Jahr wie Koeppens *Jugend* erschien und von uns Germanistikstudenten und einigen Professoren, meinen Doktorvater eingeschlossen, heißhungrig aufgenommen und unmittelbar in Studium, Lehre und Forschung überführt worden ist. *Die Ästhetik des Widerstands* war ein Buch, vor dem ein Mensch wie ich mit meinem wohl drängenden, aber noch gehemmten und unausgegorenen Schreibwunsch geradezu in die Knie gegangen ist. Vor allem vor dem Anfang der *Ästhetik des Widerstands* war ich in die Knie gegangen, und ich versage es mir nur unter größten Anstrengungen, diesen Anfang, eine Beschreibung des Pergamonaltars, hier seitenlang zu zitieren: »Rings um uns hoben sich die Leiber aus dem Stein, zusammengedrängt zu Gruppen, ineinander verschlungen oder zu Fragmenten zersprengt …«

Die *Ästhetik des Widerstands* war ein Monumentalroman, dem man in gewisser Weise nur akademisch beikommen konnte oder aber in Lesegruppen, um nicht zu sagen Lesekollektiven, wie sie sich um einen auf Karl Marx' *Kapital* spezialisierten Philosophieprofessor der Freien Universität gebildet hatten. Ich frage mich, ob es auch Menschen gab, die Weiss' Roman allein und zuhause und ganz für sich gelesen haben. Ich jedenfalls nicht. In Lesekollektiven allerdings auch nicht. Sondern vor und im Seminar. Germanistik studieren, das hieß für mich eine Zeitlang, *Die Ästhetik des Widerstands* lesen und darüber in Seminaren diskutieren. So wie Philosophie studieren für mich eine Zeitlang hieß, das *Kapital* von Karl Marx lesen. Alle drei Bände. Und darüber in den Seminaren des besagten Professors diskutieren. Beziehungsweise still und bescheiden den anderen bei ihren Diskussionen zuhören. So war das damals in den siebziger Jahren im schönen villenbestandenen Dahlem, und ich frage mich, ob und wie sehr ich mich heute darüber wundern soll.

Wobei über *Die Ästhetik des Widerstands* diskutieren natürlich auch hieß, über die in ihr verarbeiteten Theorien, Romane, Mythologien und historischen Ereignisse diskutieren. Und über die in ihr analysierten Kunstwerke wie Géricaults *Floß der Medusa* oder Picassos *Guernica* beispielsweise. Was wiederum bedeutete, diese Theorien, Romane, antiken Mythologien und Kunstwerke überhaupt erst einmal kennenzulernen. Picassos *Guernica* kannte ich natürlich. Géricaults *Floß der Medusa* schon nicht mehr. Irgendwann kamen dann auch noch die Notizbücher hinzu, die Weiss während der Arbeit an seinem Roman verfasst hatte. Vier umfangreiche Bände, in denen noch mehr Theorien, Romane, historische Ereignisse, Mythologien und Kunstwerke erwähnt wurden. Heute weiß man, dass Peter Weiss Notizen im Umfang von insgesamt 9432 Seiten hinterlassen hat, die nun auch auf CD-Rom erscheinen sind. Gut, dass sie nicht schon damals vorlagen. Das Peter-Weiss-Studieren hätte kein Ende genommen.

Die monumentale *Ästhetik des Widerstands* war Peter Weiss' letztes Werk. Wir wissen nicht, ob sie ihn erschöpft und krank gemacht oder ob er eine eigene drohende Erschöpfung und Erkrankung durch die Arbeit an ihr noch einige Jahre aufschieben konnte. Der *Ästhetik des Widerstands* wiederum sind zwei Erzählwerke vorangegangen: *Abschied von den Eltern* und *Fluchtpunkt*. Sie bilden die autobiographischen Vorstufen zu der großen Wunschautobiographie aus proletarischer Perspektive, die *Die Ästhetik des Widerstands* darstellt.

Vor der *Ästhetik des Widerstands* gehe ich in die Knie. Dem *Abschied von den Eltern* und *Fluchtpunkt* nähere ich mich halbwegs aufrecht.

Wenn ich heute nach einem Lieblingsbuch gefragt werde, dann nenne ich ohne Zögern *Abschied von den Eltern*. Ob ich aus der Erzählung für mein eigenes Schreiben etwas gelernt habe, vermag ich nicht zu sagen. Ich weiß allerdings, dass Peter Weiss der Autor war, der mir ermöglicht hat, eine Staatsexamensarbeit zu schreiben. Sie trug den Titel *Die Suche nach der Identität in den autobiographischen Romanen von Peter Weiss* und wurde im Jahr 1979 als »Wissenschaftliche Hausarbeit im Rahmen der Ersten (Wissenschaftlichen) Staatsprüfung für das Amt des Studienrats« eingereicht. Aber wem sage ich das? Zuallererst wohl mir selbst. Denn jetzt, nachdem ich schreibe, was ich zum letzten Mal geschrieben habe, als ich das Deckblatt der Staatsexamensarbeit in einer Wohngemeinschaft in Berlin Schöneberg mit einer Olympia Traveller Schreibmaschine tippte, fällt mir auf, wie lange mich schon das Autobiographische beschäftigt. Im Grunde genommen immer schon. Seit ich denken kann. Seit mir das Fruchtwasser durch die Kiemen strömte. Und es wird mich wohl bis ans Lebensende beschäftigen. Denn was du nicht ererbt von deinen Vätern …

Wenn mir Peter Weiss meine Staatsexamensarbeit ermöglicht hat, dann hat mir Wolfgang Koeppen meine Doktorarbeit ermöglicht. Letzterem habe ich sie dann sogar geschenkt, als ich ihn in München aufsuchte, um an der Werkausgabe mit ihm zu arbeiten. Ich bin nicht sicher, ob er sich darüber gefreut hat. Für einen ziemlich langen Moment schwebte meine Doktorarbeit über Koeppen, zwischen Koeppen und mir, bevor er sie endlich an sich nahm.

Ich habe danach jedenfalls nie wieder Kontakt mit Koeppen gehabt. Wer will schon Kontakt mit jemandem haben, der über einen eine Doktorarbeit geschrieben hat. Heute bin ich froh, dass ich Peter Weiss nicht meine Staatsexamensarbeit geschenkt habe. Was ich durchaus hätte tun können, denn ich bin von meinem Doktorvater einmal mit ihm bekannt gemacht worden. Es war im Foyer der Westberliner Akademie der Künste, wo ich Peter Weiss die Hand geschüttelt habe und wo mich sein Blick ungefähr eine Zehntelsekunde streifte. Vielleicht ist es auch nur eine Nanosekunde gewesen. Als ich ihm die Hand schüttelte, schwebte zwischen uns für einen kurzen Moment der Satz *Die Suche nach der Identität in den autobiographischen Romanen von Peter Weiss*. Ich habe den Satz dann wieder an mich und mit nach Hause genommen und dort ganz stark den Eindruck gehabt, als hätte ich, während ich Peter Weiss die Hand schüttelte, im Hintergrund auf einem Sessel auch Jean Améry sitzen sehen.

Vielleicht wäre ohne Peter Weiss und Wolfgang Koeppen nie ein Mensch mit einem akademischen Abschluss aus mir geworden. Obwohl ich zur Not natürlich immer noch eine Staatsexamensarbeit mit dem Titel *Die Suche nach der*

Identität in den Romanen von Max Frisch hätte schreiben können, was in jenen Jahren die meisten meiner Kommilitonen taten. Doch hatte mich Max Frisch damals nicht interessiert, und was einen nicht interessiert, darüber sollte man auch keine Examensarbeit schreiben. Eine Maxime, an die sich viele meiner Kommilitonen nicht gehalten haben. Ich hätte mich daran gehalten, also hätte es keinen Ausweg für mich gegeben. Denn mich interessierte damals für einige Zeit hauptsächlich Peter Weiss, so wie mich einige Jahre später für einige Zeit hauptsächlich Wolfgang Koeppen interessierte. Beide haben mich und die übrige Menschheit davor bewahrt, einen handwerklichen Beruf zu ergreifen und zum Beispiel Dachdecker oder Kraftfahrzeugmechaniker zu werden oder auch, um es mit den Worten meines die rechte Armprothese schwingenden Vaters zu sagen, in der Wurstfabrik zu landen. Ganz so, wie es einem Flüchtlings- und Vertriebenenjungen in jenen Jahren zukam.

Peter Weiss und Wolfgang Koeppen waren die Portalfiguren beim Eintritt in meine akademische Zukunft, von der ich allerdings noch nicht wusste, wie wenig- oder vielversprechend sie sein sollte. Peter Weiss habe ich darüber hinaus eine Initiation ganz besonderer Art zu verdanken: die Initiation in die Sekundärliteratur. Meinen ersten germanistischen Aufsatz habe ich über Peter Weiss geschrieben. Er hieß *Am eigenen Leib. Sinnliche Erfahrung und ästhetische Wahrnehmung in Peter Weiss' Prosa* und war 1981 in einem von meinem Doktorvater mitherausgegebenen Sammelband mit dem Titel *Die ›Ästhetik des Widerstands‹ lesen* erschienen. Normalerweise lese ich nicht in alten Aufsätzen von mir, ich komme mir dabei irgendwie unanständig vor, nun aber habe ich doch einmal hineingeschaut und festgestellt, dass sich eine Seite des Aufsatzes auch mit *Abschied von den Eltern* beschäftigt. Heute lese ich den eigenen Text eher symptomatisch und kann an den Zitaten feststellen, was mir damals wichtig war an Weiss' Erzählung. Da war zum einen das Thema der erwachenden Sexualität des Knaben, worauf er mit Schuldgefühlen und Selbstzerstörungsphantasien reagiert: »Abends im Bett zuckte mein Glied und bäumte sich auf, es pochte in ihm, es schwoll an und brannte. Ein rasender Haß auf dieses Glied ergriff mich, ich hätte es abhacken wollen ...«

Das ist das Schöne an germanistischen Aufsätzen, man kann Dinge wie diese öffentlich aussprechen, ohne dass jemand sich beschweren darf. Der körperbesessene Weiss eignet sich insgesamt sehr gut zum Zitieren von drastischen Angelegenheiten aus der Trieb- und Sexualsphäre, die man selbst noch nicht mal zu denken wagt.

Doch war es nicht die sexuelle Drastik, die mich faszinierte, auch wenn ich obigen Satz gern zitiert hatte, sondern eine ›Urszene‹ ganz anderer Art. Gemeint ist die Erinnerung an einen unbeschwerten Sommertag, den der Erzähler nackt mit anderen Kindern im Garten seines Onkels verbringen durfte, und der für ihn zu einem Schlüsselmoment kindlicher Erfahrung wird: »Ein einziges Mal in meiner Kindheit erlebte ich eine Ahnung von körperlicher Freiheit.« Das schlichte Pathos und die traurige Wahrheit dieses Satzes hatten mich berührt und in eingebildete Nähe zum Erzähler gerückt. Er fühlte, was ich fühlte. Ich fühlte, was er fühlte.

Eine Nähe, die noch gesteigert wurde durch den Anfang des Buches, wo Peter Weiss über seine Eltern schreibt: »Nie habe ich das Wesen dieser beiden Portalfiguren meines Lebens fassen und deuten können. Bei ihrem fast gleichzeitigen Tod sah ich, wie tief entfremdet ich ihnen war. Die Trauer, die mich überkam, galt nicht ihnen, denn sie kannte ich kaum, die Trauer galt dem Versäumten, das meine Kindheit und Jugend mit gähnender Leere umgeben hatte.«

Wobei mich diese Passage heute noch mehr irritiert als damals, trifft sie mich doch sozusagen ins Herz beziehungsweise in die Leere meiner eigenen niemals enden wollenden ostwestfälischen Kindheit. Es ist eine Leere mit Sogwirkung. Eine gefräßige Leere. Sie will mit Worten gefüttert werden, mit Gedichten, Essays und Erzählungen. Sie verschmäht auch ganze Romane nicht. Nicht die kleinen Romane. Und auch nicht die großen. Nicht mal einen solchen wie *Die Ästhetik des Widerstands* mit ihrer niederzwingenden, geradezu betäubenden Sprachmacht.

Aufgabe

Mindestens zwei Seelen schlagen in meiner Brust: zum einen die des Schriftstellers, der davon überzeugt ist, dass Schreiben viel mit Einsamkeit, mit Unkontrolliertheit und Spontaneität, mit dem Unbewussten und all dem zu tun hat, was jeder Didaktik und jeder Pädagogik vorausgeht. Und zum anderen die des Pädagogen, der auch für Literarisches Schreiben oder Creative Writing zuständig ist und weiß, dass nicht nur die Einsamkeit des Schriftstellers die Bedingung seiner Vergesellschaftung ist, sondern dass auch umgekehrt die Vergesellschaftung des Schriftstellers die Bedingung seiner Einsamkeit ist. Mit anderen Worten: ein Schriftsteller, der nicht veröffentlicht und sich nicht veröffentlicht, ist keiner. Ebensowenig wie einer, der nicht weiß, dass auch der isolierteste Schreibprozess niemals ein vollkommen autonomer ist: einen ersten Leser gibt es immer, sei es der Lektor oder die Ehefrau. Und sollte es beide ausnahmsweise einmal nicht geben, dann tritt der Schriftsteller sich selbst als Leser gegenüber und bildet in gewisser Weise mit den verschiedenen Instanzen seines eigenen Autor-Ichs eine Arbeits- und Produktionsgemeinschaft.

Als Lehrender in Sachen Literarisches Schreiben kann mir im äußersten Falle alles zum pädagogischen Vorsatz und didaktischen Material werden. Als Schriftsteller hebe ich warnend den Finger: keine Pädagogik bitte, Inspiration ist gefragt, Obsession tut Not, das Schreiben ist ein Existential und kein Handeln nach Anleitung. So schwanke ich dann hin und her und weiß zugleich, dass die Wahrheit in der Vermittlung all dessen liegt, was ich hier auf zwei Pole verteilt habe. Und dass es vom einzelnen abhängt – vom einzelnen lernenden wie lehrenden Autor –, ob diese Vermittlung sich produktiv auswirkt.

Wie aber stehe ich nun zu meinen sogenannten ›Lehrmeistern‹? Zu dem, was mir lieb und teuer ist? Soll ich etwa Peter Weiss' *Abschied von den Eltern* pädagogisieren und didaktisieren? Ein Buch, das ich als geheime Lebensschrift gelesen habe auf meinem eigenen Weg heraus aus dem Elternhaus und weg von den übermächtigen Schatten der Elternfiguren. Soll ich so ein Buch degradieren zu einer Schreibanregung? Soll ich Aufgaben stellen wie beispielsweise: Nehmen Sie die Rolle des Vaters oder der Mutter ein und antworten Sie auf den Sohn! Verwandeln Sie den Bericht über die Auseinandersetzung des Vaters mit dem Sohn über dessen berufliche Zukunft in einen dramatischen Dialog! Versetzen Sie sich in die Rolle von Jacques, dem Freund des Erzählers, und schreiben Sie ihm einen Brief, nachdem Sie sich endgültig von dem Erzähler verabschiedet haben!

Lieber nicht. Und auch zu Stilimitationen möchte ich niemandem raten. Eher schon den Ratschlag geben: Ahmen Sie alles nach, nur nicht sich selbst und niemals ihr Lieblingsbuch. Das einzige aber, was ich wirklich und ohne jede ironische Reserve raten kann, ist: genaue Lektüre. Und gegebenenfalls, falls diese Lektüre zu einer Leseerfahrung führt, die persönlich besonders berührend oder gar eine

Schlüsselerfahrung ist: dem jeweiligen Werk einen besonders geschützten Platz in der eigenen Erfahrungswelt einzuräumen und darauf zu vertrauen, dass es seine Wirkung subkutan entfaltet. Ein Lieblingsbuch oder einen Lieblingstext haben heißt, einen Verbündeten zu besitzen, der uns den Weg zu uns selbst und damit auch zu den oft genug verborgenen Motiven unseres Schreibens und zu dem weist, was sich uns als Schreibaufgabe im existentiellen Sinn stellt. In unserem Falle ist dies: der lange, unendliche Abschied von den Eltern und der eigenen Kindheit.

Antje Rávic Strubel

Sätze bilden

Joan Didion: Demokratie [1984]

Ich habe alles von Joan Didion gelernt. Ich habe mir Feuer bei Brigitte Reimann und Ernest Hemingway abgeschaut, das Schwülstige bei James Baldwin, Pathos bei Djuna Barnes und Risiko bei Gertrude Stein, ich habe mir das Absurde bei Samuel Beckett, das Phantastische bei Wladimir Nabokov, das Romantische bei Paul Auster, Raymond Chandler und Ingeborg Bachmann abgeschaut.

Ich habe mir überhaupt alles abgeschaut. Aber das Abschauen hat keinen Sinn, wenn man nicht in der Lage ist, es in die eigene Sprache zu übersetzen. Joan Didion ist dafür die beste Mentorin.

Sie ist desillusioniert. Sie mißtraut der Idee vom Autor als Schöpfer literarischer Texte. Sie misstraut allem, was sich generalisieren lässt. In ihren Romanen formuliert sie klare, scharfkantige Sätze. Das Scharfkantige entsteht durch genaues Hinsehen. Auch ihre eigene Position betreffend, sieht sie genau hin.

»Nennen Sie mich die Autorin«, heißt es in ihrem Anfang der achtziger Jahre geschriebenen und jetzt im Claasen-Verlag neu aufgelegten Roman *Demokratie*. Hinter diesem Imperativ steckt der Zweifel. Wer schreibt? »Not I«, könnte man mit Beckett antworten: »nicht ich«. Das Ich der Autorin, das schreibende Ich, das allgemeine Ich ist ein sprachliches Irrlicht. Es bezeichnet die eigene Person unter Ausschließung aller anderen, es scheint das subjektivste Wort in der Sprache und ist doch das Allgemeinste; es kann von jedem benutzt werden und benutzt jeden.

Ein erzählerisches Ich ist zwar eine der geläufigsten Konventionen beim Schreiben. Aber Didion misstraut solchen Konventionen. Sie misstraut der Sprache als ihrem Träger. Sie sieht die Sprache als Abraumgebiet all der schönen Lügen, aus denen unser Alltag gestrickt ist, all der Verhaltenscodices, Gefühligkeiten, Ideologie und Moral. All das legt Didion frei, sobald sie in die Sprache geht.

Sie misstraut diesem Ich auch, weil ihrer Ansicht nach die Unterscheidung zwischen dem, was war, und dem, was gewesen sein könnte, schon in der eigenen Erinnerung verloren gehe. Unter diesen Umständen ist es eigentlich unmöglich zu schreiben. Deshalb verlangt sie nach diesem Pakt.

»Nennen Sie mich die Autorin.« Sie entwirft sich in ihren Texten als eine Didion auf der Schnittstelle zwischen Fiktion und Biografischem, häufig als Journalistin, die ihren Stoff recherchiert. Sie macht das Erzählte durchsichtig auf den Vorgang des Erzählens und auf sich selbst. Die Figur der Autorin vermutet, zweifelt an sich selbst, verwirft ihre Notizen. Ihre Texte spielen oft vor dem Hintergrund politisch brisanter Situationen. Dennoch hält sie politisches Schreiben für einen »in vielerlei Hinsicht sinnlosen Akt. Es ist wie Leben.«

Ihre Romane sind so konstruiert, dass die Trennlinie zwischen Fakt und Fiktion zu verschwimmen scheint. Sie sind Ergebnisse (fiktionaler) Recherchen. Galt Truman Capotes Buch *Kaltblütig* noch als erster nichtfiktionaler Roman, dreht Didion das Ganze um: ihre Bücher sind Reportagen über Romane. Didion erfindet den Stoff, indem sie ihn mit journalistischem Handwerkszeug zerlegt. Denn für Didion ist die Wirklichkeit nichts anderes als Roman. Narration. Indem sie erzählt, als handele es sich um eine Recherche, führt sie die Wirklichkeit als Erfindung vor.

Das wird schon deutlich an den vier unterschiedlichen Romananfängen, mit denen *Demokratie* beginnt. Jeder der Anfänge führt eine der Figuren ein, reflektiert den Schreibprozess, wird verworfen und dennoch als Verworfenes stehengelassen. Jede Figur ist eine Möglichkeit, aber nie die endgültige. So entsteht während des Lesens die Illusion, immer noch am Anfang zu sein, während man doch bereits tief in der Handlung steckt. Im dritten der möglichen Anfänge werden verschiedene Zeitformen und Erzählhaltungen durchgespielt:

»›Stell dir meine Mutter beim Tanzen vor‹, begann dieser Roman in der ersten Person. Die erste Person war Inez und wurde später zugunsten der dritten aufgegeben:

›Inez stellte sich ihre Mutter beim Tanzen vor.‹

›Inez erinnerte sich an ihre Mutter beim Tanzen.‹«

Kurz darauf tritt die Autorin einen Schritt zurück und betrachtet das Geschriebene von außen: »Sie werden sehen, daß die Töchter in romantischen Geschichten sich immer an ihre Mütter beim Tanzen erinnern.« Ein weiterer Schritt rückwärts führt die Autorin zu einer Betrachtung über ihr Schreiben: Ein kurzer Abriss listet Notizen auf, die Didion sich über Inez' Familie gemacht hat, über Herkunft, Kleidung, Erziehung. Der Abriss endet mit den Worten: »Sie sehen die Scherben des Romans, den ich nicht mehr schreibe, die Insel, die Familie, die Situation. Ich habe die Geduld damit verloren. Ich habe die Nerven verloren.« Auch die Kulisse oder die Motive und Charakterzüge der Hauptfigur, die eine schlüssige Psychologie begründen würden, scheinen Didion wenig aussagekräftig:

»Denken Sie lange genug über diese Dinge nach, und Sie

werden sehen, daß sie einen dazu bringen, die Bedeutung nicht nur von Persönlichkeit, sondern auch von Erzählen zu leugnen. Das macht diese Dinge nicht gerade zu idealen Bildern für einen Romananfang, aber wir begnügen uns mit dem, was wir haben.«

Bilder nicht schichten, sondern entfalten. – Wenn es überhaupt einen Slogan, einen Leitsatz gibt, der überdimensional über der schmalen Straße des Schreibanfängers leuchten sollte, dann wäre es für mich dieser. Ein Satz wie dieser ist nicht schwierig zu verstehen. Aber mit Didion habe ich ihn erst begriffen.

Didions Misstrauen gegenüber der Sprache zwingt sie zur Zurückhaltung. Ihrer Poesie der Reduktion liegt das Wissen zugrunde: Das Wenige, was wir haben, muss sehr bewusst untergebracht werden. Ihre Texte sind beherrscht von dem, was nicht gesagt wird. In dieser hochgeschlossenen Eleganz liegt die Kraft ihres Schreibens; mit zwei, drei Sätzen entwirft sie eindringliche Szenen, im knappsten Dialog gewinnt sie die Essenz der Figur.

Die Reduktion ihrer erzählerischen Mittel zielt auf das landläufige Verhaftetsein an Inhalte. »Inhalte sind für mich immer sprachlich«, sagte Didion in einem Interview. Sie verändern sich nicht nur abhängig davon, wer sie wiedergibt, in welchem Zusammenhang, unter welchen Umständen, sondern sie verändern sich schon im Moment der Wiedergabe selbst; wiederholtes Erzählen derselben Sache ist bereits die Erzählung des zuvor Erzählten. Was sie schon als Kind interessiert habe, so Didion, »war die Art, in der Sätze funktionieren und wie man eine Geschichte ändern kann, indem man einfach die Art der Sätze ändert. Nur die Form der Sätze, nicht die Fakten in den Sätzen«.

Nachdem in *Demokratie* verschiedene Anfänge durchgespielt und die Entscheidung für einen davon zur Beschreibung einer disparaten Welt für unsinnig erklärt wird, erst dann kristallisiert sich ein brauchbares Bild heraus. Didion konzentriert sich so auf dieses Bild, dass sie es zum Leuchten bringt: Der Strand. Der Strand, und wie Jack Lovett an diesem Strand auf Inez Victor wartet und wie Didion Teil dieses Wartens ist. Jack Lovett, ein zwielichtiger Global Player, in Waffenhändler- und Geheimdienstkreisen unterwegs, der Inez Victor, Tochter einer der reichsten und mächtigsten Familien auf Hawaii und Frau eines US-Senators, liebt. »Ich mache nun schon eine ganze Weile Notizen über die Art, wie Jack Lovett auf Inez Victor wartete.« An dieser Stelle erfahren wir noch nicht, wer genau Lovett ist oder wie dieses Warten aussieht. Aber im Laufe des Romans wird Didion auf dieses Bild immer wieder zurückkommen. Der Strand wird sich verändern, das Land, dem dieser Strand gehört, wird sich verändern, aber die Situation wird doch wiedererkennbar sein. Und so ähnlich wird Didion mit einer begrenzten Menge blitzlichthaft erhellter Situationen verfahren.

Ihr Erzählen ist elliptisch. Es kehrt immer wieder zu zentralen Momenten zurück. Diese Momente sind durch Motive untereinander verbunden. Motive oder Sätze. Didion schreibt, als kreise sie vogelperspektivisch über ihrem Material, sie hat alles gleichzeitig im Blick, und an bestimmten Stellen, die auf eine konkrete Aussage, auf ein wichtiges Detail hin durchlässig sind, stößt sie herab. Sie holt dieses Detail an die Oberfläche und lässt es von nun an nicht mehr in Ruhe, sie spielt damit, sie kommt darauf zurück, sie schleppt es mit durch den restlichen Text. Beispielsweise greift Didion einen der Sätze, die den ersten Moment am Strand etablieren, später erneut auf, und indem sie ihn aufgreift, verändert sie ihn. Sie wirft ihn herum, sie treibt ihn in eine neue Richtung, was eine Öffnung derselben Situation nach sich zieht und sie verändert. Sie eröffnet mit demselben Satz einen neuen Sinnzusammenhang. Sie legt den Satz einer anderen Person in den Mund und kann so diese Situation mit dem gleichen Material dennoch in einer anderen Perspektive erzählen.

Die Aufhebung der Chronologie, die Absage an einen erzählerischen Realismus, der das Leben auf einen Zeitstrahl spannt, gibt ihren Texten eine große Offenheit. Man könnte an jeder Stelle einhaken und ein weiteres Thema aufmachen. Hier wird nichts von unten nach oben oder von vorn nach hinten gebaut, sondern an jeder Stelle von innen etwas zugefüttert. So ist es ihr möglich, die Liebesgeschichte zwischen Inez und Jack aus der für eine Liebe üblichen Dramaturgie herauszuheben. Auch hier wird von Möglichkeiten erzählt. Didion bringt die Versatzstücke einer Liebe, die sie, die Autorin, die gleichzeitig in der Rolle der fiktiven Journalistin steckt, bei ihren Recherchen zu diesem Buch zusammengetragen hat, in eine Reihenfolge, deren Richtigkeit sie nur vermuten kann. Das Erzählmodell der Recherche ermöglicht es Didion, nach rein motivischen oder ästhetischen Gesichtspunkten von dieser Liebe zu erzählen. Sie kann Anfang und Ende vertauschen, sie ineinanderschieben, sie kann einen Satz Lovetts vom Beginn der Liebe und einen vom Ende der Liebe in einer Szene zusammenprallen lassen, um in ein die Aussage beider Sätze übersteigendes drittes Thema überzuleiten, und sie kann immer wieder vom Warten Jack Lovetts am Strand erzählen, als sei es das erste mal.

An keiner Stelle im Roman gibt es Sicherheit über das Erzählte. Das heißt nicht, dass Unordnung herrscht. Das heißt nicht, dass am Ende keine Geschichte erzählt wird. Didions Romane sind streng komponiert. Ihr Erzählen ist eines, das sich mit wenig begnügt und dieses Wenige einem strengen

Bauprinzip nach einsetzt, wodurch ein äußerster Grad an Konzentration erreicht wird. So offen ihre Texte sind, haben sie doch ein Auffangnetz, das ihnen eine dichte innere Struktur verleiht. Und das sind jene Wiederholungen. Sätze werden eingesetzt wie Themen in der Musik. Auf diese Weise können Dinge, die sonst nur schwer vereinbar wären, zusammengezogen, andere auseinandergerissen werden.

Manchen Szenen nimmt Didion alles Fleisch bis hinunter auf das bare Dialogskelett, und kommt sie das nächste Mal darauf zurück, erfährt man ein zusätzliches Detail, einen Hintergrund, der das zuvor im Dialog Ausgesparte erzählt. Jede dieser Wiederholungen wird durch ein bestimmtes, von den anderen verschiedenes Thema getragen, und nur das für dieses Thema Relevante wird erzählt.

So gewinnt jede Szene eine strahlende Klarheit. Und das häufige Wiederaufgreifen von Sätzen und Motiven gibt dem Text eine Unterströmung, die im Erzählten jederzeit mitschwingt und es von unterhalb des Gesagten mit Leben anfüllt.

Am Ende eines Kapitels heißt es: Inez Victor »hatte die Schutzinstinkte eines erfolgreichen Flüchtlings. Sie schaute nie zurück«. Und das nächste Kapitel beginnt: »Oder zumindest fast nie. Ich weiß, daß Inez Victor einmal tatsächlich versuchte, zurückzuschauen.« Der letzte Satz stellt den Anschluss zwischen den Kapiteln her und öffnet aufgrund seiner Drehung eine neue thematische Tür. Eine typische Verhaltensweise der Figur (Inez schaut nie zurück) wird über die Erwähnung der Ausnahme in diesem Verhalten in eine außerordentliche Situation überführt. Das betrifft sowohl die Figurenpsychologie, als auch die Dramaturgie. Die Ausnahme in Inez' Verhalten zeigt den Bruch im Charakter und führt auf den Höhepunkt des Textes zu: unter dem hülsenartigen, motivationsarmen Leben der Senatorengattin glüht noch ein Funke der Leidenschaft aus ihrer Jugend; von Jack Lovett wieder neu entfacht. Auf diesen Ausnahmezustand in Inez' Leben wird durch eine scheinbare Nebensächlichkeit, eine bloße Kopfbewegung, hingeführt. Diese Nebensächlichkeit stellt sich bei genauerem Hinsehen als ein literarisches Schwergewicht heraus; das mit einem Verbot besetzte Umdrehen ist sowohl antikes Topos (Orpheus ist es verboten, sich nach Eurydike umzudrehen), als auch biblisches Motiv (Lots Frau, die auf der Flucht aus Sodom Gottes Gebot missachtet und sich umdreht). Mit vier klaren Sätzen macht Didion mehrere komplizierte Sachverhalte klar, ohne einen einzigen davon zu erklären. Und sie reiht ihren Text diskret in eine literarische Tradition ein, ohne ihrer Figur oder ihrer Erzählerin textferne Wissensexzerpte unterzuschmuggeln.

Ganz und gar nicht die Allwissende, weiß die Erzählerin doch alles über die Figuren. Alles jedenfalls, was ihr Material hergibt. Da das Grundprinzip von Didions Romanen die Vermutung ist und sie von vornherein jeden Wahrheitsanspruch ablehnt, gewinnt sie eine neue Freiheit. Sie formuliert ihr eigenes Herumtasten, sie macht den Vorgang der Rekonstruktion von Material sichtbar, sie formuliert ihre Position als Schreibende mit und kann so schamlos in die Köpfe aller Figuren hineinsehen, ohne sich einer überholten Erzählkonvention bedienen oder sich für schwankende Perspektiven rechtfertigen zu müssen.

Mit Didion als Mentorin lernt man zuerst der Tatsache misstrauen, dass man überhaupt schreiben können kann. »Ich begann«, schreibt sie »zu einem Zeitpunkt meines Lebens über Inez Victor und Jack Lovett nachzudenken, da mir (...) ein Mindestmaß an Selbstbewußtsein fehlte, das alle Schriftsteller beim Schreiben von Romanen für unerläßlich halten, da mir die Überzeugung fehlte, da mir Geduld mit der Vergangenheit und Interesse an der Erinnerung fehlte und der Glaube an meine eigene Technik«, heißt es zu Anfang in *Demokratie.*

Daher auch ihr Befremden angesichts jedes gutgemeinten Unterrichtsversuchs im kreativen Schreiben: »Eine zu denken gebende, interessante Beschreibung, auf die ich kürzlich in einem Lehrbuch für kreatives Schreiben stieß: *Didion beginnt mit einem ziemlich ironischen Hinweis auf ihren unmittelbaren Beweggrund, weshalb sie dieses Stück schreibt. Versuchen Sie, diesen Kniff als Einleitung zu einem Essay zu verwenden; vielleicht möchten Sie den ironischen-aber-ernsten Ton von Didion kopieren. (...) Denken Sie über die weiterreichende Frage nach dem Handlungsraum nach: wie benutzt Didion den Ort der Handlung als rhetorischen Ausgangspunkt? Sie kehrt immer wieder zu verschiedenen Details der Szene zurück: wo und wie und mit welchem Ergebnis? Erörtern Sie auch, wie sich Didion in den Rahmen der Handlung einbringt: dadurch entsteht Atmosphäre. Wie?*«

Mit Didion als Mentorin ist der Grund, auf dem man sich als Schreibende bewegt, deshalb äußerst ungesichert, weil sich das, was man zu wissen meint, und das, was man weiß, immerzu entzieht. Mit Didion als Mentorin bleibt einem nur, sich das eigene Denken genau anzusehen. Um dann Sätze zu bilden. Und zu zweifeln. Und mit den Zweifeln Sätze zu bilden. Und zu hoffen, dass die Sätze tragen.

Aufgabe

Suchen Sie sich ein Bild (beispielsweise eine Person wartend am Strand). Entwerfen Sie auf der Grundlage des Bildes eine Szene und legen Sie das Geschriebene und das Bild anschließend zur Seite. Entfernen Sie in Gedanken aus diesem Bild alle Personen. Entfernen Sie alle unbelebten Gegenstände. Entfernen Sie jetzt auch die belebten Dinge, die gesamte Natur. Entfernen Sie alles und tun Sie das nacheinander, so dass sich bei jedem Schritt ein neues Bild ergibt. Betrachten Sie dann die entstehende Leere. Versuchen Sie zu beschreiben, was Sie sehen. Seien Sie so ausführlich wie möglich. Legen Sie daraufhin auch das beiseite. Versuchen Sie anschließend, das Bild, das Sie zu Beginn gesehen haben, aus der Erinnerung schreibend zu rekonstruieren. Entwerfen Sie die Szene erneut. Wenn Sie daran gescheitert sind, fangen Sie erneut an.

Peter Glaser

Einzelheiten

Nicholson Baker: Rolltreppe oder Die Herkunft der Dinge [1988]

> In love, dear love
> My love.
> Detail is all.
> *Walter Carlos Williams*

I.

Wenn jemand schreiben möchte, und zwar Literatur, kann man ihm einen einfachen Rat geben: Lesen und schreiben. Einfach an dem Rat ist vor allem, ihn zu geben; aber wer es sich einfach machen will, der fängt ohnehin nicht zu schreiben an.

Der einfachere Teil des einfachen Rats ist, Schreiben zu lernen, indem man schreibt. Anfangs geht es dabei nicht in erster Linie um stilistische oder formale Gewandtheit. Das sind die Dinge, mit denen man später glänzen kann und aber natürlich gern gleich glänzen würde. Es geht anfangs darum, ausdauernd zu werden; um ein beharrliches, hungriges Interesse an allem, und dass das Schreiben damit beginnt, dass man genau hinschaut, nach innen und nach außen. Nicht einfach nur hinschaut, sondern beobachtet. Etwas nicht einfach sieht, sondern es auch denkt. Und nicht nur einen Blick auf die Dinge wirft, sondern auch den zweiten, und dass einem dann manchmal die offenen Augen aufgehen.

Schauen kann angenehm sein, sich von der Welt gestreift zu fühlen wie von einem Zobelpinsel, aber ein Gefühl ist noch gar nichts, wenn man versuchen will zu schreiben. Um das Schreiben zu lernen, muss man auf die Annehmlichkeit des unschuldigen, ungestörten Gefühlsbepinseltwerdens verzichten und sich darum bemühen, die Dinge und auch die Gefühlsdinge dingfest zu machen, erst überhaupt und später so, wie nur man selbst das kann.

Am meisten lernt man am Anfang, indem man imitiert, etwa so wie Frühmenschen wahrscheinlich Bären beobachtet und imitiert haben, um den Trick mit dem Honig herauszukriegen. Man sollte sich im Weiteren bemühen, zunehmend selbstverständlich und eingehend auf möglichst Vieles mit Sprache zu reagieren und dann der Welt von sich – der Welt – zu erzählen. Es dauert, dann kann man es. Oft dauert es Jahre, deshalb ist ein Durchhaltevermögen wichtig, das spürt, dass es noch über sich hinausgehen kann. Wenn sich zum ersten Mal eine Geläufigkeit einstellt beim Schreiben und man weiß: Ich kann es, ist man kräftig genug, diejenigen Dinge in Angriff zu nehmen, die am Schreiben etwas schwieriger sind. Der schwierigere Teil des einfachen Rats ist, Schreiben zu lernen, indem man liest. Denn was soll man lesen, das keine Zeitvergeudung ist: *Rolltreppe oder Die Herkunft der Dinge* von Nicholson Baker, in der hervorragenden deutschen Übersetzung von Eike Schönfeld.

Es gibt große Romane, deren nacherzählbare Handlung in eine Nussschale passt. Ein alter Mann fährt aufs Meer und fängt den Fisch seines Lebens, auf der Rückfahrt fressen ihm Haie den Fisch wieder weg. Der junge Stechlin heiratet und Dubslav, der alte, stirbt. Etcetera. Ich kenne allerdings keine Romanhandlung, die so reduziert, so molekular ist wie die der *Rolltreppe*. Innerhalb von zwei Tagen reißen Howie, einem amerikanischen Büroangestellten, erst das linke, dann das rechte Schuhband. Howie versucht während einer Mittagspause herauszufinden, was mit seinem Leben los ist, dass so was passieren konnte.

Und das soll Stoff für einen ganzen Roman liefern?

II.

Problemlos. Denn Baker ist ein Beobachter par excellence, der eine beispielhaft geduldige Genauigkeit im Beschreiben entfaltet. Wie oft kann man Sätze in Büchern lesen, die sich anfühlen wie Styropor. Oder Sätze, die ich Transportsätze nenne und die gleichförmig sind und auf Schienen laufen wie Güterwaggons und einzig dem Vorankommen der Handlung dienen. Oder Wendungen, die einem bestenfalls ein flaches, blasses Gefühl geben oder die fühllos bleiben. Wenn ich *Rolltreppe* lese, ist es, als hätte ich statt einer Brille ein magisches Mikroskop aufgesetzt.

Als Kinder haben wir ein Spiel nach dieser Methode gespielt. Man musste dazu verkehrtrum durch ein Fernglas auf seine Füße schauen und dabei versuchen, einen Teppichrand entlang zu gehen. Das war schwierig, denn die Füße schienen durch die Verkleinerung meterweit entfernt, und man kam schnell ins Taumeln. Es war, als ginge man auf Stelzen über ein Hochseil. An dieses Spiel musste ich auch denken, als ich anfing, von der sonderbaren Faszination zu schreiben, die Computer und die ganze digitale Technik hervorrufen. Wir benutzen neue Technologien, und vieles, das bisher einfach war, fühlt sich plötzlich komplex und schwierig an. Es wäre ganz einfach, ohne Fernglas den Teppichrand entlang zu gehen. Aber es wäre nicht innovativ.

Mit *Rolltreppe* ist Baker auch ein bemerkenswerter technologischer Vorgriff gelungen. Ständig verzweigt der Text in opulente Fußnoten, in Wahrheit brillante Miniaturessays, und diese Störungen des herkömmlichen Leseflusses helfen uns bereits mehr als dies die meisten anderen literarischen Texte tun, eine Anstrengung zu unternehmen, die so unangenehm wie notwendig ist, wenn man etwas darüber wissen will, wie Literatur gemacht wird, nämlich in eine beobachtende Distanz abzurücken, mit dem technischen Auge zu lesen und damit aus dem unschuldigen Genuss des hinnehmenden Lesens auszusteigen in die Arbeit des Schriftstellers.

Als 1988 die englische Originalausgabe erschien, mochte *Rolltreppe* mit den vielen, langen Fußnoten (eine davon geht über 9 Seiten) und der enzyklopädischen Gründlichkeit der Beschreibungen in manchem wie eine Parodie auf eine wissenschaftliche Arbeit wirken. Die Fußnotenfülle erhebt Nebensachen zu Hauptsachen, aber es wird schnell deutlich, dass die Nebentexte sich vom Haupttext einzig durch die Richtung unterscheiden: Sie führen nicht nach vorn, sondern zweigen ab. Als 1994 das Internet in die Öffentlichkeit hinausexplodierte und die Idee der Verlinkung von Texten populär wurde, offenbarte sich Bakers Fußnotenphilie in ihrer ganzen Modernität. Wer mit irgendeiner Form netzaffiner Literatur liebäugelt, wird also ebenfalls nicht vermeiden können, sich an *Rolltreppe* abzuarbeiten.

In einem Buch, in dem es zentral um die Abnutzung eines Paars Schuhbänder und die Erkenntnisgravitationswellen geht, die durch ihr Abreißen ausgelöst werden, gehören Fuß-Noten als Stilmittel im übrigen zum Nächstliegenden. Sie erlauben das ständige Abweichen von der eigentlichen Geschichte (oder von dem, was man für die eigentliche Geschichte halten könnte) in scheinbar Peripheres. Objekte, die vor einen sauberen Hintergrund gestellt werden etwa (»sobald man ein Detail der Welt derart absetzte, konnte es als Gegenstand des Interesses zu wahrer Größe gelangen«). Oder Milchkartons, und wie sich die Art der Milchzustellung mit der Zeit verändert hat (»Heute kommt kein Milchmann mehr«).

Durch eine Fülle schöner und bemerkenswerter Alltagsbeschreibungen schimmern dann ab und zu, wohlgesetzt und lakonisch, die Konturen einer Entwicklungsgeschichte, einer Liebesgeschichte, des Heranwachsens: »Und glücklicherweise kann ich mich genau an den Tag erinnern, an dem mein Leben als Erwachsener begann.« Es passiert in der U-Bahn, bei dem vergeblichen Versuch, von einem der Handgelenke anderer Fahrgäste die Uhrzeit abzulesen (nachdem Howie seine Armbanduhr die Woche zuvor unter Androhung von Gewalt geraubt worden war). Wohlgesetzt und lakonisch: Auch verschiedene Lautstärken von Humor kann man bei Baker gut studieren, Parodie ist das Buch auch auf die Parodie schlechthin, zu deren Prinzipien ja die Übertreibung gehört (*Rolltreppe* ist die Untertreibung schlechthin); die bevorzugten Stilmittel aber sind die Ironie – das Lächeln, das man nicht sieht, nur spürt – und die Königsform des Komischen, die Lakonie.

Es gibt Dinge, die nur mit Literatur gesagt werden können, mit nichts anderem: »Ich hätte ihr gern gesagt, wie flink sie sei«, vermerkt Howie über eine Kassiererin im Supermarkt, »wie sehr es mir gefiele, dass sie die Bewegungen und Abkürzungen herausbekommen hatte, durch die Bargeldabwicklungen weiterhin vergnüglich bleiben, doch es schien keine unpeinliche Art und Weise zu geben, dies zu übermitteln.«

Man kann dieses Buch lesen als Gegenbild zu dem, was man gewöhnlich von einem guten Buch glaubt erwarten zu müssen: stringenter Textfluss, spannender Handlungsfortlauf, menschliches Drama, großes Gefühl. Der offensichtliche Mangel an Plot und Drama erzeugt einen Sog, in den die dramengeneigte Leseerwartung ständig hineinzustürzen droht, um sich fremdartig fasziniert wiederzufinden: in einem Rauschen von Alltagsdingen und kleinen und kleinsten, sonderbar bekannten Vorgängen.

Mit den kleinen beginnen dann auch die großen Dinge zu klingen, eine Liebesgeschichte etwa. Während die superfeinen Linien aus Reststaub, die beim Fegen am Rand des Kehrblechs übrig bleiben, immer dünner und beinahe unsichtbar werden (und dabei nicht zuletzt an die Linien der Schrift erinnern, die wohl auch gern ganz hineinverschwinden würde ins Geistige), bekommt Howie einen Anruf von L., und »die Tatsache, dass wir an einem Sonntagnachmittag unabhängig voneinander beschlossen hatten, unsere jeweilige Wohnung zu fegen, nachdem wir das Wochenende gemeinsam verbracht hatten, nahm ich als schlagenden Beweis dafür, dass wir zueinander passten.«

III.

Die Leute, die glauben, dass gute Geschichten immer einen ausgeklügelten Plot haben müssen, haben Angst. Sie haben Angst, dass da sonst nichts mehr sein könnte, aber das Gegenteil ist der Fall. *Rolltreppe* ist der Beleg dafür. Raymond Chandler, der Erneuerer des Kriminalromans in den vierziger Jahren, schrieb in einem Brief: »Meine Theorie war, dass die Leser nur dachten, dass für sie die Action die Hauptsache sei; auch wenn es nicht klar war, sie kümmerten sich ziemlich wenig um die Handlung. Worum es ihnen wirklich ging, und worum es mir ging, war das Entstehen von Gefühlen durch Dialoge und Beschreibungen.«

Jede Geschichte handelt von etwas. Sobald Zeit hinzukommt, kann auch aus einer bloßen Beschreibung eine Geschichte werden. Baker etwa beschreibt das Regenbogenschillern am Rand einer sich drehenden Schallplatte, und diese Beschreibung erzählt uns heute auch, by the way, was in den zurückliegenden 20 Jahren mit Platten und Plattenspielern geschehen ist, beide erst beinah verschwunden, und dann verdoppelt in Form von Turntables und als Vinyl-Editionen für DJs und Liebhaber aus der Asche aufgestiegen.

Die mit der Angst halten sich an Kriminalgeschichten, eigentlich die größtmögliche Unordnung im gesellschaftlichen und dem individuellen Leben, wie an einem Nothaltegriff fest. Sie sind hingerissen vom Detektiv. Tatsächlich kann man den Detektiv benutzen, um ein Selbstbild des Schriftstellers zu entwerfen: Er arbeitet wie ein Detektiv, *auch* wie ein Detektiv. Er beobachtet und versucht Dinge herauszufinden, die sich nicht herausfinden lassen wollen oder die man sehen kann, wenn man seinen Blick dafür geschult hat.

Da ist etwa die Frage, warum es keinen Feiertag zu Ehren des Erfinders der Papierperforation gibt: »Abend für Abend sehen sich die Leute wie Roboter die Nachrichten an, im Glauben, sie lernten etwas über ihr Leben, ohne jemals den viel naheliegenderen Entwicklungen Aufmerksamkeit zu schenken, die nicht als Nachrichten ins Haus kommen.«

Schulen lässt sich der Blick fürs Schreiben, indem man Bücher wie *Rolltreppe* liest, die eine Beobachtungsbegierde und Beschreibungslust in einem entfachen (oder Bücher wie *Das Gewicht der Welt* von Peter Handke, oder *Der Fremde* von Albert Camus, oder *Von Hier nach Dort* von Peter Rosei, oder Goethes *Wahlverwandtschaften*). Im Unterschied zum tatsächlichen Detektiv arbeitet der Schriftsteller nicht für einen bestimmten Auftraggeber, darin unterscheidet er sich auch vom Journalisten. Der Schriftsteller arbeitet als Detektiv in jedermanns Auftrag.

IV.

Dinge durchlaufen mit den Jahren Veränderungen, und *Rolltreppe* erzählt auch von den vielfältigen Entwicklungen, die mit dem Heranwachsen und Älterwerden verbunden sind – wobei die Menschen in einer kunstvollen Umkehr als eine Art seelenvoller Schatten der Dinge erscheinen –,

»und die einzige Möglichkeit, das Ausmaß, die Tragweite und die Auswirkungen dieser Veränderungen zu begreifen, die die oft undokumentierte tägliche Struktur unseres Lebens ausmachen (eine grobe, kiesige Struktur, wie das Bankett einer Straße, das normalerweise zu schnell für eine mikroskopische Untersuchung vorbeirast), besteht darin, frühere Bilder dieser Dinge, in welcher Form auch immer sie in der kindlichen Erinnerung auftauchen, herauszugreifen – und hat man diese kindlichen Erinnerungen erst abgerufen, dann muss man damit leben, dass sie beständig dazu neigen, die fragmentarische Historiographie mit dem Geigenschmalz vergangener Rührung zu versauen«. Ein Gefühl, wie gesagt, ist noch gar nichts. Erst durch eine Art von übergeschlechtlichem Dornröschenkuss, den man der Sprache beim Schreiben unbedingt aufdrücken sollte, erheben sich die Dinge manchmal in eine neue, nie gekannte Frische, Dinge, die scheinbar altbekannt und tausendmal gesehen waren.

Aufgabe

Klar ist eine Geschichte, die eine interessante Handlung hat, gut. Sich eine gute Geschichte auszudenken, ist vielleicht nicht ganz einfach. Und erst, wenn Sie mal das Gegenteil versuchen. Versuchen Sie es doch.

Sammeln Sie Beobachtungen. Botanisieren Sie Wirklichkeit und bauen Sie eine Geschichte, ohne auch nur einen Moment an eine tragende Handlung zu denken. Schreiben ist auch etwas wie die Fortsetzung der Alchemie. Man fügt Teile zueinander und hofft, dass daraus Gold oder Leben wird. Es geht um die Qualität der Teile, und wie sie zusammengefügt sind. Man darf die Rüstung nicht scheppern hören, und man sollte den Leser nie spüren lassen, dass einen bestimmte

Teile besonders viel Arbeit gekostet haben. Vor allem diese Teile sollten sich federleicht und lakonisch lesen.

1940 schrieb Hemingway an seinen Verleger, Charles Scribner, ihm gefalle am Krieg, dass es jede Nacht möglich sei, getötet zu werden, das heißt, am nächsten Tag eventuell nicht schreiben zu müssen. Schreiben ist erstaunlich anstrengend, meistens jedenfalls, und in den seltenen Fällen, in denen ich das Gefühl hatte, dass es nicht anstrengend war, wars meistens heiße Luft. Wenn aber alle Teile gut sind und von hoher Qualität, wird sich zwischen ihnen eine Resonanz ergeben und sie werden sich zu einer guten Geschichte fügen, auch wenn man sich eine Handlung, versuchen Sie das, ausdrücklich verbietet.

Dazu abschließend Baker: »Ich spürte, wie ich in die beschienene Fläche hineinfuhr: meine Hand wurde golden (…); ein Bügel meiner Brille begann durch Glitzern auf sich aufmerksam zu machen. Die Verwandlung erfolgte nicht unmittelbar; sie schien ungefähr so lange zu dauern, wie die Drähte eines Toasters brauchen, um orange zu werden. Es war der letzte große Höhepunkt der Mittagspause; möglicherweise der beste Teil der Fahrt auf der Rolltreppe.«

Marcel Beyer

Mein Bienenjahr lesen

Lieselotte Gettert: Mein Bienenjahr [1991]

Auf dem Buchumschlag sehen wir die Autorin bei der Arbeit: Sie steht hinter einer offenen Magazinbeute und fegt mit einem feinen Abkehrbesen Bienen von der gut gefüllten Zanderwabe in den Honigraum zurück. Am Rahmen krabbeln Bienen hin und her, im Hintergrund einige braune Flecken in der Luft, die meisten Tiere aber haben sich anscheinend bereits tief in die noch mit vollen Waben belegte Beute zurückgezogen, der Smoker ist schon einige Augenblicke vorher zum Einsatz gelangt. Die Imkerin trägt eine Bluse mit kurzem Arm, keine Handschuhe, keinen Hut. Ein Bild äußerster Konzentration. Ein Bild der Reflexion. Äußerster Körperbeherrschung. Sprachbeherrschung.

Ein Glücksgriff. *Mein Bienenjahr. Ein Arbeitskalender für den Imker* von Lieselotte Gettert – bei der Wahl des Buches habe ich mich allein vom Titel leiten lassen, das Zusammenspiel von Poesie und Sachlichkeit zog mich magisch an. Ein Erfahrungsbericht aus vierzig Jahren eigener Imkerei, der Anfängern eine Einführung in die Bienenhaltung geben soll und Kollegen Einblick in die eigene Arbeit gewährt, jenseits aller Geheimniskrämerei. Aufforderung zum Austausch, Bienenüberlegungen, in zwölf klar aufgebauten Kapiteln von Januar bis Dezember. Insofern ist dieser *Arbeitskalender* genau das, was im Untertitel versprochen wird. Der Haupttitel indes verspricht noch etwas anderes, das Possessivpronomen und der suggestive Ausdruck *Bienenjahr* eröffnen ein weiteres Feld, auf dem wir uns, die Leser, Schreibenden, als honigmachende Insekten bewegen können, im Buch, auf unserer Bienenwiese. Wir imkern nicht, wir machen keinen Honig, wir sammeln weder Honigtau noch Pollen – und eben darum lesen wir *Mein Bienenjahr* als ein konziser kaum vorstellbares Werk, das uns etwas über das Schreiben sagt und zugleich vorführt, wie Schreiben vonstatten gehen kann.

»Jetzt herrscht bei den Bienen vollkommene Ruhe«: Ein schlichter Satz, eine klare Beobachtung, die auch der Laie ohne weiteres nachvollzieht, in einem sicheren, gelassenen Ton formuliert, der uns durch die zwölf Kapitel dieses *Arbeitskalenders* führen wird. »Jetzt herrscht bei den Bienen vollkommene Ruhe«: Welch ein ungeheuerlicher Auftakt aber für ein Bienenbuch, im Januar, »Am Bienenstand« – es gibt für uns, für den Beobachter, den Imker, nichts zu sehen, nichts zu tun.

Um die Wucht des ersten Satzes zu spüren, muss man bis zum Ende des Dezemberkapitels lesen, wie mir nun aufgeht, da ich an den Anfang zurückgeblättert habe, und vielleicht sollte man sich auch an die Eingangspassagen anderer Bienenbücher erinnern, an Frühjahrsbilder, Bienenwiesen, an Honiglob oder an gravitätisch klingende Herleitungen heutiger Imkerei aus der langen Geschichte des Zusammenlebens von Mensch und Biene. Dagegen Lieselotte Gettert, beiläufig und genau: Im Januar sieht jeder, der es wagt, sich einem Bienenstock zu nähern, dass nichts geschieht.

Der Leser ist sofort gebannt. Die Imkerin hat es mit leichter Hand verstanden, in einem Satz von sieben einfachen Wörtern eine Spannung aufzubauen, die sich, wir spüren es, mit den folgenden Sätzen entladen muss. So funktionieren die klassischen Winterbilder: Die weiße Fläche, wenig Licht, keine Bewegung. Dann Einbruch der Naturgewalt, oder der Auftritt eines Menschen, der alles zum Einsturz bringen wird. Wer uns das leere Januarblatt zeigt, der wird, kein Zweifel, im nächsten Moment darauf die ersten Anzeichen der kommenden Katastrophe einzeichnen. *Doktor Schiwago* lebt davon, *James Bond* führt es im Kino regelmäßig vor, und *Tim in Tibet* ruft mit seinen weißen Seiten konsequent alle Schneebilderwartungen des Lesers auf.

Lieselotte Gettert erweitert das Arsenal der Leere um eine neue Variante, indem sie vor unseren Augen mit raschen Strichen zwei Tragödien im Konjunktiv entwirft: Zum einen kann schon »die Erschütterung beim Betreten eines Bienenhauses oder Hantieren am Freistand« für das überwinternde Bienenvolk eine lebensbedrohliche Störung bedeuten, »das Volk braust auf, Temperatur und Zehrung erhöhen sich« – der Topos des unheilbringenden Menschen. Zum anderen die tödliche Kraft der Natur, hier in Form von Schnee, der sich bei starkem Schneefall vor den Fluglöchern sammelt: »Der Schnee ist zwar luftdurchlässig, wenn er aber schmilzt und danach wieder vereist, könnten die Bienen in Not geraten.« Im einen wie im anderen Fall wäre *Mein Bienenjahr* nach kaum einer Viertelseite Text am Ende angelangt, Erzählen nur mehr in der Rückschau möglich.

Einer schlichten Beobachtung von Nichts folgt das geballte Wissen der Autorin, der arglose Laienblick trifft auf die unendliche Imkerimagination: Mehr als zwei knappe Absätze voller Dramatik hat es nicht gebraucht, die Imkerin hätte uns kaum geschickter in ihre Bienenwelt ziehen können. Erst jetzt nämlich begreifen wir, was wir in dieser Eröffnungsszene hingenommen haben, ohne, wie sonst so gern, zu klagen: Lauter Begriffe, die wir als Laien nicht verstehen. Im Gegenteil, wir haben uns, von der sicheren Stimme der Imkerin geleitet, voller Erwartung ein ungefähres Bild gemacht vom »Freistand«, von der »Zehrung« und vom »Brausen«, und wenn wir die Bedeutung dieser Wörter, wie wir ahnen, auch nicht eindeutig erfassen, so können wir sie, im Vertrauen auf die Imkerin, doch als unbekanntes Material, als fremde Einschüsse, als kleine weiße Flächen im Text stehenlassen, ohne gleich Unheil zu erwarten.

Vielleicht ahnen wir an dieser Stelle ebenso, dass es uns nicht gut tun würde, nun aus dem Fluss der Sätze auszubrechen, uns dem Blick der Autorin zu entziehen und gewissermaßen hinter ihrem Rücken an das Buchende zu blättern, um im Register nachzuschauen und dann, als wäre nichts geschehen, als schlaue Imkerschüler an den Anfang zurückzukehren – nach Einträgen wie »Brausen«, »Freistand«, oder »Zehrung« sucht man im Register natürlich vergebens. Und hat nicht Lieselotte Gettert gleich im zweiten Satz ein »Wir« genannt, ein offenes, das uns einlud, in der Nähe zu bleiben, weil sie uns Einblicke in den Bienenstock gewähren will?

Beobachtungen machen und dafür Worte finden. Sich ein Vokabular aneignen und es auf Gesehenes anwenden. Die zwei Bewegungen greifen so eng ineinander, dass sie nicht zu trennen sind. Da stoßen wir immerfort auf Begriffe, deren Bedeutung sich uns nur durch andere Begriffe erschließt, sofern wir keine praktische Bienenerfahrung haben. Da stoßen wir auf dunkle Stellen im Text, die auch die zahlreichen photographischen Illustrationen nicht erhellen helfen – eine, wie mir inzwischen scheint, besondere Spezialität von Bienenbüchern. So musste ich, nachdem ich selbstverständlich meinte, ich hätte zumindest einen annähernd brauchbaren Begriff von »Mittelwand«, bei der gezielten Suche nach einer Definition einsehen, dass ich weder erklären könnte, was »Mittelwand« genau bedeutet, noch wozu Mittelwände eigentlich dienen. Warum werden sie wann an welcher Stelle in ein Magazin gehängt? Ich bin mir sicher, mir würde die Bedeutung unmittelbar klar, sähe ich einem Imker bei der Arbeit zu, ohne dass er ein Wort sagen müsste.

Eine erste Lektion hätten wir somit bereits Anfang Januar gelernt, hektisch herumblätternd, während bei den Bienen vollkommene Ruhe herrscht: Wir sollten uns nicht aufregen, wenn wir auf unbekannte Wörter stoßen, dabei verbrennen wir nur unnötig Energie – im Winter kann das tödlich sein. Besser, wir konzentrieren uns auf den Text. Sollten wir schwächeln, greifen wir zum Honigglas. Fremdes Vokabular: Unverhoffte Blicke durchs Flugloch, in eine andere Welt, da drinnen, da draußen. Entweder folgen wir der Imkerinnenstimme geduldig Monat für Monat durch das Jahr, oder wir gehen gleich zugrunde, weil uns die Fluglöcher vereisen.

Was heißt das aber: Monat für Monat durch das Bienenjahr? In ihrem zweiten Januarabschnitt gibt Lieselotte Gettert zu bedenken: »Ich möchte nicht sagen, zu diesem oder jenem Zeitpunkt beginnt das Bienenjahr.« Nehmen wir flankierend die Anfänge zweier berühmter Bienenbücher hinzu, *Die Biene Maja und ihre Abenteuer* von Waldemar Bonsels, 1912, und *Aus dem Leben der Bienen* von Karl von Frisch, 1927. »Die ältere Bienendame, die der kleinen Maja behilflich war, als sie zum Leben erwachte und aus ihrer Zelle schlüpfte, hieß Kassandra und hatte großes Ansehen im Stock«, heißt es bei Bonsels, und: »Es waren damals sehr aufgeregte Tage, weil im Volk der Bienen eine Empörung ausgebrochen war, die die Königin nicht unterdrücken konnte.« Schwarmstimmung also, der Stock ist nach längerer Bruttätigkeit übervölkert, zudem hat die Königin ganz offensichtlich Hormonprobleme. Der Zeitpunkt: Mitte Mai.

Karl von Frisch gibt mit seinen Einleitungssätzen einen größeren Rahmen vor, in dem sich Mensch und Biene begegnen können: »Der Naturfreund hat zweifach Gelegenheit, mit den Bienen unschwer eine Bekanntschaft anzuknüpfen: geht er an einem warmen Frühlings- oder Sommertag einem blühenden Obstgarten oder einer blumigen Wiese entlang, so sieht er, wie sie sich an den Blüten zu schaffen machen; und wenn er am Bienenstande eines Imkers vorbeikommt, so sieht er sie dort an den Fluglöchern ihrer Wohnungen aus- und einfliegen.« Setzen wir die erste Pollentracht als frühesten Zeitpunkt an, beginnt das Bienenjahr demnach – abhängig von der Wetterlage – irgendwann im Laufe des März. Vom Januar ist nirgendwo die Rede.

Weil Lieselotte Gettert sich jedoch vorgenommen hat, einen *Arbeitskalender für den Imker* zu schreiben, müssen gleich zu Beginn Menschenzeit und Bienenzeit in Konflikt geraten. »Das Bienenleben«, schreibt sie, »ist wie alles Leben ein steter Kreislauf.« Wer einen Punkt als Anfang festlegt, darf das immer nur unter Vorbehalt tun: »Viele legen diesen Beginn in den Juli, wenn sich das Volk auf den Winter vorbereitet. Aber dann müssen unsere Jungvölker längst in guter Entwicklung sein und die Wirtschaftsvölker sollten noch Tannentracht haben.« Schon die Detailfrage nach einem bestimmten Punkt als Bienenjahrbeginn macht deutlich, dass wir es mit hochkomplexen, dabei fragilen Strukturen zu tun haben, die wir kaum annähernd durchschauen. Und je nach Perspektive, die wir einnehmen, scheint es, als änderte sich, indem sich unsere Vorstellung von ihr ändert, auch die Konstruktion selbst. »Jetzt herrscht bei den Bienen vollkommene Ruhe«: Was, wenn der Eingangssatz gar nicht den Anfang des Jahres, den Anfang dieses Buches markierte?

Indem sie im ersten Kapitel auf die Unvereinbarkeit von Menschenkalender und Bienenkalender eingeht, weist Gettert uns indirekt auf eine weitere Qualität ihres *Arbeitskalenders* hin. Wie in jedem anregenden Buch findet sich in *Mein Bienenjahr* neben der auf Anhieb erkennbaren Struktur ein Muster teils verborgener Strukturen, die von der Autorin gelegentlich durch Querbezüge angedeutet werden, die sich der Leser aber, eigenen Spuren folgend, genauso selbst erschließen kann. Zunächst werden wir uns von der Erzählung leiten lassen, werden Monat für Monat erst Beobachtungen am Bienenstand machen, in einem zweiten Schritt aus ihnen allgemeines Bienenwissen ziehen und schließlich die jeweils notwendigen Arbeiten verfolgen. Bald allerdings fallen uns Motivwiederholungen ins Auge, möchten wir frühere Passagen noch einmal lesen, weil uns ein wichtiges Detail entgangen ist, auf dem nun aufgebaut wird – wir arbeiten also bereits an unserem eigenen Text.

Im Februar etwa wird auf die guten Erfahrungen mit Rainfarn als Rauchmaterial hingewiesen. Im Juli sehen wir seine gelben Dolden auf einer Farbphotographie. Ende August endlich werden wir Rainfarn sammeln, häckseln und auf großen Planen trocknen. Rauchmaterial für den Februar – im Buch jedoch liegt der Februar bereits lange zurück.

Jeder Laie weiß, eine angriffslustige Biene lässt sich schon an ihrem eigenartigen Flugton erkennen. Beim Lesen von *Mein Bienenjahr* ist mir an mehreren Stellen aufgefallen, welche Rolle Schallereignisse im Gleichgewicht zwischen Imker und Honigbiene spielen. »Wer Sorgen hat, ob ein Volk noch lebt, horche nahe am Flugloch«, rät die Autorin für die Winterzeit, wenn nichts zu sehen ist: »er hört dort ein feines Brummen und weiß, alles ist in Ordnung!« Umgekehrt nimmt die Biene wahr, was außerhalb des dunklen Stockes vor sich geht, und schließt von den Geräuschen auf physische Präsenz. So muss der Imker dafür sorgen, dass über den Winter hinweg keine vom Wind bewegten Zweige an der Beute kratzen, die Bienen geraten in Unruhe, die Ruhr breitet sich aus, das Volk geht ein. Akustik und Temperaturhaushalt, das Wohlbefinden sowohl der Bienen wie des Imkers: Vielleicht wird so, läse ich nun unter diesem Gesichtspunkt genauer, über das Buch hinweg ein nahezu unsichtbares Netz gesponnen.

Vieles geschieht im Unsichtbaren bei der Imkerei. So heißt es anlässlich der ersten Frühjahrsnachschau im April, da wir ein zweiräumiges, also in zwei übereinanderstehenden Magazinen wohnendes Bienenvolk in Augenschein nehmen: »Unten kontrollieren wir grundsätzlich jetzt noch nicht, wenn das Volk ruhig erscheint.« Das Geschehen im oberen Magazin lässt auf das Geschehen unten schließen. »Der untere Raum, in dem sich die Menge der Flugbienen aufhält und der zeitweilig hauptsächlich als Pollenlager genutzt wird, bleibt eigentlich den ganzen Sommer von uns unberührt.« Bienenhaltung hat auch mit Diskretion zu tun.

Wir lesen die Bienen, und dabei fragen wir uns ständig: Wie lesen jetzt die Bienen mich? Am Bienenstock wird permanent codiert und decodiert. Eine Veranschaulichung dieses Prinzips, die in keinem Bienenbuch fehlen darf: Wer Angst hat, wird gestochen. Angstschweiß nämlich macht Bienen aggressiv.

Die Imkerin über der offenen Magazinbeute, sie wendet den Blick nicht dem Betrachter zu, sie hält ihn auf den schmalen Luftraum zwischen Honigwabe und Abkehrbesen gerichtet, ganz Ausdruck der furchtlosen Konzentration. Die Bienen kennen ihre Meisterin, meint man, sie kann sich schutzlos nähern, denn keiner wird dem anderen etwas zuleide tun. »Ich arbeite am liebsten ohne Schleier, nur mit leichtem Kittel oder ärmellos im warmen Sommer«, schreibt sie, und: »Handschuhe tragen wir nicht, sie behindern uns bei der Arbeit.«

Wie schützt sie sich dann aber gegen Stiche? Sie muss den Bienen gegenüber Unverwundbarkeit ausstrahlen. Selbstverständlich sind dabei die ruhigen, zügigen, gezielten Bewegungen von großer Bedeutung. Wichtiger noch ist der Geruch. Nur nicht mit Hautschweiß Angstsignale geben – man könnte sagen, der gute Imker weiß sich direkt in das Hormongefüge seiner Völker einzuklinken. Handschuhe oder gar ein Schutzanzug würden diesen beruhigenden Geruchsaustausch aus dem Gleichgewicht bringen. Daneben ermöglicht die Handschuhlosigkeit nicht nur rasches und präzises Arbeiten, die nackte Hand gibt auch der Imkerin selber Signale, die wiederum den eigenen Hormonausstoß regulieren. Eine Selbstvergewisserung: Ich sehe, ich kann mit bloßer Hand in meine Völker gehen, ich spüre keine Furcht, und so bin ich gegen mögliche Angriffe gefeit. Hier kommt die nach und nach erreichte Immunität der Imker gegen Bienengift zum Tragen, der Körper weigert sich, den Stich als Angriff aufzufassen, dem mit einer allergischen Reaktion oder einem Gegenangriff zu begegnen wäre. Ich kenne keine Feinde – darum bin ich unverwundbar.

Und nicht zuletzt wird die intensive Tasterfahrung mit den Bienen zu Lieselotte Getterts Unverwundbarkeit beitragen. Im Junikapitel gibt sie einen knappen, eindrücklichen Bericht, wie sie – aus einem Imkerhaushalt stammend – in ihrer Ausbildung damit betraut wurde, unbegattete Königinnen mit einem Zeichenplättchen zu markieren: »Wichtig dabei war, die Tiere so am Brustkorb zu halten, daß ich nicht gestochen wurde (Bienen bewegen den Hinterleib nur auf- und abwärts, nicht seitlich). Erst wenn etliche Arbeitsbienen diese Prozedur lebend überstanden, durften auch Königinnen gezeichnet werden.« – Die Übung am einzelnen Insekt, mit nackten Fingern, als Aneignung taktilen Bienenwissens.

Berührung und Geruch, die Aufmerksamkeit für Bewegungsgeschwindigkeiten und, natürlich, Farben: Die Imkerin hat sich durch steten, genauen Umgang mit diesen Insekten tief in die Welt der Biene hineingedacht, hat sich einen Antennenersatz geschaffen. Die Autorin schätzt ihre Bienen, weiß sie sehr gut einzuschätzen. Doch ich bin mir sicher, für das Gelingen der Arbeit ist ein weiterer Zug von vielleicht entscheidender Bedeutung, und ich meine, man kann ihn aus dem Photo von der Honigernte herauslesen, aus diesem Blick, den Lieselotte Gettert auf die abgefegte Wabe wirft: Sie mag unendliches Bienenwissen gesammelt haben – zugleich lässt sie erkennen, wie gut sie weiß, dass diese Tiere ihr Geheimnis nie verlieren werden.

Der forschende Blick in den Honigraum: eine Übung in kontrolliertem Schweifen. Jeder Handgriff am Bienenstand ist einstudiert, folgt einer minutiös angelegten Dramaturgie, die nur dann abgewandelt wird, wenn Unvorhergesehenes geschieht oder beobachtet wird, im Volk, im Kasten, an den Waben. Das laienhafte Wegzucken, ja, bereits eine unprofessionelle, von unstillbarer Neugier angetriebene größere Nachschau am Morgen brächte Unordnung ins Volk, würde zu Honigausfall führen.

Es gibt keine natürliche Bewegung über dem offenen Zandermagazin, so wie es auch kein natürliches Sprechen gibt. Alles ist Inszenierung, Künstlichkeit, Regelbefolgen oder eben Abweichen von einem gegebenen Regelwerk. Wer meint, Sprache sei etwas Gegebenes, sei einfach da, und Schreiben heiße, auf Papier zu plaudern, den schicken wir ins Bienenhaus. Es gibt keine natürlichen Sätze.

Natur? Klotzbeute, Lüneburger Stülper, Kanitzkorb, Dathe-Zwilling, Deutsche Normalmaßbeute, Badischer Vereinsstock, Dreiraumbeute »Universell« von Nenniger-Hoehn, Längsbau-Lagerbeute von Golz, Querbaubeute von Bremer, Langstroth-Beute, Dadant-Beute, Segeberger Kunststoffbeute, die Hofmann-Beute, heute auch Alpentrogbeute genannt, die Zanderbeuten, namentlich Zander-Normalmaß-Magazinbeute, Erlanger Magazin und Hohenheimer Beute. – Allein diese kurze Liste künstlicher Bienenwohnungen macht augenfällig, wie eng das Verhältnis zwischen Mensch und Honigbiene ist. Zuchtbienen, die sich als unberechenbar erweisen können. Der Imker weiß um die Heftigkeit seiner Eingriffe in die Bienenordnung. Im Bienenstock treffen Natur und Kultur auf engstem Raum zusammen. Demgemäß zeugt die Sprache in *Mein Bienenjahr* von einem Höchstmaß an Reflexion – nur so lässt sich ein klares Bild von den beobachteten Vorgängen liefern. Und wir üben die Imkerperspektive ein.

Der hochcodierte Umgang mit den Bienen schlägt sich in der Sprache nieder. Würden wir uns für die Betriebsart im Warmbau oder im Kaltbau entscheiden? Natürlich mag der Kaltbau weniger praktisch sein, aber ein Schriftsteller kann sich vielleicht nur schwer der Aussicht entziehen, in einem Blätterstock zu blättern. Das unerschöpfliche Wörterbuch des Imkers. Hier gehen Denkschärfe und Plastizität zusammen. Wer nicht mit ganzer Geistesgegenwart beobachtet, entlarvt sich unwillkürlich auch als sprachfaul. Und die Schärfe der Beobachtung bringt geheimnisvolle Wörter hervor. Hier zeigt sich: das Poetische ist das Präzise.

Nach und nach werden wir in *Mein Bienenjahr* mit diesem Vokabular vertraut gemacht, folgen Beschreibungen, die uns teils bekannt erscheinen, werden in neue, im jeweiligen Monat notwendige Handgriffe eingewiesen und kommen so mit neuen Wörtern in Berührung. Viel besser ist das, als etwa ein Glossar der Imkersprache durchzugehen – die alphabetische Ordnung verrät uns nicht, wie eng die einzelnen Arbeitsschritte ineinandergreifen, wie sich, wo Mensch und Biene aufeinandertreffen, die Wörter zueinander verhalten. Die Bedeutung eines Wortes ist sein Gebrauch am Bienenstand.

Praktisch, eindeutig – und dabei trotzdem von schimmernder Dunkelheit. Mitunter genügt die Umstellung der Elemente innerhalb eines Kompositums, um eine völlig neue, fremde Welt zu öffnen. Niemand wird etwa eine Baumbeute mit einem Beutenbaum verwechseln – letzterer ist eine natürliche Bienenwohnung, erstere hat der Mensch früher in Anlehnung an die Natur geschaffen. Diese Sprachökonomie: der Bien – die Biene. Den Bien bitte nicht für eine Drohne halten, er »ist ein Gesamtorganismus, der aus vielen Einzellebewesen besteht, von denen keines für sich allein lebensfähig ist, sondern nur alle Glieder zusammen mit Wabenbau und Behausung (Beute)«, erklärt uns Lieselotte Gettert.

Wörter, die – aber so kann es gar nicht sein – ihre Bedeutung je nach Textzusammenhang zu ändern scheinen. Wörter, deren Bedeutung ich mir entlang von Klangerinnerungen zu erschließen versuche. Pflegevolk, Zuchtvolk, Wirtschaftsvolk, Jungvolk. Ich lerne den Brutraum vom Honigraum zu trennen. Doch wie unterscheidet sich der Fluchtraum vom Trommelraum genau? Gerät der Wortsinn hier ins Schwirren, finden sich wider Erwarten gar Synonyme im Imkerdeutsch, dessen poetische Strenge mir doch immun erscheint gegen das Missverständnis, es gebe austauschbare Begriffe? Vorschwarm und Nachschwarm. Singerschwarm und Hungerschwarm. Naturschwarm und Kunstschwarm. Ein Schwarm wird »eingeschlagen«, Futter »aufgeritzt«. Bleibt im August die »Drohnenschlacht« aus, finden sich also keine toten Männchen um das Flugloch, nimmt Gettert dies als Zeichen, dass ein Volk »noch still umweiseln will« – ein Vorgang, »über den das Volk zu entscheiden hat, der Imker sollte nicht eingreifen«.

Mich hingegen macht Weiselunruhe selbst unruhig. Ich sehe mich eine Weiselprobe vornehmen. Die Sprachbildung wird beim Umgang mit Bienen nahezu automatisch angeregt. Am Sonnenwachsschmelzer geht die Arbeit gut voran. Ich beobachte ein Volk am Fangkorb, wo natürlich heftig gesterzelt wird. Unwillkürlich legt man Literaturlisten ungeschriebener Bücher an, *Die Schwarmverhinderung*, *Beim Bienenzuchtberater*, *Erinnerungen aus dem Schleuderraum*, *Belegstellenvölkchen gestern und heute*, *Wider die Buckelbrut* oder *Erfahrungen mit Kärntner Drohnenmütterchen* – das alles will ich unbedingt lesen. Und schon fahre ich wieder mit der Gemüllkrücke in den Totenfall. Magie. Hormone. Wer Imkersprache liest, beginnt umgehend mit dem verbalen Wabenbau.

Wirkt hier die Zaubernähe des Imkerwesens nach? Wir erinnern uns an den *Lorscher Bienensegen*, an »sizi, sizi, bina / sizi vilu stillo, wirki godes willon« – »sitz, Biene, sitz ganz still, wirke Gottes Willen«. Wieder der Schwarmdrang also, wir erinnern uns: *Die Biene Maja*, eine vorlaute Biene ist geschlüpft, die Königin hat nichts im Griff, wenig später wird Maja den Stock auf eigene Faust verlassen. Und wir erinnern uns noch einmal an den Anfang von *Mein Bienen-*

jahr: »Jetzt herrscht bei den Bienen vollkommene Ruhe.« Ein schlichter Satz in sicherem, gelassenem Ton, eine klare Beobachtung, habe ich eingangs gemeint – und doch klingt hier die frühmittelalterliche Bienenbeschwörung nach, aus dramaturgischen Gründen in den Januar verlegt, wenn – wie der lesende Laie an diesem Punkt noch gar nicht wissen kann – im Bien niemals Schwarmstimmung herrscht.

Bei Lieselotte Gettert wird also nicht das Bienenvolk, es wird zunächst einmal der Leser gebannt, und das, ohne direkt angesprochen zu werden – das indirekte Adressieren, die Anrede über Eck ist ja ein gängiges Zauberverfahren, zudem gilt der direkte Blickkontakt weithin als Zeichen von Aggressivität. Keine Beobachtung von Nichts, wie wir jetzt merken, sondern ein Auftritt: Die Imkerin spricht, ihre Stimme strahlt Autorität aus, sie führt uns vor, wie ihr die Bienen aufs Wort gehorchen, wie die Insekten dem Willen Gottes und des Imkers folgen. Die Stimme beruhigt uns, da wir erfahren, wie sie die Bienen beruhigen kann.

Es ist erklärtes Ziel wohl jedes Imkers, die Sanftmut und die Arbeitskonzentration seiner Bienen zu fördern. Allerdings weiß auch der Fachmann noch heute nur bedingt, nach welchen Gesetzen die Honigbiene lebt. Jeder Imker hat seine Vorlieben, wie jedes Bienenvolk. Patentrezepte scheint es kaum zu geben. Eine Fülle von Bienenverhaltensweisen lässt sich durchaus voraussagen, dennoch können sich einzelne Völker ganz unterschiedlich entwickeln, ein Volk reagiert womöglich auf Eingriffe des Menschen in immer wieder anderer Weise, jede Situation kann das Erfahrungswissen auf die Probe stellen.

Der Mensch, wo er mit Kräften konfrontiert ist, die er kaum annähernd versteht: Hier setzt die Kunst ein. Anlocken, abwehren, gefügig machen, bannen. Man könnte fragen, ob nicht die frühesten Manifestationen dessen, was wir heute Kunst nennen, überhaupt allesamt Versuche waren, jene Tiere im Zaum zu halten, mit denen der Mensch Umgang hatte. Ob er sich dabei nun göttlicher oder menschlicher Kräfte bediente – wichtig ist vielleicht in erster Linie, dass er tierfremde Mittel nutzte, Werkzeuge, über die Tiere eben nicht verfügen: Zeichen, Abbildung, Menschensprache.

Der Mensch selbst rückt erst nach und nach ins Blickfeld künstlerischer Arbeit, die längste Zeit ist er von einer zentralen Position weit entfernt. Ritzungen, Musterbildungen, Anordnungen vorgefundenen Materials in der Landschaft, Einfärbungen, Felsmalerei. Eine Zeichnung in der Arana-Höhle bei Bicorp, Provinz Valencia, um 12 000 vor unserer Zeit entstanden, zeigt ein Felsloch als Wohnung wilder Bienen. Ein Höhlenbild in einer Höhle. Der Bien ist in Aufruhr, von unten kommen zwei menschliche Honigdiebe an einem Seil heraufgeklettert, beim Wabenbrechen werden sie kaum auf das Hersagen magischer Formeln verzichten wollen.

So führt ein direkter Weg von der Bienennutzung in die Literatur. Bienen füttern den jungen Jupiter – in einer Grotte. Später füttern sie Pindar und Platon im Schlaf. Sie führen, so Vergil, ihr Leben unter »großen Gesetzen«, und die sind nicht allein Gesetze der Natur. Nach Plinius haben sie eigene Sitten, erweisen sich als kunstfertige Wesen. So stehen sie den Dichtern nah. Und Dichter wirken in der Art der Bienen, da »sie von honigströmenden Quellen aus wundersamen Gärten und Tälern ihre Lieder einsaugen und sie zu uns bringen«, wie es Platon im Dialog *Ion* Sokrates sagen lässt.

An der Wende vom neunzehnten zum zwanzigsten Jahrhundert, in einer Zeit gravierender Umbrüche, erweisen sich dann Bienenbilder in der Literatur als besonders produktiv.

Gesellschaften zerfallen, Gesellschaften entstehen, die alten Weisel zeigen sich müde, die Arbeitsvölker werden unruhig. Maurice Maeterlinck, wie er sich in *Das Leben der Bienen* bemüht, das friedliebende Wesen der Honigbiene in den Mittelpunkt zu rücken, und Proust, der Maeterlinck-Verehrer, wie er den Garten seines Lieblingsautors imaginiert, »wo der Vergil Flanderns neben rosa, gelb und zartblau gestrichenen Bienenkörben aus Stroh, die uns schon beim Eintritt an seine Lieblingsstudien erinnern, so viel unvergleichliche Poesie eingesammelt hat«.

Im selben Jahr, als die Biene Maja sich in Bonsels Roman auf die Suche nach den Menschen macht, bekommen wir auch den Jungen namens Marcel erstmals zu Gesicht, in einer Vorabveröffentlichung aus der *Suche nach der verlorenen Zeit*, exakt zum Frühlingsanfang 1912. Mit welcher Art von Wesen aber haben wir es hier genau zu tun, das sich beim Abschied von Combray in den Weißdorn wirft? Ist vom olfaktorischen Charakter der Weißdornblüten die Rede, reichen die Beschreibungen von ›Heringslake‹ bis ›Aasgeruch‹, und jeder Pflanzenführer beeilt sich anzufügen, solche Aromen übten eine besondere Anziehungskraft auf Bienen aus – Marcel, der Erzähler, spricht durchweg von »Duft«. Will er die Blüten nur betrachten, ihren »Duft« einsaugen, oder bestäubt er sie, da er sich in die Hecke wirft? Kein Kind, meint man, sondern eher ein Insekt, das sich – am Morgen frisch frisiert und mit einem neuen Hut bekleidet – dagegen sperrt, zu einem Menschen gemacht zu werden. Da trampelt er beim Weißdorn wütend auf seinen Lockenwicklern herum. Merkwürdige Koinzidenz, wo doch bis heute Lockenwickler bei Imkern ein beliebter Weiselkäfig sind, um eine neu ins Volk gebrachte Königin dagegen zu schützen, dass die zukünftigen Untertanen ihr an den Beinen nagen.

Ein wenig später dann Ossip Mandelstam, der sich mit der bald verzweifelten Beschwörung solitär lebender Bienen gegen das übermächtige Bild der staatenbildenden Bienen zur Wehr setzt, wie es die Sowjetunion propagiert. Die Unterordnung des Individuums im Kollektiv als Naturgesetz betrachtet – im ZK hat man seinen Vergil offenbar eher flüchtig gelesen. In dieser Situation beschwört Mandelstam mit den Dichterbienen zugleich das Europa der Antike herauf: »Aus meinen Händen, dich zu freuen, nimm / ein wenig Sonne und ein wenig Honig: dies / ist, was Persephoneias Bienen uns zu tun geheißen«, schreibt er 1920. Auch Stalin höchstpersönlich hält sich ein paar Völker, auf seinem Gelände in Subalowo. Als er nach der Revolution 1919 den Landsitz eines Industriellen in Beschlag nimmt, lässt er sofort ein Bienenhaus errichten und Buchweizen anpflanzen, für den Honig, vielleicht vom Wunsch getrieben, die Bienen fütterten auch ihn im Schlaf.

Ich begann, mich in *Mein Bienenjahr* zu versenken, und bald füllten die Bienen meine Träume aus. Beim Aufwachen wusste ich nicht zu entscheiden, ob ich im Traum Bienensätze geschrieben oder mich um meine Bienen gekümmert hatte. Als ich – von der Autorin, wie ich meinte, immer wieder dazu ermuntert – irgendwann beim Frühstück Berechnungen anstellte, wieviel Zeit mich das Halten von vier oder zehn Völkern über das Jahr kosten würde, als ich den überraschend geringen Arbeitsaufwand gegen den Erfahrungsgewinn abwog, der sich aus dem Bienenumgang ergibt, wurde mir vielleicht gerade noch rechtzeitig klar: Ich könnte das Imkern so wenig wie das Schreiben als Hobby betreiben. Wenn ich mich für die Bienenhaltung entschiede, wäre es mit dem Schreiben schnell vorbei.

Aufgabe

Ein Imker legt im Verlauf des Jahres Stockkarten an, Notizen zur Entwicklung einzelner Völker, zum Wetter, zum Ertrag, zu Krankheiten und Vorbeugemaßnahmen. Jedes Kapitel in *Mein Bienenjahr* bietet am Ende eine Seite Platz, in die der Leser eigene Beobachtungen an seinen Bienen eintragen mag. Lieselotte Gettert weist im Vorwort darauf hin, ihr *Arbeitskalender* könne so über die Jahre in den Händen des Lesers zu einer Chronik werden. Ja, Bienen und Bienenwirtschaft sind ein alter, gut gefüllter Bildspeicher für die Dichter. Und Imkerbilder eignen sich vorzüglich, um das Schreiben zu erfassen. Was mich von einem Leben als Bienenhalter hat absehen lassen, damit ich weiter schreibe: Die Tätigkeiten haben einfach zu große strukturelle Ähnlichkeit, als dass ich beiden nachgehen könnte.

Wie sich Beobachtung und Imagination durchdringen. Das Hineindenken, das Eingreifen in eine andere, auch ohne mich existierende Welt, von der ich weiß, dass ich sie niemals ganz begreifen werde. Diese ungeheure Intensität – alle Sinne werden gefordert, jede Nervenfaser ist angesprochen, da ich mich in ein Wechselspiel begebe, sei es nun mit dem Bienenvolk oder mit der Sprache. Die kleinste Unachtsamkeit meinerseits kann das Gefüge so empfindlich stören, dass alle Nacharbeit vergebens ist. Es gibt Routinen, eingeübte Handgriffe, gewiss – immer aber muss ich mit scharfem Blick an die Arbeit gehen, muss Bien und Sprache jedesmal von neuem betrachten. Und jede Lösung, die ich finde, mag für niemanden sonst Gültigkeit besitzen, ja, in Kürze wird sie vielleicht auch mir selbst nicht mehr weiterhelfen.

Die Bienen reagieren auf ihren Imker, aber sie kennen den Imker nicht. So auch die Sprache. Ich gehe mit ihr um, ich lenke sie ein Stück, sie kommt mir entgegen, im nächsten Augenblick entgleitet sie mir wieder. Ich glaube, mit der Sprache vertraut zu sein, und doch muss ich mir stets bewusst machen: Die Sprache kennt mich nicht. Ganz wie das Bienenvolk behält sie immer ihr Geheimnis, lebt und verwandelt sich nach eigenen Gesetzen. Und wie der Imker kann auch ich mir keine Sentimentalitäten leisten – im ärgsten Fall muss eben abgeschwefelt werden.

Imkern, das weiß ich mittlerweile, ist Schreiben ohne Text. Ich vermute, ein Imker würde das, wenn auch vielleicht mit anderen Worten, genauso sehen. Beim Schreiben spreche ich vor mich hin, der Kehlkopf ist immer in Bewegung. Und ich bin mir sicher, daß Lieselotte Gettert während der Arbeit leise mit ihren Bienen spricht.

Franziska Wolffheim

Ich sehe, also bin ich

Wilhelm Genazino: Ein Regenschirm für diesen Tag [2001]

Wilhelm Genazino ist der große Apologet des Alltags. Seine Helden reisen nicht zum Nordkap, nicht nach Patagonien, sie bleiben zuhause, streunen in den Straßen ihres Viertels herum und werden überall fündig: Die Exotik liegt gleich nebenan, im Kaufhaus, in der U-Bahn-Station, an der Theke der nächsten Kneipe. Seine Helden haben nicht nur Sehnsucht – nach Sicherheiten, nach Klarheit in ihrem Leben, nach Entscheidungen, die sie selbst herbeiführen müssen –, sie werden immer auch getrieben von einer ausgeprägten Seh-Sucht: Sie beobachten ihre Umgebung, lassen die vordergründige Unscheinbarkeit der Menschen und Dinge auf sich wirken, anstatt ihr Umfeld nach grellen Effekten zu scannen. Die permanente Beobachtung ist zum Automatismus geworden, so selbstverständlich wie Atmen oder Essen. Video ergo sum – ich sehe, also bin ich.

Das Entscheidende bei allem ist: Genazino nimmt sich Zeit und gibt seinen Figuren Zeit. Ihre Stärken sind Aufmerksamkeit, Konzentration, Hingabe an den Moment, der, je länger sie sich versenken, verblüffende Tiefenschichten entfaltet. Es gelingt ihnen, einzelne Bilder und Bilderfolgen herauszugreifen, quasi einzufrieren, um sie dann in aller Ruhe auszuwerten. Sie entziehen sich der permanenten Gleichzeitigkeit der Medien und Realitäten, die auf sie einströmen, indem sie sich für die Zeitlupe entscheiden. Die Kunst des Autors besteht darin, dass er die auf diese Weise fokussierten Bilder nicht einfach aneinander reiht, sondern mit Bedeutung auflädt, emotionalisiert. In einer eindrucksvollen Szene im Roman *Ein Regenschirm für diesen Tag* beobachtet der Erzähler eine Frau beim Wäsche-Aufhängen. Weiter nichts? Und ob, ein ganzes Leben wird hier mit den Wäschestücken aufgerollt:

»Jeden Tag öffnen sich ringsum Balkontüren, Frauen erscheinen und prüfen mit der Hand, ob die Wäsche trocken, halb trocken oder fast trocken ist. Von einer älteren Frau, die soeben mit einem Plastikkorb frischer Wäsche auf ihren Balkon tritt, nehme ich an, daß sie durch den Umgang mit ihrer Wäsche leicht verrückt geworden ist. Sie hängt die Wäsche auf und verschwindet wieder in ihrer Wohnung. Aber schon nach zwei Minuten kontrolliert sie zum ersten Mal, ob die Wäsche nicht schon trocken ist. Erneut tritt sie zurück in die Wohnung, aber schon nach kurzer Zeit erscheint sie wieder auf dem Balkon und wiederholt ihre Kontrollgriffe in die Wäsche. Sie läßt es zu, daß sie von ihrer verrückten Ungeduld bis in die Erschöpfung getrieben wird. Vielleicht ist es auch umgekehrt: Nur in der Erschöpfung findet sie momentweise Ruhe vor ihrer Verrücktheit.«

Der Erzähler schaut sehr genau hin, registriert jeden Handgriff, jeden Schritt der Frau. Indem er ihre alltäglichen Handlungen transzendiert (»daß sie durch den Umgang mit ihrer Wäsche leicht verrückt geworden ist«), wird sie plötzlich zu einer tragischen Figur: Sie unterliegt – wie übrigens die Hauptfigur selbst, die immer wieder über die eigene Verrücktheit spekuliert – seltsamen Macken und Kontrollzwängen, wird zur Chiffre für urbane Einsamkeit. Als sie schließlich auf dem Balkon einschläft, assoziiert der Betrachter mit den Laken Leichentücher, die Einsamkeit der Frau mündet unmittelbar in den Tod. Doch halt, sie wacht wieder auf, ist gerettet, und sofort greift sie erneut in ihre Wäsche. Sie ist noch einmal davongekommen – so wie übrigens der unheldische Held des Romans am Ende gerade noch die Kurve kriegt. Perfekt verklammert Genazino in dieser Sequenz das Besondere und das Allgemeine, das unspektakuläre Detail und die unterschwellige Tragödie der Ungeborgenheit. Die Genauigkeit des Blicks, die Entschleunigung der Wahrnehmung generiert Geschichten, die den Betrachter unter Umständen selbst überraschen – diese Haltung ist typisch für den Erzähler und Beobachtungs-Maniac Genazino. Und sie hat den großen Vorteil, dass sie in ihren Grundvoraussetzungen einfach ist – jeder, der schreiben will, kann sich auf dieses Experiment einlassen.

Genazino, der in hohem Maße ein reflektierter Autor ist, weiß, was er tut. In seinem Text *Der gedehnte Blick* in dem gleichnamigen Essay-Band erzählt er von einem alten Foto, das er auf dem Flohmarkt für eine Mark gekauft hat. Es zeigt zwei Kinder, zehn oder elf Jahre alt, das Mädchen hat eine Puppe im Arm, der Junge hält eine Ziehharmonika. Beide sind eigentlich Unkinder, seltsam ernst, erwachsen, melancholisch. Der Autor blickt immer wieder auf das Foto und kommt schließlich zu dem Schluss, dass es als Porträt gescheitert ist. Warum? Darüber denkt er ausführlich nach, sucht nach versteckten Geschichten. Wichtiger in unserem Zusammenhang ist aber, dass Genazino hier Reflexionen anstellt, die als poetologisch für sein gesamtes Werk gelten können und für alle, die schreiben wollen, erhellend sind:

»Der gedehnte Blick nimmt alles, was er sieht, sorgfältig auseinander und setzt es wieder neu zusammen. Denn alles, was wir über die Zeit anschauen, beginnt eines Tages in uns zu sprechen. Diesen Text wollen wir hören, während wir die Bilder imaginativ umbauen. Der laufende Auseinander- und Wiederzusammenbau der Bilder ist unsere Technik, mit dem Problem fertig zu werden, daß auch der gedehnteste Blick nicht alles zugleich und nicht alles sofort sehen kann.«

Vergleichbare Spielchen, Realität zu demontieren und neu zusammenzusetzen, erledigt der Traum ganz von selbst: Anhand von realem biografischen Material liefert er uns jede Nacht die verrücktesten Geschichten. Wenn wir schreiben, müssen wir diese Geschichten erst erfinden. Voraussetzung dafür ist, unserer Umgebung vorurteilslos, geduldig und mit geschärftem Blick zu begegnen. Wer schreiben will, sollte immer wieder auf diesen Blickwinkel zurückkommen, das Besondere im scheinbar Alltäglichen suchen. Für Kinder, so Genazino, ist die Perspektive des gedehnten Blicks ganz natürlich, sie sind sogar darauf angewiesen, anders könnten sie die komplexe Wirklichkeit um sich herum gar nicht ertragen.

In einigen Sequenzen des Romans wird aus der ausführlichen Beobachtung eine immer größere Reduktion. Das Wesentliche eines Menschen, einer Begegnung, eines Gesprächs wird herausgeschält, bis die Protagonisten schließlich ungeschützt vor uns stehen – das Ergebnis des langen Hinschauens ist wie eine Röntgenaufnahme. Dieses Verfahren finden wir zum Beispiel in einer fast absurden Kaufhaus-Szene. Der Erzähler beobachtet einen arbeitslosen Fotografen namens Himmelsbach, den er von früher kennt: »Er geht in der Parfümabteilung umher und sprüht sich aus verschiedenen Probierflakons kleine Duftproben zuerst auf die Innenseiten seiner Hände und Armgelenke und dann auf die Arme. Jedesmal macht es Pfft!, wenn die Düsen Parfüm ausstäuben. Ach Gott, denke ich, so einer ist Himmelsbach geworden. Er parfümiert sich kostenlos in Kaufhäusern und kommt sich wahrscheinlich noch raffiniert dabei vor. Ich sehe, es ist ein ältliches Gespenst aus ihm geworden, ein Pfft-Mann, der niemals seine Schulden bezahlen wird.« Ein Mann wird zu einem Geräusch, das sich im Äther versendet, der »Pfft-Mann« ist eine traurige Figur. In der radikalen Reduktion liegt, wie so häufig bei Genazino, ein hohes Maß an Komik, die die Armseligkeit der Figur ein wenig erträglicher macht.

Der gedehnte Blick des Autors ruht nicht nur auf Menschen, auch Gegenstände legt Genazino unters Mikroskop, und die Nano-Beobachtung führt zu kuriosen Assoziationen. Zum Beispiel, wenn sich der Erzähler mit einer Staubfluse vergleicht: »Ich schaue auf den Boden und betrachte die da und dort herumliegenden Staubflusen. Wie sonderbar heimlich sich der Staub vermehrt! Plötzlich fällt mir ein, daß Verflusung vielleicht das richtige Wort für den gegenwärtigen Stand meines Lebens ist. Genau wie eine Staubfluse bin auch ich halb durchsichtig, im Kern weich, äußerlich nachgiebig und übertrieben anhänglich und außerdem schweigsam.«

Die Konsequenz, mit der Genazino seinen Vergleich von Mensch und Materie durchzieht, macht den Humor dieses Abschnitts aus und ist wiederum nur möglich, weil der Autor auch der minimalen Bündelung von Atomen – Staub – seine Aufmerksamkeit schenkt. So gelingt Genazino, der ein Faible für ungewöhnliche Neologismen hat, die Ableitung eines ganzen Daseinszustands aus einem Hauch von einem Ding. Die »Verflusung« des Lebens trifft viele seiner Figuren.

Genazinos Protagonisten sind häufig Verlierer, Einzelgänger, Profis des Scheiterns, die nicht den glamourösen Heldentod sterben, sondern unauffällig durch die gesellschaftlichen Netze rutschen. Als zwanghafte Selbstbeobachter nehmen sie ihr Scheitern wahr, ohne es aufhalten zu können. Keine Lust am Untergang treibt sie, vielmehr sind sie melancholische Seismographen ihrer Niederlage. Gerade die Hauptfigur von *Ein Regenschirm für diesen Tag* weiß genau, dass sie aus der Beobachtungs-Falle nicht herauskommt. In einer Szene steht der Erzähler an einem Fluss, dessen Wasserstand sehr hoch ist, und betrachtet das Geschehen:

»Guter Gott, wie mir dieser Zwang zum bedeutungsvollen Sehen auf die Nerven geht. Beinahe kann ich mir zuhören, wie ich mich selbst ermahne: Ein Kahn ist ein Kahn und sonst nichts. Kurz darauf schwimmt eine Ente vorüber; sie hat ein Bein eigentümlich hochgestellt. Und obwohl ich mich gerade ermahnt habe, nicht mehr bedeutungsvoll zu sehen, fällt mir doch der Satz ein: Guter Gott, jetzt sind auch noch die Enten behindert.«

Der Erzähler nimmt sich vor, »nicht mehr bedeutungsvoll zu sehen«, so wie andere sich vornehmen, nicht mehr zu rauchen. Was natürlich nicht klappen kann. Sein Scheitern ist tragisch und komisch zugleich, und es zeugt von der großen Souveränität Genazinos, dass er sich von seiner eigenen Methode – der Technik des gedehnten Blicks – spielerisch distanziert, ohne freilich davon abzurücken. Diese ironische Brechung ist typisch für den Autor, er verwehrt sich gegen jede Verabsolutierung, was wiederum den Charme seiner Prosa ausmacht. Wenn die Literaturwissenschaftlerin Claudia Stockinger 2004 in der Zeitschrift *Text + Kritik* schreibt, »Genazinos Poetik des ›bedeutungsvollen Sehens‹ erneuert frühromantische Forderungen an eine universale Poetisierung und konterkariert diese zugleich«, so lässt sich das hier aber auch an anderen Stellen sehr schön bestätigen. Die Ironie wirkt wie ein »Puffer« und verhindert, dass die ständigen Beobachtungen den Leser ermüden könnten. Wer

Genazino liest, sollte ganz bewusst die subtilen Brechungen mitlesen, die seine Texte so vielschichtig machen.

Genazino ist kein greller Possenreißer, sein Humor kommt immer durch die Hintertür daher. Dabei hat er ein feines Gespür für die ganz alltäglichen Blamagen des Lebens. Immer wieder rasseln seine Figuren in Peinlichkeits-Fallen hinein, etwa im Restaurant: Sie stoßen hilflos die heruntergefallene Kartoffel unter dem Tisch herum, wissen nicht, dass man eine Speisekarte irgendwann zuklappen muss, um zu seinem Essen zu kommen. Gelegentlich verschränkt der Autor mehrere Handlungsstränge und erreicht höchste Verdichtung: Die eine Peinlichkeit strahlt auf die andere ab – und umgekehrt. Der Leser wiederum empfindet eine Art wohlwollender Schadenfreude.

Keine Frage, Genazino ist ein hervorragender Unterhalter, der seine Effekte genau kalkuliert. Mit größter Selbstverständlichkeit präsentiert er skurrile Ideen, als seien sie normale Bestandteile des Alltags. Nehmen wir zum Beispiel den Job, mit dem er seine Hauptfigur ausgestattet hat – ein schöneres Paradoxon lässt sich kaum vorstellen: Ein Mann arbeitet als Tester von Luxusschuhen, die er sich selbst niemals leisten könnte, ein Desperado, der vom Geld einer Verflossenen lebt. Der kilometerweit läuft, ausführliche Testberichte schreibt, damit Neu- und Altreiche hochwertige Schuhe mit optimalen Trageeigenschaften erwerben können. Das hat etwas von einem Vorkoster am königlichen Hof. Die Ironie ist hier wie so häufig bei Genazino doppelt: Sie zielt nicht nur auf den kuriosen Job der Hauptfigur, der ihr nur scheinbar ein Upgrading beschert, sondern auch auf eine Gesellschaft, die sich solche Berufe glaubt leisten zu müssen.

Genazino hat stets ein scharfes Auge für die Absurditäten und Zumutungen unserer Wohlstandsgesellschaft, für die grotesken Rituale des Polit-Spektakels oder jeder Form der Massen-Bespaßung. Seine Zivilisationskritik kommt niemals pathetisch-lamentierend daher, wird niemals mit erhobenem Zeigefinger erhoben, sondern immer behutsam inszeniert. Wenn bei einem öffentlichen Sommerfest »LUSTIGE ZEICHENTRICKFILME« gezeigt werden, das Gelände zur »PARTYMEILE« und der Marktplatz zur »SPASSZONE« mutiert, tritt der Sprachschützer und Kulturkritiker Genazino auf den Plan und spießt diese Auswüchse einer normierten Freizeit-Industrie genüsslich auf. Jeder, der ernsthaft das Metier des Schreibens betreiben möchte, wird auf derartige Sprach-Module sensibel reagieren. In Genazinos Texten lernen wir, unseren Blick zu schärfen. Und mit derartigem sprachlichen Fastfood unter Umständen kunstvoll zu jonglieren.

Mit unglaublicher Leichtigkeit das Schwerste ausdrükken, mit minimalem erzählerischen Aufwand große Wirkung erzielen, ob es sich nun um eine Liebes-, Abschieds- oder Partyszene handelt – das können nicht viele. Nehmen wir zum Beispiel die missglückte Annäherung zwischen dem linkischen Schuhtester und einer attraktiven Frau, die er von früher kennt. Sie sitzen in einem Lokal zusammen, später reflektiert der Erzähler sein Verhältnis zu ihr:

»Selbstverständlich will ich eine Frau, aber mit jetzt sechsundvierzig Jahren fühle ich mich zu alt oder vielmehr zu verschlissen für die Rolle eines Mannes, der noch einmal den Liebhaber geben will. Ich kann nicht mehr sprechen wie ein solcher Mann, ich kann mich nicht mehr verhalten wie ein solcher Mann. Ich bin Susanne nur zufällig wieder nahegekommen. Aber auch meine zufällige Nähe läßt mich spüren, auf wen Susanne eigentlich wartet: auf einen tüchtigen, erfolgreichen, interessanten Mann. Der nur zufällig anwesende Mann (ich) verbringt seine Zeit mit ihr und bemerkt dabei, daß der von Susanne erwünschte/ersehnte/erträumte Mann nicht in ihr Leben tritt. Nur deswegen verbündet sich die übriggebliebene Susanne dann doch mit dem bloß zufällig anwesenden Mann, also mit mir. Erschwerend kommt hinzu, daß Susanne für mich eigentlich zu schön ist.«

Liebe und Zuneigung in modernen Zeiten, in denen jeder den eigenen und den Marktwert des anderen taxiert. Zufall und Plan. Begrabene Illusionen und Verlegenheits-Allianzen: All das transportiert Genazino in diesen wenigen Sätzen. Um eine vertrackte Beziehungs-Arithmetik aufzuschlüsseln, treibt er ein raffiniertes Spiel mit der Perspektive, betrachtet sich selbst von außen, als Objekt. Auch in dieser Passage schlägt Genazino keine komplizierten sprachlichen Volten, sondern vertraut auf das Spiel mit Tonart (kalkuliert nüchtern) und Perspektive. Der Schlusssatz liefert eine wunderbare Pointe.

Wer Wilhelm Genazino liest, lernt die hohe Schule des sprachlichen Understatements. »Fast alle Wörter sagen zuviel. Kaum ein Wort sagt zu wenig«, hat Genazino einmal geschrieben. Unaufdringlicher Humor, subtile Zivilisationskritik, ein schwebender Ton, der zwischen ratloser Heiterkeit und melancholischer Verlorenheit oszilliert – an vielen Stellen des Romans sind verschiedene Lesarten möglich. Es lohnt sich, jeden einzelnen Satz, jede Sequenz daraufhin abzuklopfen, wie viele Tonlagen mitschwingen, denn Genazinos Sprache hat etwas von einem Chamäleon, ihre Grundierung kann schnell wechseln. Wie etwa in der oben zitierten Passage, als der Schuhtester über Staubflusen nachdenkt: Natürlich ist die »Verflusung« seines Lebens traurig, bedenklich, besorgniserregend. Aber gleichzeitig auch komisch – der Humor schafft gleichsam mildernde Umstände.

Die Nuancen im Ton sind bei Genazino auch ein Ergebnis des »bedeutungsvollen Sehens«, das Menschen und Dinge in behutsamem Tempo zerlegt. Diese Art des Sehens wird zu einem Dietrich, der die Realität neu erschließt – mit ihren Brüchen und Widersprüchen, aber auch mit ihren poetischen Momenten. Das, was der Schuhtester bei seinen Stadtspaziergängen zu sehen bekommt, ist keine gefällige Beschaulichkeit, dazu ist die Wirklichkeit zu disparat und chaotisch. Mit dieser Sichtweise knüpft Genazino an Walter Benjamin und seine Deutung des Flaneurs an. »Die Figur des Flaneurs hat in der zerstückelten Stadt abgedankt und ist ersetzt worden durch einen moderneren Typus, den des Streuners. Der Streuner ist jemand, der selbst der Ungemütlichkeit noch einen Reiz abgewinnen möchte und dabei oft erfolgreich ist«, schreibt Genazino in *Die Belebung der toten Winkel.* Während bei Franz Kafka, auf den Genazino in seinem Werk immer wieder anspielt, die bedrohlich undurchschaubare Welt im Vordergrund steht, suchen Genazinos Figuren nach Sinn, nach einer zumindest subjektiv empfundenen Plausibilität. Gelegentlich gelingt es ihnen, diesen Sinn zu schaffen und sich so die Welt – im wörtlichen Sinne – zu eigen zu machen. Der Autor wiederum vermag auf diese Weise, dem Alltag seine Würde zurückzugeben. Ohne Kitsch. Ohne Klischees. Ohne weltanschauliches Tamtam. Wilhelm Genazino tappt in keine dieser Fallen, dafür ist er zu klug, zu ironisch, zu nachdenklich. Auch deshalb, wegen seiner fast traumwandlerischen stilistischen Sicherheit, sollten wir den Roman *Ein Regenschirm für diesen Tag* lesen. Je öfter wir es tun, umso mehr können wir von diesem hintergründigen Alltags-Erkunder lernen.

Aufgabe

Der Schreiber nimmt sich einen überschaubaren Realitätsausschnitt vor, das kann ein Foto sein, er kann sich aber auch eine Zeitlang in eine U-Bahn, Kneipe oder auf eine Parkbank setzen. Wichtig ist, dass der Autor sehr genau registriert und notiert, was um ihn herum geschieht. Er muss bereit sein, vorurteilslos und nicht hierarchisch zu schauen, er muss sich überraschen lassen können. In der zweiten Phase soll er aus seinen Beobachtungen eine Szene / Betrachtung / kleine Geschichte gestalten, in der er seine Eindrücke nicht einfach aneinander reiht, sondern ihnen Bedeutung gibt, mit einem eigenen Ton, eigenen Ideen unterlegt. Herauskommen sollte eine Miniatur, die durch die Genauigkeit der Beobachtung und die originelle Transformierung des Gesehenen überzeugt.

Olaf Kutzmutz

Ein Gang durchs Schreibcamp

Ole Könnecke: Doktor Dodo schreibt ein Buch [2001]

für Jean-Paul

Zu den Kuriosa der Schreibratgeber gehört, dass ein Lehrmeister bislang verkannt ist, der präzise wie einfach die literarische Produktion anleitet: von der Idee über den ersten Satz bis hin zu Dramaturgie und Sprachpolitur. Überdies ist es ein Lehrmeister, der mit seinen Schreibnöten einer von uns ist. Breiten andere Schreiblehrer ihre Geheimrezepte auf mehr als zweihundert Seiten aus, begnügt sich Doktor Dodo – so heißt unser Schreibcoach – mit zwei Bögen im Comicformat. Ole Könnecke hat ihn für uns entdeckt und macht keinen Hehl daraus, was Doktor Dodo zu leisten vermag. Im Mittelpunkt des lehr- wie bildreichen Trainingsbuchs steht der steinige Weg zu einem »niveauvollen Bestseller«. Selbst wenn es folglich um marktgängige Massenware geht, stellen sich Doktor Dodo Probleme wie jedem Autor, der seine Arbeit ernst nimmt. In seinem Schreibcamp gibt Dodo den geistreichen Vorturner und lässt uns »an der Entstehung eines literarischen Meisterwerks teilhaben, das zudem das Zeug dazu hat, das meistverkaufte Buch aller Zeit zu werden«. Wer aber ist dieser Doktor Dodo?

Seine Ahnen sind älter als Inspirationsgaul Pegasus, den die Griechen ersannen, um den Dichtern ein Vollblut für beschwingtes Schreiben zu geben. Dieses altehrwürdige und über den Dingen schwebende Musenross verführt Autoren mitunter zu genialisch-abgehobenen Posen. Unser Dodo hingegen steht für Bodenhaftung: Er ist ein flugunfähiger Vogel, bei dem Schwingen und Schwanz verkümmert sind. Seine Vorfahren lebten verborgen in den Wäldern der Insel Mauritius, waren groß wie ein Truthahn und hatten kurze, dicke, gelbe Beine und einen Krummschnabel. Ende des 16. Jahrhunderts stießen holländische Forscher auf diesen trägen, zutraulichen Vogel. Jagende Siedler und Seefahrer sowie Schweine und andere Haustiere, die nach Mauritius gebracht wurden, machten dem Vogel schnell den Garaus. Rund hundert Jahre nach seiner Entdeckung galt der Dodo als ausgestorben. Heutzutage schmückt er das Wappen von Mauritius und firmiert als Lockvogel der Bourbon-Brauerei auf der Ile de Réunion. Die letzten seiner Art treffen wir in literarischen Nischen wie Lewis Carrolls *Alice im Wunderland* oder eben bei Könnecke an. Wir haben also in Doktor Dodo einen Lehrmeister mit Tradition vor uns, dem wir glauben dürfen.

Bescheiden kommt der Titel seines Lehrbuchs daher: *Doktor Dodo schreibt ein Buch*. Es widmet sich zwei Grundproblemen aller Autorinnen und Autoren: Wie komme ich zu einer Geschichte? Und wie gestalte ich sie literarisch in einer Weise, die Leser interessiert? Wir dürfen Doktor Dodo bei seinem Bestsellerversuch über die Schulter schauen und durch teilnehmende Beobachtung üben, wie man ein Schreibprojekt so angeht, dass es nicht an seiner schieren Größe scheitert. Das Prinzip Dodo ist das der Einfachheit. Und wer dieses Prinzip beherzigt und beherrscht, darf sich an vertracktere Vorhaben wagen. In der Folge geben wir Beispiele aus dem Lehrbuch, das sich mit Voraussetzungen des Schreibens, dem Einstieg, den Figuren und der Handlung befasst.

I. Geniales Sitzfleisch und erster Satz

Wie wir den schmökernden Doktor Dodo zu Beginn im Sessel antreffen, versinnlicht er eine elementare Situation literarischer Arbeit: Kein Schreiben ohne Lesen – und erst recht keins ohne Sitzen! Wer nicht lange sitzen kann, kann auch nicht schreiben. Sitzfleisch brauchen Autoren genauso nötig wie Tour-de-France-Fahrer. Erleben Radprofis Höhen und Tiefen ihrer Welt durch aufgeputschte Muskelkraft, erfährt der Autor seine Welt durchs tägliche Dasein und durch Bücher.

Bei einem Lehrbuch von Rang stimmt der Einstieg naturgemäß den Grundton an. Durch ein Zitat, das erhellt, welch Geistes Kind da schreibt. Dodo greift auf den amerikanischen Humoristen Robert Benchley (1889–1945) zurück, der die künstlerische Arbeit wie folgt würdigt: »It really isn't like any other kind of work, for it must come from a great emotional upheaval in the soul of the writer himself; and if that emotional upheaval is not present, it must come from the work of any other writers which happen to be handy and easily imitated.« Benchley klingt für Dodo abgeschmackt und blasiert: das übliche Gerede vom genialischen Schreibschöpfer und seinem »Aufruhr der Gefühle« oder einem, der sich Ideen von anderen Schriftstellern ausborgt. Solche Weisheit quittiert Dodo mit einem »Bah« und lässt Benchley schwungvoll auf den Bücherstapel hinter sich fliegen.

Der Autor tritt uns selbstbewusst und – gegen den eigenen Anspruch – wie ein Originalgenie unter die Augen. Er verwirft alles und träumt vom unerhört Neuen, das erst die vielen Schriften ermöglichen, die hinter ihm liegen. Das sieht für den Betrachter furios aus, macht den Einstieg ins Schreiben für Dodo jedoch nicht einfacher. Bei aller Sorgfalt für den ersten Satz – er ist Visitenkarte fürs Werk und soll zum zweiten verleiten – sind pragmatische Lösungen durchaus ratsam. Sonst bleibt das Schreibpapier weiß wie die Eisscholle, auf der Dodos Held und Gentlemanabenteurer, Dod Osbourne, vom Pol heimkehrt. Dodo umschifft die Untiefen des Beginns routiniert – »Also gut. Ich fange erst mal mit dem zweiten Satz an. Wozu sich das Leben unnötig schwer machen.« – und geht auf Nummer sicher: »Der Held der Geschichte gerät in eine unglaubliche Situation.«

Was heißt das für den nachahmenden Autor? Er muss vom Besonderen erzählen, wenn er den Leser fesseln möchte. Nach einer alten Hollywoodregel startet man mit einem Weltuntergang und steigert sich dann langsam. Wer in seinem Text trotzig nicht auf stete Veränderung und Wendepunkte setzt, muss um die Gefahren wissen, von denen im dritten Kapitel die Rede ist. Zunächst aber zum Personal der Geschichte.

II. Von der Gestalt und Zahl der Figuren und ihren Räumen

Wem der erste Satz einfällt, dem schweben meist schon zentrale Figuren vor. Schauen wir uns in dieser Hinsicht das Personal von Doktor Dodo an. Zunächst treffen wir auf unseren Autor und Schreiblehrer selbst. Sein akademischer Grad und die bügellose Intellektuellenbrille schaffen Vertrauen in sein Können, die Gewandung wirkt apart: ein roter Bademantel mit hellgrünem Revers und passendem Käppi. Darunter zart hervorlugend ein rosa-weiß gestreiftes Beinkleid, wohl eine Schlafanzughose. Der Autor ist spendabel, was die Menge der Figuren angeht. In der Reihenfolge des Auftretens begegnen wir dem Gentlemanabenteurer Dod Osbourne, dem Milliardär J. Pierpont Dodo, einem Gebrauchtflugzeughändler, einem Dieb und einem Schurken, der sich später als Dods Zwillingsbruder, Rod Osbourne, entpuppt. Im Verlauf der Geschichte wird Dodos Personal immer exotischer. Wir treffen auf den einsamen Cowboy Hopalong Dodo, einen außerirdischen Raumfahrer nebst Volk, König und Prinzessin, dann noch auf Kapitän und Mannschaft eines Walfängers. Den Figurenreigen vollenden ein Kellner im *Café des Artistes* und der Nervenarzt Professor Siegmund.

Ein Dutzend Figuren, Volk und Mannschaft nicht eingerechnet – zu viel für ein Werk von zweiunddreißig Seiten? Mitnichten, denn Dodos Prinzip der Einfachheit rückt vor allem zwei Figuren ins Blickfeld: Dod und Rod Osbourne; rechnen wir Dodo als Macher hinzu, sind es drei. Unser Schreibcoach lehrt uns, ökonomisch mit Haupt- und Nebenfiguren umzugehen, ohne auf Stimmungen zu verzichten. Viele Figuren treten im Comic nur ein Mal auf, mitunter ohne Text. Sie bleiben am Rande, sorgen jedoch als atmosphärische Subwoofer für die Untertöne der Geschichte. Das geht bis in liebevolle Details der Figurenzeichnung. So tragen die Bewohner des Kaffeeplaneten – je nach Rang und Geschlecht – unterschiedliche Kopfbedeckungen: Das gemeine Volk setzt sich handelsübliche, vermutlich spülmaschinenfeste Kaffeetassen auf, die Prinzessin krönt ein Hauch von Espressotässchen, und der König bringt es zu einer veritablen Kanne auf dem Herrscherhaupt.

Als »Identifikationsfigur« sieht Doktor Dodo »einen erstklassigen Helden«, Dod Osbourne, vor. Durch seine Polarexpedition weiß man, was er zu leisten vermag. Dodo schafft ihn nur scheinbar aus dem Nichts, sondern schaut ihn – das Gute liegt so nah – dem Leben ab: als Figur, die dem Autor in der Gestalt höchst ähnlich und von Mut und Weltläufigkeit – hier hören die Anleihen aus der Wirklichkeit auf – völlig verschieden ist. Damit aus den Hauptfiguren keine Pappkameraden, sondern dreidimensionale Charaktere werden, erhalten sie von Doktor Dodo »psychologische Tiefe und Glaubwürdigkeit«. Und wie ließe sich das literarisch souveräner lösen, als sie zum Nervenarzt zu schicken? Sehr geschickt von Doktor Dodo, wenngleich derartige Szenen nicht als Standard für jedes Schreibprojekt taugen, das auf einen differenzierten Figurenbau zielt.

Was nützen indessen die besten Figuren, wenn sie keine Orte besuchen, zu denen ihnen der Leser gern folgt? Aus diesem Grund baut der Autor in seinen Text Elemente aus Liebes- und Kriminalgeschichten ebenso ein wie solche aus Märchen, Abenteuer- oder Sciencefiction-Romanen. Vielfältig wie die Genres sind die Schauplätze, bei denen Dodo einen Mix aus Außergewöhnlichem und Wohlvertrautem wagt. Neben Dodos Schreibstube lernen wir das Heim von Dod Osbourne, das Berghaus des Schurken, die unendlichen Weiten der Prärie, den Kaffeeplaneten, ein Redaktionsbüro, den Walfänger, die Unterwelt und eine Arztpraxis kennen. Der Leser, im Sessel bequem platziert, genießt auf diese Weise die Vielfalt und Buntheit der Welt. Also munter von Ort zu Ort beim Schreiben – obwohl es erfolgreiche Bücher geben soll, die ohne ständige Schauplatzwechsel auskommen.

III. Warnung vorm Stillstand: Idyllen und Klischees

Gegen das Abenteuer begehrt das Immergleiche auf, das wir im Leben Glück nennen und in der Literatur als Handlungsarmut verachten. Zwei Mal droht Doktor Dodo das Glück die Handlung zu lähmen: Direkt zu Beginn manövriert er seinen Helden, der daheim von seiner Expedition ausruht, in eine Spannungssackgasse. Dodo merkt bei der Gelegenheit selbstkritisch an: »Was soll das eigentlich werden?! Kaminfeuer! Erfrischungsgetränk! Die reinste Idylle! Wenn jetzt nichts passiert, laufen mir die Leser weg!« Der Autor entkommt solchen Klischeefallen durch kecke Wendungen, die die Handlung in Schwung halten. Die Lösung in diesem Fall: ein Verbrechen nebst Rätsel, das die gesamte Geschichte trägt. Dodo etabliert einen Konflikt, bei dem ein Einrichtungsgegenstand in den Mittelpunkt rückt. Davon mehr im nächsten Kapitel.

Ähnliches geschieht im zweiten Teil des Buchs, als Dod Osbourne sich auf dem Kaffeeplaneten in eine wunderhübsche Prinzessin verguckt. Das bei Autoren nicht seltene Thema »Liebe« böte – nicht immer zum Vergnügen des Lesers – reichlich Gelegenheit, die Schönheit des Zusammenseins zu preisen. Doktor Dodo erkennt die Gefahr und hält sich wie seine Hauptfigur nicht lange bei der bezaubernden Prinzessin auf. »Sie lebten glücklich und zufrieden«, heißt es lapidar, und ehe die Handlung erstirbt, macht sich Dod auf den Weg. Die Trennung von der Geliebten wird einen Absatz lang und ohne großes Sentiment geschildert: »Ersparen wir uns eine genaue Schilderung des Abschieds. Nur so viel: Es flossen Tränen.« Schließlich hat Dod noch eine Mission zu erfüllen.

IV. Was ist der Konflikt?

Ohne Konflikte lassen sich keine Geschichten erzählen. Gerät dem Autor der Konflikt zu feingliedrig, rauchen den Lesern die Köpfe. Doktor Dodo baut den Konflikt daher mustergültig einfach. Die Hauptfiguren ringen um den Besitz eines schicken blauen Sessels, der in den frühen Jahren der Osbourne-Zwillinge eine Rolle spielt. Das erfahren wir durch einen Dialog am Ende des Buchs. »Warum der Diebstahl?« fragt Dod, und Rod antwortet: »Kindheitstrauma. Durfte nie drauf sitzen. Wollte mich rächen.«

Dieser simple Spannungsbogen genügt, um den Leser an den Haken zu bringen: Wer ist der Dieb des Sessels? Was bewegt ihn? Es muss demnach nicht immer um Leben und Tod, gigantische Raumschiffe oder die Rettung der Welt gehen. Ein gewöhnliches Möbelstück reicht aus. Eines der Grundmotive der Literatur durchzieht dabei die Handlung wie ein dunkler Strom und sichert wie in Heinrich von Kleists Trauerspiel *Die Familie Schroffenstein* den Leseschauder: Rache. Zum Finale treibt Dodo die Spannung auf die Spitze. Der Autor nutzt dafür ein einfaches Mittel, das er dem filmischen Erzählen entlehnt. Er lässt zwei Handlungsstränge parallel laufen und setzt sie bildweise nebeneinander: Der eine Strang erzählt die Geschichte Dods, der andere die seines Widersachers, bis sich nach einigem Verfolgen der Showdown von Held und Gegenspieler anbahnt. Dass die Geschichte letztlich auf ein Happy End zusteuert, ist dem schieren Wohlwollen Doktor Dodos und seinem Professor Siegmund zu verdanken.

V. Tempo, Tempo!

Warum seitenweise plaudern, wenn ein Absatz reicht? Doktor Dodo ist ein Beschleuniger, der die Zeit seiner Leser zu schätzen weiß und deswegen auf ein zügiges Erzähltempo setzt. Wie er das macht, zeigt ein Beispiel: Als Dodo bei einem Händler ein Gebrauchtflugzeug erwirbt, um dem Sesseldieb zu folgen, ließe sich episch breit von diesem Kauf erzählen: wie der Händler berät, Dod ein geeignetes Flugzeug auswählt, wie man sich nach einigem Hin und Her auf einen Kaufpreis einigt, dann der Weg zum Flugzeug, das Einsteigen, letzte Worte des Händlers, der Start. Nichts von alledem macht Doktor Dodo. Er kommt mit zwei Bildern aus – Dod überreicht dem Händler das Geld im Büro; Dod ist mit dem Jet in der Luft – und kommentiert zackig das Geschehen: »Schnell war das Geschäftliche geregelt ... und wenig später hatte Dod Osbourne die Verfolgung des Diebes wieder aufgenommen.« Was lernen wir daraus? Gerade bei Übergangsszenen wäre ein Autor schlecht beraten, die ganze Welt zu schildern – und keinesfalls sollte er den Zettelkasten seiner Recherche ins Buch entleeren.

VI. Der Walfänger an der Bergspitze: über Zufälle

Übel meinende Zeitgenossen werden Dodos Nebenfiguren vorwerfen, dem Helden wie Götter des Zufalls stets das Rechte zur rechten Zeit zu reichen. Zugegeben: Dodo setzt dermaßen auf Zufälle, dass man beinahe davor warnen könnte. Käme der Text nicht so leichtfüßig und als schreibhandwerkliches Lehrstück daher, dürfte man dem Autor solche Kühnheit ankreiden. Ohne den verunfallten wie spendablen Milliardär zu Beginn käme Dod beispielsweise nicht an sein Flugzeug, ohne das Schwert des Zufalls wäre er im Kampf gegen Rod verloren, ohne den zufällig bröckelnden Fels käme weniger Spannung auf – und rein zufällig landet Weltraumfahrer Dod auf einem Walfänger, auf dem ihn sein Gegenspieler erwartet.

Dodo steht zu seinen Zufällen, nennt sie gar beim Namen. Gleichwohl seien gerade Schreibanfänger gewarnt vor zu viel Wundersamem. Wie schnell unkt der Leser, die Handlung verlaufe beliebig. Bei Dodo fügt sich jeder Zufall subtil ins Gesamtgefüge, wie sich an einer Episode der Geschichte zeigen lässt. Als Dod seinen ersten großen Kampf gegen Rod kämpft, entschwebt der Sessel »wie von Geisterhand« dem Haus des Verbrechers. Was ist geschehen? Der Kapitän eines Walfängers, der zufällig vorbeisegelt, harpuniert den Sessel durchs Fenster im Glauben, es sei der lange gesuchte dunkelblaue Wal. Wie aber kommt ein stattliches Schiff auf Hochgebirgsniveau? Und woher kommt plötzlich das ganze Wasser, das den Berg wie eine Insel aus dem Meer ragen lässt? Im Nu löst Doktor Dodo diese Unmöglichkeit mit einem Griff in seinen Schreibhandwerkskoffer auf: »Übrigens war vor kurzem der große Staudamm gebrochen. Materialermüdung. Eine große Überschwemmung war die Folge.« – So macht man das!

VII. Originalität und Niveau

An der Hürde Originalität straucheln viele Autoren; das bemerkten wir eingangs bei Dodos Widerstand gegen Robert Benchley. Dodo ist sich dessen in einer heiklen Schreibsituation bewusst, als sein Held bei einem Sturz in die Tiefe auf mirakulöse Weise einen rettenden Ast ergreift. »Gab's das nicht schon mal irgendwo?« grübelt er, »Klischees soll man meiden ...« Da alle Geschichten in der Literatur bereits erzählt sind, scheint es Dodo unvermeidlich, Bewährtes zu verwenden. »Nur weil irgendjemand schon mal dieselbe Idee hatte, muss man sich ja nicht gleich was Neues ausdenken.« Für eine Zeit reicht diese forsche Vergewisserung, bis Dodos Autorenethos den Umschwung bringt: »Ich will etwas Neues machen! Etwas Kühnes, noch nie da Gewesenes!« Hier sehen wir den genialischen Schreibgott in Dodo mit dem emsigen Schreibhandwerker ringen und bemerken eine Läuterung des Autors. Er überdenkt seinen schroffen Umgang mit Benchley, als wollte er sagen: Ein großer Autor klebt nicht an Prinzipien! Zum Segen des Buchs bedient sich Dodo skrupellos in der kulturellen Welt und lässt auf diesem Nährboden Eigenes gedeihen.

So zitiert er beispielsweise die erste von Novalis' *Hymnen an die Nacht* in der Prosafassung, was Dods Sturz literarisch überhöht und in einer kritischen Schreibphase das Niveau des Bestsellers sichert: »›Abwärts wend ich mich‹, dachte Dod Osbourne, ›zu der heiligen, unaussprechlichen, geheimnisvollen Nacht.‹« Am Schluss greift Dodo erneut in den Kulturfundus, als er uns den Filmklassiker *Casablanca* ins Gedächtnis ruft: »›Rod‹, sagte Dod Osbourne, ›ich glaube, das ist der Beginn einer wunderbaren Freundschaft.‹«

An diesen Stellen peppt Belesenheit und Kenntnis kultureller Vorarbeiter den Text auf. Dodo verwendet in seinem unterhaltsamen Text Hochliterarisches neben Anspielungen, die ein breites Publikum versteht. Bildungsbürger sind darüber gleichermaßen glücklich wie Freunde der Popularkultur – ein Buch für alle. Beide Lesergruppen begreifen Dodos Geschichte selbst dann, wenn sie nicht um die Herkunft der Zitate wissen. Aber nur Kenner spüren jenen wohligen Schauer des Wiedererkennens, der für so manchen das Leseglück vollkommen macht.

VIII. Von der Schreibblockade bis zur heilsamen Pause

Besonders nah kommt uns der Autor, wenn er Schwächen offenbart. So als Dodo mit automatischem Schreiben vergeblich versucht, seine Schreibblockade zu überwinden. Sein Handwerkszeug versagt Dodo den Dienst. Vielmehr begehren in seiner dunkelsten Stunde die eigenen Figuren gegen ihn auf, und kurz danach trifft ihn ein Stein, der in die Unterwelt der Geschichte gehört. Was also tun, wenn man

Teil der Handlung zu werden droht? Hier gilt es eine Regel zu brechen, die zu Beginn ans Herz gelegt wurde, als vom Sitzfleisch die Rede war. In solchen Notfällen ohne Zögern vom Sessel oder Schreibtisch erheben, pausieren und gegebenenfalls Aufputschmittel einnehmen: »Vielleicht sollte ich mir einen Kaffee kochen«, überlegt Dodo zur Hälfte des Projekts, »Balzac hat ja angeblich 60 Tassen am Tag getrunken.« Das lässt Teetrinker kalt, gewiss, aber auch sie werden verstehen, dass beim Schreiben nicht immer alles glückt. Das lernen wir von Dodo, und das spiegelt tröstlich auf alle zurück, die es ihm gleichtun wollen.

Apropos Schwächen: Bei allem Lob für das Schreiblehrbuch – es hat einen Fehler. Der Sessel, um den sich alles dreht, wird vom Kapitän unseres Walfängers zur Mitte des Buchs harpuniert. Am Ende steht er allerdings unversehrt in der Praxis von Professor Siegmund. Ist das verzeihbar in einem großen Werk? Natürlich, es ist nicht nur verzeihbar, sondern ein Kunstgriff Doktor Dodos. Der aufmerksame Leser freut sich über ein Fundstück dieser Art und reiht es stolz seiner mangelhaften Welt ein. Und letztlich nimmt das, um mit Adorno zu sprechen, den Makel des Scheins des Vollkommenen vom Werk.

Aufgabe

Schreiben Sie eine kurze Erzählung, bei der Sie Dodos Grundlehren beherzigen. Beachten Sie folgende Hinweise:

Sitzen Sie (am Schreibtisch, im Sessel)?
Schreiben Sie einen ersten (oder zweiten) Satz!
Zählen Sie Ihre Figuren ab! Sind es mehr als zwölf?
Gibt es einen Konflikt in ihrer Geschichte?
Ja ☐ / Nein ☐ (Bitte ankreuzen)

Erfinden Sie eine reizvolle Nebengeschichte, die Sie auf das Nötigste beschränken (Stichwort: Dod und die Prinzessin).

Wo lahmt Ihre Handlung? Streichen Sie alle Plaudereien! Lautes Vorlesen vor Publikum hilft, diese Stellen zu finden. Markieren Sie im Manuskript, wenn Ihre Zuhörer wegsacken.

Arbeiten Sie fünf Zufälle in die Geschichte ein, davon mindestens einen, der die Handlung beeinflusst.

Heben Sie das Niveau Ihres Textes durch Anspielungen auf die Popular- und Weltkultur! (Schiller, Jennifer Lopez, Am laufenden Band)

Wer nach Lektüre der Aufgabe weiterhin im Rhythmus des blinkenden Cursors meditiert, beherzige – sofort – drei Dodo-Worte:

Burkhard Spinnen

Von XY lernen, heißt …?

Nein, ich will eigentlich gar nicht ausführlich über eine Theorie des Lernens von literarischen Vorbildern räsonieren. Aber ich kann mich auch nicht ans Persönliche oder Anekdotische machen, ohne ein wenig über die Bedingungen seiner Möglichkeit nachzudenken.

Vorweg eine kurze Klärung: Wie funktioniert überhaupt die Anregung des Autors? Natürlich, er erlebt etwas, er hört oder sieht oder liest etwas. (Auf welchem Wege sollte es auch sonst in seinen Kopf gelangen? An Allegorien des Geniekults wie den »Musenkuss« glaube ich nicht.) Manchmal sofort, oft erst später spürt der Autor dann, welche seiner Erfahrungen ihn in einem wesentlichen Sinn ansprechen – meistens mit einer Frage! – und im Gegenzug fragt er sich, wie diese Erfahrungen gestaltet werden müssen, um einen Text zu ergeben. Vielleicht eine Geschichte mit Anfang, Mitte und Schluss; in jedem Falle aber einen Text, der zumindest seiner Kernfrage angemessenen Ausdruck gibt. Autor zu sein heißt also: Aus einer Unsumme von Erfahrungen die mich genau treffende Verletzung oder Verstörung zu erkennen und aus dem Material dieser Erfahrungen, woher es auch stammen mag, das Material der Literatur zu brechen, es zu arrangieren, zu komponieren und es schließlich durch die Metamorphose des eigenen Schreibens zu etwas Ganzem und wenn möglich Neuem zu machen.

So ähnlich nun, denke ich, funktioniert auch die Anregung von Literatur durch Literatur. Das heißt: auch sie kann überhaupt nur sinnvoll sein, wenn nicht Nachahmung, sondern Verwandlung als »Anverwandlung« das Ziel ist.

Ich habe das selbst erlebt, auch schmerzlich. Es gab Phasen in meiner eigenen Schreibgeschichte, da es Vorbilder gab, zu denen ich mich, hätte man mich gefragt, mehr oder weniger enthusiastisch bekannt und deren Nachahmung ich vielleicht sogar eingestanden hätte. (Zum Glück hat mich keiner gefragt.)

Ich nenne hier nur einen einzigen Namen: Heimito von Doderer. Dessen ausufernder, barocker, hinterlistig schwülstiger Stil hatte es mir sehr angetan. Heute würde ich vielleicht sagen, dass ich darin eine Art Symbiose oder gar eine Verschmelzung von kritischer Intelligenz und körperhafter Lebensfreude sah. Jedenfalls habe ich versucht, dieses behaglich Aufrührerische, neugierig Herablassende und konzis Üppige nachzuahmen.

Und das war ein Fehler, ein typischer Anfängerfehler. Ich dachte damals wohl, man könnte sich durch Lektüre in eine Art literarische Grundstimmung versetzen und aus der heraus beginnen, das eigene Material zu gestalten. Ja, vielleicht dachte ich sogar, eine solche Grundstimmung könnte einen in die Lage versetzen, Material und Stoffe wahrzunehmen, auf die man sonst gar nicht gestoßen wäre. So als kaufte man sich einen schicken Anzug, um darin neue Bekanntschaften zu machen. Oder als steckte man sich per iPod die Musik ins Ohr, um sich anschließend vorzumachen, man befände sich in einem Film. Beispiele aus dem Bereich bewusstseinsverändernder Chemikalien möchte ich mir schenken.

Und damit das böse Wort endlich heraus ist: Solch eine

Anregung als Stimulation zur Nachahmung führt bestenfalls zu Nichtigem, zum Kitsch als der »Empfindung der Empfindung«, schlimmstenfalls allerdings zum Plagiat. Vielleicht gerät am Anfang seiner Schreibgeschichte jeder in eine solche Versuchung; weiterkommen heißt ihr zu widerstehen beziehungsweise sie zu überwinden.

Allein, es gibt auch eine weiße Magie des literarischen Vorbilds. Die aber funktioniert praktisch genau so wie alle Anregung; das heißt: ganz wesentlich geht es um Aneignung und Metamorphose. Aber auch das erläutere ich jetzt am besten durch Beispiele.

Robert Musils Roman *Der Mann ohne Eigenschaften* habe ich anfangs nicht gern gelesen. Vielleicht lag es daran, dass das gewaltige Werk in Form einer Hauptpflichtlektüre über mich kam, als ich zu Beginn meines Studiums Hilfskraft an einem Lehrstuhl wurde, wo sehr eingehende Musil-Studien betrieben wurden. Ich habe im Zuge dieser Studien *den Mann ohne Eigenschaften* mehr als ein halbes Dutzend mal gelesen, und ich habe ziemlich lange gebraucht, seine Schönheit zu begreifen und zu empfinden. Noch länger aber habe ich gebraucht, um wahrzunehmen, dass und wie von diesem Buch an jemand, der selbst schreiben will, eine Aufforderung ausgeht. Sie lautet: Denk darüber nach, ob und wie sich das erzählend-erfindende und das bedenkend-erörternde Schreiben voneinander unterscheiden!

Ich will nun nicht anmaßend sein, aber ich denke, wer ohne diese Frage im Hinterkopf schreibt, wer glaubt, das Literarische und das Diskursive lebten getrennt voneinander wie Reh und Wolf im Zoo, der schreibt hinter dem Gang der Literatur- und Geistesgeschichte her oder hat sich ins Dickicht der Reflexionsverweigerung geschlagen. Damit mich bitte niemand missverstehe: Man muss nicht schreiben »wie« Musil. Man muss nicht einmal einen eigenen Versuch zur Versöhnung oder Verschmelzung von Essay und Fiktion unternehmen. Aber man kann (und sollte) vom *Mann ohne Eigenschaften* lernen, dass ein beständiges Nachdenken über Abschottung und Durchdringung der »Textsorten« zum literarischen Schreiben gehört wie das Auffüllen des Tanks zum Autofahren.

Und damit gleich zu einem anderen, vielleicht nicht so großformatigen Beispiel. Zu meinen »Lieblingsautoren« zähle ich Theodor Fontane – und handle mir dafür häufig den weniger ausgesprochenen und mehr durch ein Stirnrunzeln vermittelten Kommentar ein: das sei doch sehr schön, aber thematisch wie literarisch ein wenig Schnee von gestern. Ich widerspreche an dieser Stelle nicht (wie soll man auch einem Stirnrunzeln widersprechen?) – ich sage nur, was mich in Fontanes Romanen angesprochen, ja was mich aufgefordert hat, diese Literatur als Aufgabe mit an meinen Schreibtisch zu nehmen.

Es ist ganz wesentlich das Sprechen der Figuren bei Fontane; oder besser: Es ist das Vermögen dieses Autors, Botschaften aus der Tiefe der Figuren in deren Konversation erscheinen zu lassen und das heißt in einem Sprechen, das leicht als zeitverhaftet und oberflächlich durchgehen mag. Fontanes Figuren sprechen sich aus, ohne zu psychologisieren, sie deuten, ohne zu raunen.

Darin liegt eine Aufforderung. Natürlich ist der Tonfall des preußischen (Beamten-)Adels längst obsolet. Wer das Parlando der fontaneschen Figuren bloß nachahmt, schreibt bestenfalls historische Kolportage. Es geht vielmehr um die Herausforderung, das Gerede der eigenen Sprachgegenwart zum Vehikel für wesentliche Mitteilungen zu machen. Ich selbst sehe eine wichtige Aufgabe des Schreibens darin, den Kontakt zwischen Literatur- und Umgangssprache nicht mehr so abreißen zu lassen, wie das zu Zeiten der späten Moderne geschehen ist. Zu den viel beschworenen Vorzügen der angelsächsischen Literatur gehört ja, sicherlich bedingt durch das Wesen des Englischen oder Amerikanischen, dass der Austausch zwischen gesprochener und geschriebener Sprache reibungsloser und kreativer ist. Das zeigt mit großer Deutlichkeit die Dominanz des Englischen als Sprache des lyrischen Pop. Man versuche nur einmal, die Zeile »The centre of the heart is a suburb to the brain« (aus einem Song von *Roxette*) in ein ansatzweise lyrisches Deutsch zu übersetzen!

Und genau hier fungiert für mich Fontane als Mahner. Die deutsche Alltagssprache der Gegenwart wirft sich mir nicht willig um den Hals. Ich muss sie listig erobern, wenn ich mir ihre Fähigkeiten aneignen will. Von Fontane lernen heißt begreifen, dass es keineswegs genügt, den äußeren Schein nachzupinseln. Nicht alle stillen Wasser gründen tief. Es ist eine große Anstrengung, das Wichtige an der Oberfläche zu verbergen.

Unter diesem Sprachaspekt betrachtet, hat übrigens Arno Schmidt eine ähnliche Bedeutung für mich wie Fontane. Natürlich bildet Schmidt eine andere Sprecherepoche und andere Sprecherschichten ab, aber der Impetus scheint mir bei aller Verschiedenheit der Ansätze doch erkennbar ähnlich zu sein: Es geht um einen möglichst ergiebigen Austausch zwischen den Sprachwelten des Alltags und der Literatur.

Neben solchen zugegebenermaßen ziemlich hoch im Allgemeinen angesiedelten Belehrungen durch Literatur gibt es natürlich auch welche, die punktueller oder spezifischer sind. So hat mich zum Beispiel der Amerikaner James Thurber immer wieder durch seine Fähigkeit fasziniert, die abgründigen Fantasien der Bewohner einer Angestelltenwelt zu schildern, ohne dass aus den Durchschnittstypen Monster oder Sonderlinge wurden. *The Secret Life of Walter Mitty* ist eine Kurzgeschichte, die berühmt wurde, als man sie in einen abendfüllenden Spielfilm verwandelte. Ich habe die Geschichte als Junge gelesen und war schlagartig davon überzeugt, dass man Träumer und Schwächlinge richtig beschreiben kann, nämlich als Träumer und Schwächlinge – und ihnen dabei doch ihre Würde belässt. Ja mehr noch: Walter Mitty wurde für mich zur allegorischen Figur für den Umstand, dass Träumer und Schwächlinge eine ganz einzigartige Würde besitzen, von der manche Helden nur träumen können.

Ich könnte diese Beispielreihe nun noch eine Zeitlang fortsetzen. Aber es treibt mich ein bisschen ins Theoretische zurück. Je mehr ich nämlich über mein Lernen von Vorbildern nachdenke, desto mehr denke ich, es müsste der Satz gesagt werden, dass Schriftsteller Menschen sind, die sich von Literatur ein klein wenig mehr fesseln, abstoßen, überzeugen und anziehen lassen als vom so genannten wirklichen Leben. Ich sehe das so. Schriftsteller sind Menschen mit einem Hang zur Gestaltung und zum Gestalteten – und deshalb ist die Reihe ihrer Leseerfahrungen vielleicht ihre eigentliche Biographie. Denn Texte sind Gestaltetes, und daher sind sie nicht weniger als Erlebtes, sondern – für Schriftsteller – mehr. Und so nimmt man als Autor aus seiner Lektüre neben dem Reflektierten, neben den deutlich formulierbaren Fragen (siehe oben) auch tausend Macken und Schrammen mit, getrocknete Blätter, kleine Steine, allerlei Andenken eben, mag sein in Form von Szenen oder Figuren, mag sein als Sätze oder Wendungen.

Ein Beispiel: In einem meiner Kinderbücher sagte der junge Raufbold zum Zaghaften: »Das Leben besteht aus lauter angefangenen Geschichten. Man muss sie nur richtig zu Ende erzählen.« Das Buch ist seit Jahrzehnten verloren, und vermutlich hat sich das Zitat seitdem in meinem Kopf erheblich verändert. Aber der harmlose Aphorismus sitzt mir wie ein Steinchen im Schuh. Anderes in seiner Art juckt an Stellen, an denen man sich nicht kratzen kann.

Was ich sagen will: Die wichtigste, aber ganz schlecht auf den Begriff zu bringende Anregung zur Literatur durch die Literatur besteht in einer Lektüre, die sich als permanentes Gespräch mit dem Gelesenen vollzieht. Diese Lektüre kann sich am Kanon orientieren, aber sie muss es nicht. Es ist ihr nicht alles gleich, aber sie vermag, anders als die Spinne, die aus jeder Blüte Gift saugt, aus jedem Text Anregungen, Fragen und Aufgaben zu ziehen. – Also gehe ich am Schluss so weit und sage:

Ganz so wichtig sind die Lehrer nicht. Aber die Schule ist es!

Aufgabe

Dem hier Gesagten entsprechend würde ich raten, einmal genauestens zu erforschen und aufzuschreiben, was einem an einem Buch gefallen hat, das als literarische Anregung zu nennen man sich eigentlich schämt!

Leseliste

NICHOLSON BAKER: Rolltreppe oder Die Herkunft der Dinge. Reinbek bei Hamburg 1993.

JOSEPH CONRAD: Herz der Finsternis. Aus dem Engl. von Daniel Göske. Stuttgart 2006.

JULIO CORTÁZAR: Rayuela. Himmel und Hölle. Aus dem argentin. Span. von Fritz Rudolf Fries. Frankfurt/M. 1996.

CHARLES DICKENS: Bleak House. Aus dem Engl. von Richard Zoozmann. 2. Aufl. Frankfurt/M. 1995.

JOAN DIDION: Demokratie. Berlin [Claasen], voraussichtlich Herbst 2007.

ALBERT DRACH: Untersuchung an Mädeln. Kriminalprotokoll. München 1995.

GUSTAVE FLAUBERT: Madame Bovary. In der Übersetzung von Wolfgang Techtmeier. 4. Aufl. Leipzig 1990.

SIGMUND FREUD: Krankengeschichten [1895 ff.]. In: Gesammelte Schriften. Hrsg. von Anna Freud und A. J. Storfer. Bd. 8. Krankengeschichten. Leipzig 1924.

WILHELM GENAZINO: Ein Regenschirm für diesen Tag. München 2003.

LIESELOTTE GETTERT: Mein Bienenjahr. 2. überarb. Aufl. Stuttgart 1998.

FRIEDRICH GLAUSER: Matto regiert. Zürich 2004.

PETER HANDKE: Die Angst des Tormanns beim Elfmeter. Frankfurt/M. 2003.

ERNEST HEMINGWAY: Paris – ein Fest fürs Leben. Deutsch von Annemarie Horschitz-Horst. Reinbek bei Hamburg 2004.

ARNO HOLZ: Phantasus. Hrsg. von Gerhard Schulz. Stuttgart 1995.

OLE KÖNNECKE: Doktor Dodo schreibt ein Buch. Hamburg 2001.

GEORG CHRISTOPH LICHTENBERG: Sudelbücher. München 2005.

VLADIMIR NABOKOV: Deutliche Worte. Interviews – Leserbriefe – Aufsätze. Deutsch von Dieter Zimmer. In: Vladimir Nabokov: Gesammelte Werke. Bd. 20. Reinbek bei Hamburg 1994.

NOVALIS: Blütenstaub-Fragmente. In: Novalis Werke. Hg. und kommentiert von Gerhard Schulz. 4. Aufl. München 2001.

GEORGES SIMENON: Die grünen Fensterläden. Zürich 2002.

ADALBERT STIFTER: Witiko. München 2007.

PETER WEISS: Die Ästhetik des Widerstands. Frankfurt/M. 2005.

Autorinnen und Autoren

Marcel Beyer, geb. 1965, lebt seit 1996 in Dresden. Schriftsteller, Übersetzer, Herausgeber. Zuletzt erschienen: *Nonfiction* (2003), *Vergeßt mich* (2006) und AURORA (2006), sowie, als Übersetzer: *William Butler Yeats: Neue Gedichte / Letzte Gedichte* (in: *W. B. Yeats: Die Gedichte. Hg. von Norbert Hummelt.* 2005) und, als Herausgeber gemeinsam mit Christian Döring: *Thomas Kling: Gesammelte Gedichte* (2006).

Paul Brodowsky, geb. 1980 in Kiel, lebt in Berlin. Er studierte bis 2005 *Kreatives Schreiben und Kulturjournalismus* an der Uni Hildesheim; seitdem zahlreiche Lehraufträge in diesem Bereich. 2002 debütierte er mit *Milch Holz Katzen*, im Frühjahr 2007 erscheint der Erzählungsband *Die blinde Fotografin*. 2006 erhielt er den Förderpreis Literatur des Landes Niedersachsen.

Ulrike Draesner, geb. 1962 in München, Prosa, Gedicht, Essay. Zuletzt der Gedichtband *kugelblitz* und der Roman *Spiele* (2005). Die Essaybände *Zauber im Zoo* und *Schöne Frauen Lesen* erscheinen 2007. Preise und Stipendien, Übersetzungen, Intermedia-Projekte, Dozenturen u. v. m. unter www.draesner.de.

Andreas Eschbach, geb. 1959, schreibt seit seinem 12. Lebensjahr. Er studierte Luft- und Raumfahrttechnik, arbeitete zunächst als Softwareentwickler und lebt inzwischen als freier Schriftsteller in der Bretagne. Er ist verheiratet und hat einen Sohn. Zu seinen bekanntesten Romanen zählen *Die Haarteppichknüpfer*, *Das Jesus Video*, *Eine Billion Dollar* und *Der Letzte seiner Art* (www.andrenseschbach.com).

Robert Gernhardt, geb. 1937 in Reval/Estland, studierte Malerei und Germanistik in Stuttgart und Berlin. Durch rege publizistische Tätigkeit in vielen Formen und Genres wurde er zu einem der bedeutendsten Vertreter der *Neuen Frankfurter Schule*. Seit 1964 lebte er als freiberuflicher Schriftsteller, Karikaturist, Maler und Zeichner in Frankfurt/M., wo er am 30. Juni 2006 gestorben ist.

Peter Glaser, 1957 als Bleistift in Graz geboren, wo die hochwertigen Schriftsteller für den Export hergestellt werden; lebt als Schreibprogramm in Berlin. Für die Titelerzählung seines Buchs *Geschichte von Nichts* 2002 mit dem Ingeborg Bachmann-Preis ausgezeichnet.

Matthias Göritz, geb. 1969 in Hamburg, lebt in Frankfurt/M. Veröffentlichte zuletzt den Roman *Der kurze Traum des Jakob Voss* (2005) und den Gedichtband *Pools* (2006). Wurde u. a. mit dem Mara Cassens Preis 2005 und dem Jury Preis Bayern 2 des Bayrischen Rundfunks 2006 ausgezeichnet.

Ulrich Greiner, geb. 1945 in Offenbach, lebt in Hamburg. Studium der Germanistik, Philosophie und Politikwissenschaft in Frankfurt/M. und Tübingen; 1970 bis

1980 Feuilletonredakteur der *Frankfurter Allgemeinen Zeitung*. 1980 Wechsel zum Feuilleton der ZEIT, 1986 bis 1995 Feuilletonchef der ZEIT, danach Kulturreporter; seit 1998 verantwortlicher Redakteur des Ressorts Literatur in der ZEIT. Gastprofessuren für Literaturkritik in Hamburg, Essen und St. Louis (USA). Mitglied des PEN-Zentrums Deutschland. Veröffentlichte zuletzt: *Ulrich Greiners Leseverführer – Eine Gebrauchsanweisung zum Lesen schöner Literatur* (2005).

Annett Gröschner, geb. 1964 in Magdeburg, lebt seit 1983 in Berlin. Studium der Germanistik in Berlin und Paris, Arbeit als Historikerin für das Prenzlauer Berg Museum, freiberufliche Schriftstellerin und Journalistin, seit 2005 Mitarbeiterin des Sachbuchforschungsprojektes der Humboldt Universität Berlin und der Universität Hildesheim (www.annettgroeschner.de; www.moskauereis.de).

Daniel Kehlmann, wurde 1975 in München geboren und lebt in Wien. Für seine Romane und Erzählungen, die in mehr als ein Dutzend Sprachen übersetzt wurden, erhielt er zahlreiche Auszeichnungen, zuletzt den Candide-Preis 2005. Sein Roman *Die Vermessung der Welt* wurde zu einem internationalen Bestseller.

Jürgen Kehrer, geb. 1956 in Essen, lebt als Autor von Kriminalromanen und Drehbüchern in Münster. In 17 seiner insgesamt 26 Bücher ermittelt der Privatdetektiv Georg Wilsberg, der auch in einer Fernseh-Krimi-Reihe zu sehen ist. 2006 erschien *Wilsberg und die dritte Generation* (www.juergen-kehrer.de).

Olaf Kutzmutz, geb. 1965, ist seit 1999 Programmleiter Literatur der Bundesakademie für kulturelle Bildung Wolfenbüttel (www.bundesakademie.de); im Frühjahr 2007 erscheint seine Jurek-Becker-Biographie.

Franz Mon, geb. 1926, lebt in Frankfurt/M.; langjährige Tätigkeit in einem Schulbuchverlag. Seit den 50er Jahren verbale, visuelle und akustische Texte. Die verbalen Texte sind erschienen in *Gesammelte Texte*, 4 Bde. (1994/97) sowie *Nach Omega undsoweiter* (1992), *Wörter voller Worte* (1999), *Freiflug für Fangfragen* (2004); die Visuellen Texte u.a. in *Knöchel des Alphabets* (1989); Hörspiele seit 1962, Typ *Neues Hörspiel*, zuletzt *ausgeartetes auspunkten* (2007).

Hanns-Josef Ortheil wurde 1951 in Köln geboren, heute lebt er als Schriftsteller in Stuttgart und Wissen/Sieg und lehrt als Professor für Kreatives Schreiben und Kulturjournalismus an der Universität Hildesheim. Zuletzt sind von ihm die Romane *Die große Liebe* (2003) und*Die geheimen Stunden der Nacht* (2005) sowie die Essay-Bände *Die weißen Inseln der Zeit. Lektüren, Orte, Bilder* (2004) und *Das Glück der Musik. Vom Vergnügen, Mozart zu hören* (2006) erschienen.

Georg M. Oswald, Jahrgang 1963, studierte Jura in München und lebt dort als Schriftsteller und Rechtsanwalt. Erzählungen und Romane: *Das Loch*, *Lichtenbergs Fall*, *Party Boy*, *Alles was zählt*, *Im Himmel*, zahlreiche Beiträge und Feuilletons in Rundfunk, Zeitungen und Zeitschriften.

Stephan Porombka, geb. 1967, Journalist, Autor, Professor für Kulturjournalismus und Literatur; leitet mit Hanns-Josef Ortheil den Studiengang *Kreatives Schreiben und Kulturjournalismus* an der Universität Hildesheim. 2006 ist von ihm *Kritiken schreiben. Ein Trainingsbuch* erschienen.

Michael Rutschky, geb. 1943, lebt als freier Autor in Berlin und arbeitet für Zeitungen und Zeitschriften, Radio und Fernsehen. Zahlreiche Buchveröffentlichungen; zuletzt: *Berlin. Die Stadt als Roman* (2001); *Wie wir Amerikaner wurden. Eine deutsche Entwicklungsgeschichte* (2004).

Burkhard Spinnen, geb. 1956 in Mönchengladbach, lebt als freier Schriftsteller in Münster. 15 literarische, wissenschaftliche und essayistische Bücher. Zuletzt: *Kram und Würde. Glossen und Feuilletons*; demnächst: *Mehrkampf. Roman.*

Antje Rávic Strubel, geb. 1974, lebt in Potsdam, unterrichtete 2004/05 am Deutschen Literaturinstitut Leipzig, veröffentlichte u. a. die Romane *Fremd Gehen. Ein Nachtstück* und *Tupolew 134* und übersetzte Joan Didions Buch *Das Jahr magischen Denkens* aus dem Amerikanischen. Zuletzt erschien der Roman *Kältere Schichten der Luft.*

Hans-Ulrich Treichel, geb. 1952 in Versmold/Westf. Lebt in Berlin und Leipzig. Studium der Germanistik, Politologie und Philosophie an der Freien Universität Berlin. 1983 Promotion mit einer Arbeit über Wolfgang Koeppen. 1993 Habilitation. Seit 1995 Professor für Deutsche Literatur am Deutschen Literaturinstitut der Universität Leipzig.

JOHN VON DÜFFEL, geboren 1966 in Göttingen, aufgewachsen in u.a. Londonderry, Irland, Vermillion South-Dakota (USA) und Oldenburg i.O / Niedersachsen. Studium der Philosophie und Volkswirtschaft in Stirling / Schottland und Freiburg im Breisgau. Promotion 1989 über Erkenntnistheorie. Seit 1991 Dramaturg und Autor an verschiedenen Theatern in Stendal, Oldenburg, Basel und Bonn. Seit 2000 Schauspieldramaturg und Autor am Thalia Theater Hamburg. Zuletzt erschienen *Houwelandt* (2004) und *Hotel Angst* (2006).

FRANZISKA WOLFFHEIM, geb. 1962, lebt in Hamburg. Sie studierte Romanistik und Germanistik in Hamburg, Freiburg und Bordeaux. Danach arbeitete sie als freie Journalistin für Printmedien und Radio und volontierte bei einer Hamburger Tageszeitung. Heute ist sie Autorin bei der Zeitschrift *Brigitte* und veröffentlichte als Buch-Autorin Reise-Essays über Sizilien und den Gardasee.

FSC
www.fsc.org
MIX
Papier aus verantwortungsvollen Quellen
Paper from responsible sources
FSC® C105338

Die für dieses Buch verwendeten
Papiere sind FSC®-zertifiziert.

2. Auflage
Originalausgabe

Umschlaggestaltung und Konzeption: R·M·E
Roland Eschlbeck/Ruth Botzenhardt
unter Verwendung eines Fotos von
© plainpicture/Normal.
MK · Herstellung: wag/BoD
Satz: Greiner & Reichel, Köln
Printed in Germany
ISBN 978-3-630-62115-9

www.luchterhand-literaturverlag.de